R&D 성과평가 핸드북

HANDBOOK ON
R&D PERFORMANCE
EVALUATION

R&D 성과평가 핸드북

HANDBOOK ON
R&D PERFORMANCE
EVALUATION

박성민, 김헌, 설원식, 백동현, 고경일 편저
Edited by Sungmin Park, Heon Kim, Wonsik Sul,
Donghyun Baek, Kyungil Khoe

한국학술정보㈜

본서는 특히 공공부문 R&D 성과평가를 위한 핸드북(handbook)이다. '핸드북(handbook)'의 사전적 의미는 안내서, 입문서, 편람, 학술 논문집 등으로 풀이된다. Chapter 1은 R&D 성과평가 소개, Chapter 2~5는 효율성, Chapter 6은 효율성 및 효과성, Chapter 7은 지속성, Chapter 8~9는 적절성 관점의 내용을 논의한다. 본서에서 백석대학교 김헌 교수는 R&D 성과평가의 학술적 이론과 실무적 방법론에 대해, 숙명여자대학교 설원식 교수는 성과평가를 위한 지표 선정과 통계·재무 분석에 대해, 한양대학교 백동현 교수는 성과평가 체계 수립에 대해, 백석대학교 고경일 교수는 공공부문 R&D 특성 조사에 대해 많은 기여를 했다. 본서 출간에 도움을 주신 대한경영학회, 대한산업공학회, 한국통신학회, SK Telecom 및 한국학술정보(주)께 감사를 드린다. 본서가 학술적, 실무적 관심을 갖는 독자에게 유용한 도움이 되기를 기대한다.

This book is especially intended as a public sector R&D perform-ance evaluation handbook. As defined in a dictionary, a 'handbook' is a type of reference work, or other collection of instructions, that is intended to provide ready reference. Nine chapters of this book are organized into five categories; (i)Chapter 1 introduces R&D performance evaluation; (ii)Chapters 2, 3, 4 and 5 discuss R&D efficiency; (iii)Chapter 6 deals with R&D efficiency and effectiveness; (iv)Chapter 7 covers sustainability; and (v)Chapters 8 and 9 treat R&D relevance. As the principal author, I would like to thank the other four volume contributors. Dr. Heon Kim, Dr. Wonsik Sul, Dr. Donghyun Baek and Dr. Kyungil Khoe made valuable contributions that greatly improved this book. I am also indebted to DAEHAN Association of Business Administration, Korean Institute of Industrial Engineers, Korea Information and Communications Society and SK Telecom for permission to use copyrighted material. I am grateful to Korean Studies Information for publishing this book. I hope this book can serve as a comprehensive reference for researchers and practitioners relating to R&D performance evaluation.

"Essentially, all models are wrong, but some are useful."
by George Edward Pelham Box(born 18 October, 1919), a statistician.

대표 저자 박성민 ＿ Sungmin Park, Principal Author

DEA Models and Application Procedure for Performance Evaluation
on Governmental Funding Projects for IT Small and Medium-Sized
Enterprises with Exogenously Fixed Variables of Corporate
Competency
Sungmin Park[†], Heon Kim

A Study on the Validity of Technology Innovation Aid Programs
for IT Small and Medium-Sized Enterprises: Focusing on the Dynamic
Characteristics and Relationship
Sungmin Park[†], Heon Kim, Wonsik Sul

[Chapter 9 적절성(Ⅱ) _ Relevance(Ⅱ)]

R&D 성과평가 모형 및 관점

박성민

Models and Perspectives of R&D Performance Evaluation
Sungmin Park

요약

R&D 성과평가를 모형 및 관점 2가지 측면으로 구분하여 소개한다. R&D 성과평가 모형으로서 W. K. Kellogg foundation logic model과 McLaughlin and Jordan logic model을 요약한다. R&D 성과평가 관점으로서 효율성, 효과성, 적절성, 지속성, 효용성 총 5가지를 정리한다. 더불어 R&D 전개단계별 평가구조를 모형과 관점을 포함하여 도식화한다.

주제어: R&D 성과평가(모형·관점·구조)

Abstract

R&D performance evaluation is introduced in terms of two facets such as models and perspectives. As for models, W. K. Kellogg foundation logic model and McLaughlin and Jordan logic model are summarized. Perspectives are classified into five distinct categories such as efficiency, effectiveness or efficacy, relevance, sustainability, utility. Additionally, associated with the aforementioned models and perspectives, an R&D evaluation scheme is presented according to R&D program deployment stages.

Keywords: R&D performance evaluation
(models · perspectives · scheme)

1.1 R&D 성과평가 모형

1.1.1 W. K. Kellogg foundation logic model

1930년 설립된 W. K. Kellogg foundation은 어린이·청소년 복지 향상을 목표로 조성된 기금을 운용하는 세계적인 단체로서 현재 다양한 사업을 전개하고 있다. 한편, 설립자인 Will Keith Kellogg는 아침식사용 곡물 가공식품(breakfast cereal)을 처음으로 개발하여 많은 부를 축적한 것으로도 유명하다[11]. W. K. Kellogg foundation은 '98년 처음으로 W. K. Kellogg foundation evaluation handbook을 발간한 바 있는데, 이는 일반적이고 다양한 종류의 사업(program)을 평가(evaluation)하기 위한 실용적·단계적 안내서로 알려져 있으며 이를 바탕으로 '04년 W. K.

Kellogg foundation logic development guide를 발간·공개한 바 있다[11,12].

비록 R&D 성과평가를 위한 특화된 모형은 아니지만 W. K. Kellogg foundation logic model은 그 활용의 범용도가 매우 크다고 판단되고 이와 같은 이유에서 R&D 성과평가(performance evaluation) 관련문헌에서도 중요하게 인용되고 있는 것으로 파악된다[3]. W. K. Kellogg foundation은 'logic model', 즉 '논리모형'을 "사업을 운영하기 위해 투입되는 자원, 계획된 활동, 성취하고자 하는 변화 혹은 성과 사이의 관계를 이해하고 이를 이해관계자에게 전달하기 위한 체계적인 시각화 방법"이라고 정의하고 있다. 그림 1.1은 W. K. Kellogg foundation의 'the basic logic model'을 보여준다.

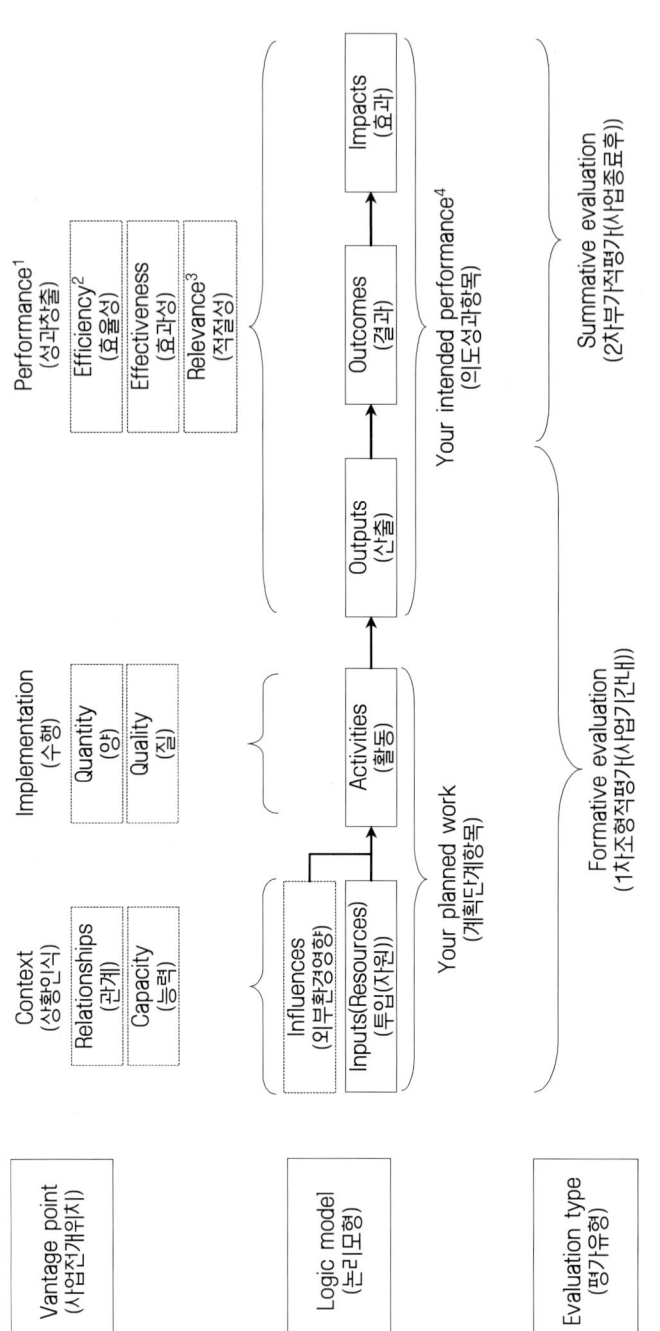

그림 1.1. W. K. Kellogg foundation의 'The basic logic model'

한편, 'logic model'이라는 용어는 성과평가 분야에서는 'program theory'라는 용어와도 자주 서로 바뀌어 사용되는데, 그 이유는 두 용어 모두 사업의 작동원리 및 추구하는 목표 등을 포괄적으로 설명하는 것을 나타내기 때문이며, 유사한 용어들로는 'chains of reasoning', 'theory of action', 'performance framework' 등이 있다[9]. 그림 1.1의 구성항목 (components)에서 특이한 점은 'your intended results' 즉, '의도성과' 정도로 번역될 수 있는 3가지 서로 다른 기간(time frame)에서 발생하는 성과에 대한 단계적 분류; 1)직접적·단기적(1-3년) 산출(outputs); 2)중기적(4-6년) 결과(outcomes); 3)그리고 대부분 사업종료 이후 장기적 (7-10년) 효과(impact)에 있다고 판단된다. 결국, 논리모형으로 시각화된 사업 로드맵(road map) 사용목표 2가지를 정리하면; 1)사업 개선 (improve)을 목표로 사업진행 중에 실시되는 중단기적 성과에 초점을 맞춘 '조형적 평가'(formative evaluation); 2)사업 가치 입증(prove)을 목표로 사업종료 후 실시되는 중장기적 성과에 초점을 맞춘 '부가적 평가'(summative evaluation)를 위한 각각의 정보를 제공하는 것으로 요약될 수 있다[10,12]. 단, 그림 1.1은 '04년 W. K. Kellogg foundation logic development guide의 §1 페이지 1 'Figure 1. The basic logic model'과 §4 페이지 36 'Vantage points and evaluation questions'의 내용을 종합한 것이며, Performance[1](성과창출)은 원래 'Outcomes'로, Efficiency[2](효율성)은 'Magnitude'로, Relevance[3](적절성)은 'Satisfaction'으로, Your intended performance[4](의도성과항목)은 'Your intended results'로 표기되어 있는 것을 수정한 것임을 밝힌다.

1.1.2 McLaughlin and Jordan logic model

'99년 McLaughlin and Jordan은 논리모형 수립에 관한 논문을 발표한 바 있는데[9], 미국 Department of Energy(DOE) 소속 The Office of Energy Efficiency and Renewable Energy(EERE)의 'a research and technology development and deployment program'을 위한 순서도 형식 'logic chart' 작성에 대한 자세한 절차를 보여준다. 그림 1.2는 McLaughlin and Jordan의 논리모형이다. 특이한 점은 'customers' 즉, '고객'이라는 구성항목을 논리모형 한 가운데 위치시킨 것인데 성과의 3R's 즉, resources, people reached, results를 언급하면서 resources(자원)와 results(즉, '성과') 사이의 people reached(즉, '성과도달대상자' 또는 '내·외부고객')를 명시한 것이다. 고객으로는 공동참여기관(partner) 또는 성과물로서의 제품·용역 사용자(user) 등이 고려될 수 있고, 이와 같은 다양한 고객들에 대한 명시적 고려를 통해 사업수행기관(staff) 또는 기금관리기관(stakeholder)은 사업 작동원리와 추구목표를 보다 잘 이해하고 설명할 수 있다는 주장이다. 단, 그림 1.2는 McLaughlin and Jordan[9]의 'Figure 1. Elements of the logic model'과 그들의 논문 내용을 종합한 것이며, Long-term impacts[1](장기적효과)는 원래 'Long-term outcomes'로 표기되어 있는 것을 수정한 것임을 밝힌다.

한편, 사업 계획수립 및 전개와 관련하여 주요하게 언급되고 있는 부분이 사업 외부의 통제할 수 없는 'key contextual factors' 즉, '주요상황요소'에 대한 식별 및 기술인데, 이를 통해 사업이 추구해야 할 수익창출적 관점에서의 '틈새시장' 또는 전략적 관점에서의 '집중영역' 즉, 'niche' 또한 명확화 할 수 있다고 설명하고 있다.

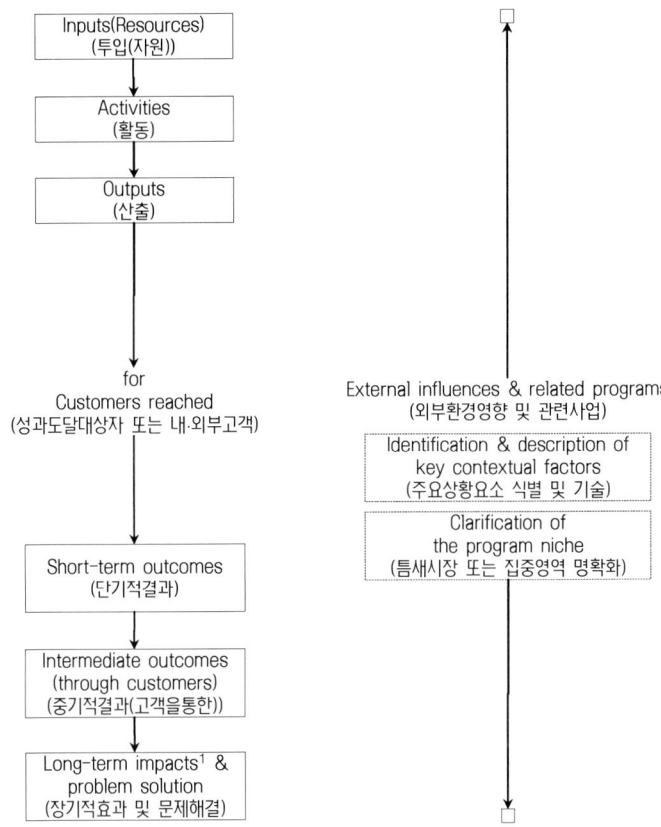

그림 1.2. McLaughlin and Jordan의 'Elements of the logic model'

1.2 R&D 성과평가 관점

R&D 평가관점은 평가시점·초점과 서로 매우 의존적이다. 그림 1.3
은 공공부문 정보화 관련 전개단계별 R&D 평가구조의 일례를 수정·
보완한 것이다[4]. 그림 1.3에 정리된 R&D 평가구조를 보면 사업추진 전
사전평가에서는 목표·계획에 평가초점을 맞춘 3가지 'R&D 사업평가'
관점 즉, 타당성, 시행성, 위험성 관점이 있음을 알 수 있는 반면, 사업
추진 중 진행평가(즉, 중간평가)와 사업추진 후 성과창출 중에서의 사후
평가(즉, 추적평가)에서는 순서대로 각각 투입·활동, 성과에 평가초점을
맞춘 대표적인 5가지 'R&D 성과평가' 관점이 있음을 알 수 있다.

그림 1.3 아래 부분에 그림 1.1 논리모형을 배치시켜 효율성은 산출
에, 그리고 나머지 4가지 R&D 성과평가 관점은 결과·효과와 결부시킨
구조를 취하고 있다. 또한, R&D 평가모형으로부터 상위 평가영역→하위
평가항목→구체적 평가지표 등을 도출·정의하고, 이는 논리모형의 각
단계별 관련 자료의 측정·수집과 긴밀한 상호 연계성을 갖고 추진되어
야 함이 제시되어 있다.

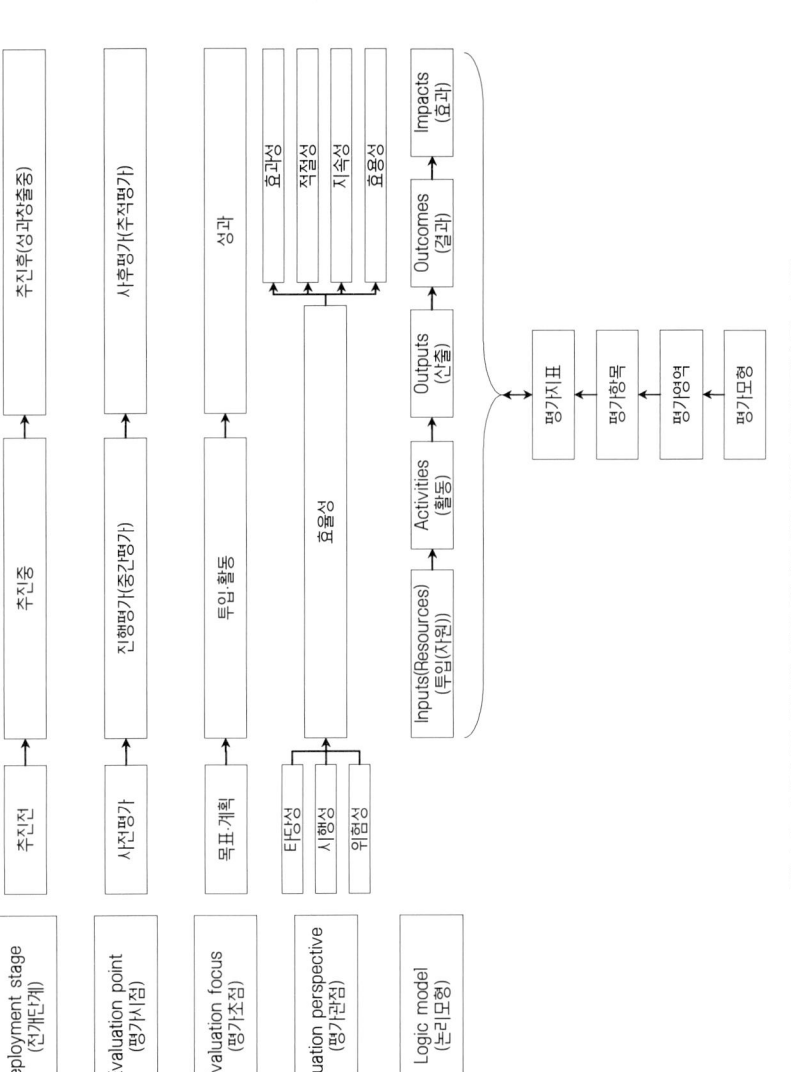

그림 1.3. 공공부문 정보화 관련 전개단계별 **R&D** 평가구조(수정 · 보완)

세부적으로 살펴보면, 공공부문 상위 R&D 사업에 속한 하위 R&D 프로젝트 성과는 아래 5가지 관점을 중심으로 평가될 수 있다[1,7]. 효율성(efficiency)이란 자원의 투입 관점에서 바라본 산출의 규모를 파악하는 개념으로서, 효과성(effectiveness 또는 efficacy)은 결과의 창출 관점에서 궁극적으로 추구하고자 했던 사업목표를 달성했는지 여부를 파악하는 개념으로서 이해될 수 있다. 특히, 적절성은; 1)사업공급자 입장에서는 사업목표에 맞춰 사업활동이 전개되고 있는지를 나타내는 목표부합도; 2)사업수요자 입장에서는 요구(needs)에 대한 사업활동의 요구충족도 등 2가지로 구분되어 조사·분석·평가가 이루어질 수 있다[2,5,6].

그러므로 적절성의 요구충족도는 효용성 관점과 일부 중복되는 관점이라고 지적될 수 있다고 판단된다. 그림 1.4는 R&D 성과평가 관점을 정리하여 보여준다. 그림 1.4처럼 사업수행기관, 공동참여기관 등은 효율성, 효과성, 지속성 등에 1차적 관심이 있을 수 있겠지만, 사업추진기관, 기금관리기관 등은 이와 함께 적절성, 효용성 등을 함께 포괄하는 종합적 R&D 성과평가를 수행해야 할 책무성(accountability)이 있다.

- 효율성(efficiency): 투입자원의 규모 대비 산출량이 높은가?
- 효과성(effectiveness 또는 efficacy): 사전 설정된 사업목표를 달성하고 있는가?
- 적절성(relevance): 지원정책에 부합되는 사업목표를 설정하고 있는가?
- 지속성(sustainability): 사업이 중단된 후 사업성과가 얼마나 오랫동안 지속될 수 있는가?
- 효용성(utility): 사업성과가 실제 사업수요를 얼마나 충족시키고 있는가?

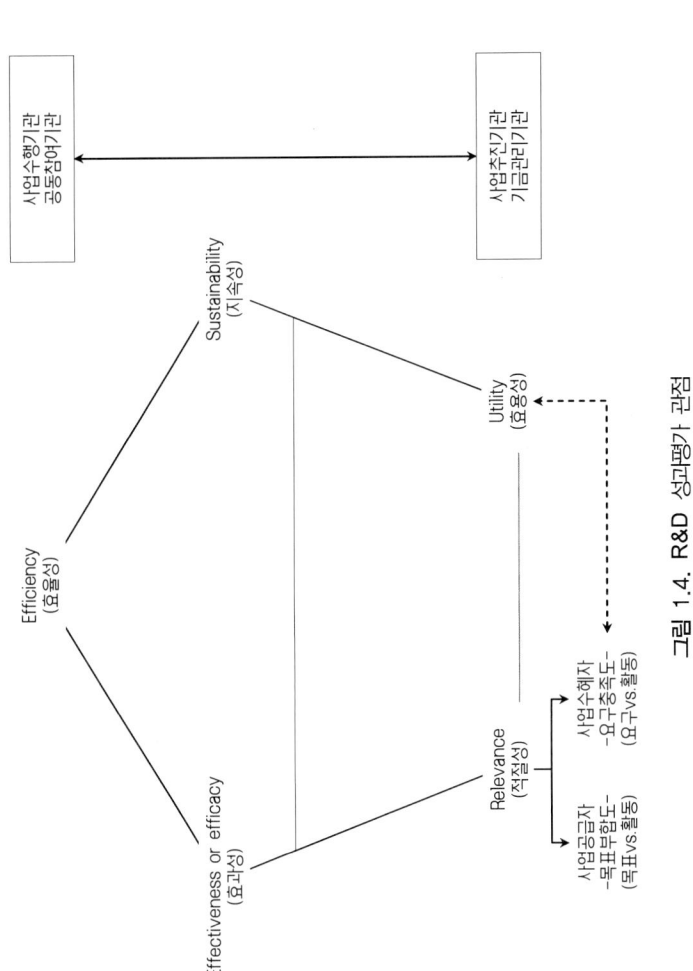

그림 1.4. R&D 성과평가 관점

[Chapter 1] 참고문헌

[1] 고영선, 윤희숙, 이주호, *KDI 연구보고서 2004-02: 공공부문의 성과관리*, 한국개발연구원(KDI), 2004.

[2] 박성민, 고경일, 설원식, "IT기업 기술혁신 지원사업의 목표부합도 사례연구: 지원 투자 · 융자금액에 유의한 IT기업 특성 조사", *대한경영학회지*, 23권, 4호, pp.1917-1935, 2010.

[3] 산업기술연구회(ISTK), *용역과제 최종보고서: 연구개발성과 추적 · 평가 · 관리시스템 정립방안에 관한 연구*, 2007.

[4] 정국환, 안재민, 홍필기, *경제 · 인문사회연구회 협동연구총서 08-06-06 공공정보화 성과평가 방법론 연구*, 정보통신정책연구원(KISDI), 2008.

[5] 지식경제부(MKE) · 정보통신연구진흥원(IITA)[1], *정보통신진흥기금 성과평가(VI)(융자사업)*, MKE · IITA, 2008.

[6] 지식경제부(MKE) · 정보통신연구진흥원(IITA)[2], *정보통신진흥기금 성과평가(XIII)(연구개발계정: 정보통신기술개발투자)*, MKE · IITA, 2008.

[7] 한국정보통신산업협회(KAIT) · 정보통신부(MIC), *IT중소 · 벤처기업 지원정책 성과평가 방법론 연구*, 2007.

[8] Bitman, W. R. and Sharif, N., "A conceptual framework for ranking R&D projects", *IEEE Transactions on Engineering Management,* Vol.55, No.2, pp.267-278, 2008.

[9] McLaughlin, J. A. and Jordan, G. B., "Logic models: a tool for telling your program's performance story," *Evaluation and Program Planning,* Vol.22, No.1, pp.65-72, 1999.

[10] Wikipedia *The Free Encyclopedia, http://www.wikipedia.org/,* 2010.

[11] W. K. Kellogg Foundation, http://www.wkkf.org/, 2010.

[12] W. K. Kellogg Foundation, *W. K. Kellogg Foundation Logic Development Guide,* MI Battle Creek, 2004.

□ End of Chapter 1 □

DEA/AR − Ⅰ을 활용한 IT중소 · 벤처 기업 정부자금지원정책 성과평가

박성민[†], 김헌

A Performance Evaluation of Governmental Funding Projects for IT
Small and Medium−Sized Enterprises and Venture Business Using
DEA/AR−Ⅰ

Sungmin Park[†], Heon Kim

요약

IT중소 · 벤처기업에 대한 정부자금지원정책 성과를 적시에 객관적으로 평가할 수 있는 체계의 확립이 필요하다. 본 연구는, 자료포락분석(Data Envelopment Analysis, DEA)모형을 활용한 IT중소 · 벤처기업 정부자금 지원정책 성과평가 체계를 제안하고, 실증자료를 이용한 사례분석을 예시 한다. 특히, 도출된 최적해 신뢰도 제고를 위해, Acceptance Region(AR) Type Ⅰ 제약식이 추가된 DEA/AR-I수정모형을 개발한다. 본 모형 및 절차를 활용, 후속 성과평가를 보다 신속히 진행할 수 있게 지원하는 유 도지표(guideline)로서의 '효율성지수' 계산이 가능하다고 판단된다. 'IT

SMERP 2010 계획'에 포함된 정부자금지원정책 주요사업을 대상으로 사업간 및 동일사업내 수혜기업간 성과평가가 논의된다.

주제어: 자료포락분석, 채택영역, 크루스칼-왈리스 검정, 합성점수, 효율성지수

Abstract

It is necessary to establish a systematic framework where the performance of governmental funding projects can be evaluated just-in-time as well as objectively regarding IT small and medium-sized enterprises and venture business. In this study, a framework is proposed for the performance evaluation using Data Envelopment Analysis(DEA) and a case study is illustrated with an empirical dataset. Especially, in order to enhance the reliability of optimal solutions, a DEA/AR-I revised model is developed by adding Acceptance Region(AR) Type I constraints into the DEA basic model. Based on the procedure and the models, it is considered that an 'efficiency score' can be calculated as a guideline for conducting successive performance evaluation processes fast. As for major governmental funding projects with respect to 'IT SMERP 2010 Plan', performance evaluations are discussed concerning between projects as well as between corporate entities within each project.

Keywords: acceptance region, composite score,
data envelopment analysis, efficiency score,
Kruskal-Wallis test

2.1 서론

2.1.1 연구배경

국내 IT산업은 '90년대 이후 국가경제발전을 견인할 핵심동력으로 부각되면서, 그 중요성이 점차 증대되고 있다. 통계청(NSO) 및 한국정보통신산업협회(KAIT)에 의하면, GDP 대비 국내 IT산업생산액 비중은, '97년 15.37%에서 '06년 29.26%로 꾸준한 상승세를 보인다[11,12]. 한편, NSO(e-나라지표) 및 KAIT 제공 '분야별지표>경제>정보통신>IT산업생산' 자료 분석 결과; 1)'97년 통계제공시점부터 '06년까지 IT산업생산액 전년대비증가율 9개 모두 양 (+)값을 갖되; 2)3년단위 평균치는, ①'98~'00년 26.73%, ②'01~'03년 9.23%, ③'04~'06년 7.73% 하향추세가 확인된다[12]. 이 같은 산업·경제상황 및 특히 혁신적 아이디어와 창의성이 요구되는 IT산업 특성상 IT중소·벤처기업 활성화가 절실히 요구되고 있으며, 이는 또한 IT산업 기업생태환경 건전화와 글로벌 산업경쟁력 강화에 필수적이다[8].

정보통신부(MIC)는 '04년을 필두로, '06년에 IT중소·벤처기업의 건전한 기업생태계 조성을 위한 'IT Small and Medium-Sized Enterprises Revitalization Program(SMERP) 2010 계획'을 발표한 바 있다. 이는 IT중소·벤처기업 주무부처로서 정보통신부가 수립한 최초의 중장기 지원방안으로 특히; 1)자본시장에서 IT산업분야에 대한 투자비중 감소 등 문제점 지적; 2)정부 정책입안자가 IT중소·벤처기업 관련정보를 종합, 지원성과 분석, 실효성 제고를 위한 체계의 확립 필요성 등을 제기한다[8]. 한편, IT중소·벤처기업이란 '중소기업기본법 제2조'에 규정된 중소기업 범위기준에 해당하면서, '벤처기업육성에 관한 특별조치법 제2조 각1호'에 해당하는 기업, 즉 벤처캐피탈 투자기업, 연구개발 투자기업, 신기술기업 3가지 유형중 하나로서, 정보통신기술(Information and Communication Technology, ICT) 산업에 포함되는 기업을 의미한다[13].

반면; 1)'05년1월~8월 국내 창업투자회사와 창업투자조합의 IT분야 투자비중이 '04년동기대비 60.2%(2,068억원)에서 45%(1,734억원)수준으로 감소; 2)IT산업전체 R&D투자액에서 IT중소·벤처기업 비율이 8.1%('01)→7.4%('02)→6.4%('03) 감소추세다. 이 같은 난관극복을 위해 맞춤형 출연, 투자 및 융자 등 정부차원 금융지원정책을 통한 IT중소·벤처기업의 기술역량 육성, 경영성과 개선 등의 필요성이 제기된 바 있다[8]. 이런 맥락하에 '93~'95년 정보통신진흥기금, '96~'04년 정보화촉진기금, 다시 '04년12월30일 정보화촉진기본법 개정에 따른 정보통신진흥기금이 조성되어, IT중소·벤처기업에 지원정책이 활발히 집행되고 있다[9]. '06년 정보통신진흥기금사업 성과평가지침을 보면 '06년 기금사업 소계만으로도 9,634억원이 확인된다[10].

2.1.2 연구주제

미국이 이미 '93년 정부성과결과법(Government Performance and Results Act, GPRA)을 제정, 매년 모든 정부업무에 대한 성과평가를 실시하는 것처럼, 우리나라 정부도 IT중소·벤처기업에 대한 지속적 지원정책을 전개하고 있는 바, 이에 대한 객관적, 합리적 성과평가 체계를 개발, 활용할 필요가 있다[8,13]. 'IT SMERP 2010 계획'에 제시된 것처럼; 1)IT중소·벤처기업 현황과 지원정책 성과를 실시간 측정하여, '선택과 집중' 원칙하에 한정자원을 효율적으로 배분하고; 2)지원정책으로 유발되는 IT중소·벤처기업 성장과정을 진단, 분석할 수 있는 정성·정량적 의사결정모형이 정책입안자 입장에서 요구된다. 이는 궁극적으로, 정보통신부가 지향하는 '시장밀착형 지원정책을 수립→집행→평가하는 지속가능한 체계' 확립이라는 목표에 부합된다고 판단된다[8].

본 연구는; 1)자료포락분석(Data Envelopment Analysis, DEA) 모형을 활용한 IT중소·벤처기업에 대한 정부자금지원정책 성과평가 체계를 제안하고; 2)실증자료를 이용한 사례분석을 예시한다. 즉, 정책입안자가 지원정책 성과평가를 1차선별(screening)함으로써, 향후 세부적인 2차후속(follow-up) 성과평가를 지원하는 유도지표(guideline) 도출이 가능하다고 판단된다. 특히, 도출된 최적해 신뢰도 제고를 위해 Acceptance Region(AR) Type Ⅰ 제약식이 추가된 DEA/AR-Ⅰ수정모형을 개발한다. 정보통신부가 추진하는 'IT SMERP 2010 계획'의 IT중소·벤처기업 정부자금지원정책 주요사업 대상, 사업간 및 동일사업내 수혜기업간 성과평가가 논의된다[1,8,13]. §2.2 기존연구고찰, §2.3 모형수립, §2.4 분석자료, §2.5 사례분석 그리고 §2.6에서 연구내용이 종합된다.

2.2 기존연구고찰

2.2.1 기본개념

DEA는 'input-orientation' 관점에서 설명하면 동일한 목적을 갖고 운영되는 다수개체들의 상대적 효율성(efficiency)을 [0,1] 범위 '효율성지수'(efficiency score, rating or index)로 평가하는 최적화수리모형이다. 동일한 multiple-output/multiple-input 자료구조를 갖는 DEA 평가대상 개체를 Decision Making Unit(DMU)으로 지칭한다. 1개집합 경쟁개체군(a set of peer entities) 대상, DMU마다 선형계획모형이 수립·풀이되는 효율성지수 계산과정이 반복된다[3,34]. 'firms' 혹은 'industries' 대신 DMUs라는 용어를 정의하게 된 동기처럼, 시장가격 및 비용(market price and cost)으로써 자료 가중치 혹은 중요성을 명확히 파악하기 어려운 비영리(not-for-profit) 개체에 대한 효율성 연구에 DEA 개발초점이 있다[23].

회귀분석(regression analysis) 등 전형적 통계분석방법론이 자료 중심경향(central tendency)을 탐색하는 것과는 달리, DEA는 자료 외곽표면(extremal surface)을 탐색하는 것으로 이해될 수 있다. 즉, 통계분석은 자료중심으로부터 개별자료의 상대위치 파악이 관심인 반면, DEA는 자료표면으로부터 개별자료의 상대위치 파악이 초점이다. 자료 외곽표면을 지칭하는; 1)envelope; 2)frontier; 3)production function; 4)transformation function 등은; 1)input-orientation 관점에서는 주어진 출력을 달성하기 위한 최소입력; 2)output-orientation 관점에서는 주어진 입력으로 달성가능한 최대출력을 의미한다[25,31,35].

DEA모형을 CCR 및 BCC 2가지로 구분하면; 1)CCR모형은 multiple-output/multiple-input 자료구조를 single-'virtual'-output/single-'virtual'-input 자료구조로 정리(reduction), 정리된 자료구조로 표현된 nonlinear fractional programming 모형을 자료변환을 통해 선형계획모형으로 전환한 것[20,23]; 2)BCC모형은 Constant Returns to Scale(CRS) 가정을 완화(relaxation), 현실적인 Variable Returns to Scale(VRS) 모형 제시에 연구기여도가 있다. CRS, VRS모형의 hybrid모형인 Decreasing Returns to Scale(DRS) 및 Increasing Returns to Scale(IRS) 모형도 활용가능하게 된다[16,17].

2.2.2 강·약점[3,14,15,25,27,31,34,35]

• 강점: 1)자료처리능력, ①multiple-output/multiple-input 자료구조를 취급할 수 있다. ②자료간 단위가 상이하여도 분석가능하다. ③시장가격 및 비용 같은 추가자료 없이, 오직 정량적(quantitative) 자료만을 이용,

영리·비영리 DMU 효율성평가에 활용될 수 있다; 2)모형가정, ①특정 분석형태(analytic form)와 같은 frontier에 대한 선험적(*a priori*) 가정이 필요없다. ②4개 Returns To Scale(RTS)에 대한 조건만 모형에 명시한다; 3)선형계획모형 활용에 따른 편리성, ①수립된 DEA모형을 컴퓨터를 통해 계산구현(computational implementation)하기 용이하다. ②선형계획모형 최적해로써 DMU 효율성이 평가된다.

• 단점: 1)통계해석, ①'extreme point technique'이므로, 예를 들어 측정오차(measurement error) 같은 잡음(noise) 등이 유의한 문제를 초래할 수 있다. ②'nonparametric technique'이므로, 분석결과에 대한 통계적 가설검정이 어렵다; 2)효율성평가, 임의의 DMU 효율성지수가 '1'로 계산된 경우라도, 이 DMU가 상대적으로 효율적이란 결론을 내리기 보다는, 다만 비효율적이라는 결론을 내릴 수 없다고 해석하는 것이 더 바람직하다; 3)계산복잡도, DMU별 선형계획모형이 수립·풀이되는 과정이 반복되므로 문제크기에 따른 계산복잡도(computational complexity)가 악화될 수 있다.

2.2.3 활용문헌

'78년 CCR모형을 필두로 관련논문이 발표된 이후, DEA를 활용한 효율성평가가 광범위한 분야에 적용된다. 공공기관운영 효율성평가 관련, 기초자치단체 지방행정 정보화수준[2], 도시지역 경찰서 업무성과[30] 등이 DEA로 평가된 바 있다. R&D 효율성평가에 대한 DEA 강점, 연구사례를 확인할 수 있다[14,15]. 또한, DEA의 활발한 적용분야로 교육내용, 학교운영 효율성평가 등을 참고할 수 있다[6,19,21,24]. 은행지점운영 DEA효율성지수를 비교하고 비효율 유발요인을 판정한 연구결과[32] 및 병원운영 효율성평가와 관련하여 계량경제학 비용함수와 DEA간 비교연구가 제시된 바 있다[18]. 최근 적용분야를 넓혀; 1)군사, 탄약중대 효율성평가[5]; 2)금융, 헤지펀드(hedge fund) 및 상품거래전문가(commodity trading advisors) 효율성평가[27]; 3)부동산, 주택가격평가[4]; 4)스포츠, 프로야구 선수 성과측정[7] 등에 DEA 활용사례가 보고된다.

2.3 모형수립

2.3.1 DEA기본모형

본 연구 DEA기본모형으로 input-oriented envelopment infinitesimal VRS model(PI_3)을 선택한다[31,35]; 1)모형선택시, input-, output-orientation 2가지 관점이 있다. 본 연구는 임의의 DMU에 대해 출력은 자신의 성능이 상을 유지하면서 입력을 축소할 수 있는 가상복합(hypothetical composite) 또는 가상생산자(virtual producer)를 구성할 수 있는지에 초점을 둔다. 그럼으로써 효율성지수는 [0,1] 범위를 갖고 그 값이 작을수록 비효율이 크다고 판단한다; 2)모형에서 도출한 최적해로써 DMU간 비교가 편리한 'envelopment model'이 선호될 수 있다. 특히, envelopment model은 'implicit price and cost'를 이용하는 'multiplier model'과 비교할 때, DMU별 benchmark 및 이에 상응하는 가중치가 도출되어 세부적 추가 분석이 용이하다; 3)정확한 효율성평가를 위해서는 multiplier model에서의 implicit price and cost가 반드시 '0' 초과값을 취해야 한다. 즉, '0' 값이 허용하면 'free good' 개념의 출력-입력요소를 허용하는 것이 되므로, 이 경우 'efficiency'와 'weak efficiency' 구별이 불가능하다. 하지만, infinitesimal 개념이 도입되면 모형이 복잡해져 noninfinitesimal model

이 현실적으로 많이 활용된다; 그리고 4)본 연구의 DMU 효율성평가는 입력요소증가에 따른 출력요소증가 비율이 일정치 않다고 가정하고 VRS model을 채택한다.

식(2.1)은 본 연구의 DEA기본모형이다. n개 DMU 집합에서 DMUk의 효율성지수 θ_k를 계산하는 PI$_3$모형으로서, 임의의 DMUj의 가중치 λ_j, r^{th}출력요소 y_{rj}, i^{th}입력요소 x_{ij} 및 DMUk의 r^{th}출력요소기준 출력요소부족 slack variable s_r^+, i^{th}입력요소기준 입력요소초과 slack variable s_i^-로 정의된다. 식(2.1)의 결정변수는 $\theta_k, s_r^+, s_i^-, \lambda_j$이며, ① efficient, ②weakly efficient, ③inefficient, ④DMU별 benchmark 및 그에 상응하는 가중치를 1차검토할 수 있다[20,25,31,35].

$$min_{\theta_k, s_r^+, s_i^-, \lambda_j} \quad z_k(\theta_k, s_r^+, s_i^-) = \theta_k - \epsilon \left(\sum_{r=1}^{s} s_r^+ + \sum_{i=1}^{m} s_i^- \right)$$

$$s.t. \quad \sum_{j=1}^{n} \lambda_j y_{rj} - s_r^+ = y_{rk} \quad \forall \ r$$

$$\theta_k x_{ik} - \sum_{j=1}^{n} \lambda_j x_{ij} - s_i^- = 0 \quad \forall \ i \qquad (2.1)$$

$$\sum_{j=1}^{n} \lambda_j = 1$$

$$\theta_k \ free \ in \ sign; \ s_r^+, s_i^-, \lambda_j \geq 0 \quad \forall \ r,i,j$$

$$\epsilon \ infinitesimal \ positive \ number$$

2.3.2 DEA/AR–I수정모형

DEA기본모형의 출력-입력요소 수가 증가하면 DMU간 효율성평가 결과의 신뢰도가 감소할 수 있다. 즉, 출력-입력요소 수가 증가할수록 더 많은 DMU의 효율성지수가 '1' 값을 취할 수 있다. 이 같은 '공간차원'(space dimensionality) 문제는 출력-입력요소에 의해 구성되는 공간차원 $s+m$과 DMU수 n과의 상대적 크기에 대한 직접적 결과라고 이

해하는 것이 바람직하다[25,31]. $n \gg s+m$ 조건이 공간차원 문제해결의 근본
책은 아니지만 완화조건으로는 판단된다. 한편, 출력-입력요소 'multiplier'
(즉, 식(2.1)의 쌍대변수)가 '0'에 가까운 작은 값 또는 상대적으로 큰 값
을 취함으로써 비효율적 DMU가 효율적 DMU로 평가될 수 있는 문제
점이 지적된다[4,7,25,31].

이 같은 문제해결방법으로; 1)Cone Ratio(CR) model[22]; 2)Assurance
Region(AR) method[33] 등이 제안된다. 이 방법들은 multiplier값을 제약
함으로써 신뢰도가 제고된 효율성지수를 유도한다. 식(2.1)을 보완,
DEA/AR-I수정모형 식(2.2)를 수립한다. 즉, 식(2.1)의 쌍대모형(DI_3) 최
적해를 도출한 다음, frontier를 구성하는 DMU의 multiplier를 추출, 식
(2.2)의 AR-I 제약식(즉, 'relative weights restrictions')이 추가된
DEA/AR-I수정모형으로 효율성지수를 2차검토할 수 있다[25,31,33].

$$
\begin{aligned}
& max_{\mu_*,\mu_r,\nu_i} \quad z_k(\mu_*,\mu_r) = \sum_{r=1}^{s} \mu_r y_{rk} + \mu_* \\
& s.t. \qquad \sum_{r=1}^{s} \mu_r y_{rj} - \sum_{i=1}^{m} \nu_i x_{ij} + \mu_* \leq 0 \quad \forall \ j \\
& \qquad\quad \sum_{i=1}^{m} \nu_i x_{ik} = 1 \\
& \qquad\quad \mu_r \geq \epsilon \ \ \forall \ r \\
& \qquad\quad \nu_i \geq \epsilon \ \ \forall \ i \\
& \qquad\quad \mu_* \ free \ in \ sign \\
& \qquad\quad L^{r/1} \leq \mu_r/\mu_1 \leq U^{r/1}, \ r=2,3,...,s \\
& \qquad\quad L_{i/1} \leq \nu_i/\nu_1 \leq U_{i/1}, \ i=2,3,...,m
\end{aligned}
\tag{2.2}
$$

2.4 분석자료

2.4.1 출력-입력요소

'IT SMERP 2010 계획'에 포함된 IT중소·벤처기업 정부자금지원정책 14개 세부사업중 4개를 대상으로 분석자료를 수집한다. KAIT에서 실시한 '05년 상반기 IT 3대업종별 기업역량, 업력 조사결과에 기초하면 절대적 편차는 존재하지만[8,12], 가능한 기업역량, 업력이 유사한 기업이 세부사업 수혜대상으로 선정된다고 가정하고, 수혜 ①금액, ②기간, ③건수 3개 입력요소에 의한, ①매출액증가율, ②영업이익률증가율 2개 출력요소에 대한 효율성평가로 범위를 한정하여 출력-입력요소를 선정한다. 물론, 포괄적 범위에서의 입력요소로서 자금지원, 기술지원, 창업/인력지원 및 경영지원 등을 반면 출력요소로서 업계문화, 기술혁신성과, 시장성과, 재무성과 및 경제파급효과 등이 고려될 수 있다. '07년초시점 KAIT IT통계정보센터 DB를 출처로 하여 입수가능한 자료인지 여부도 선정시 함께 고려된다[9,12,13].

최종정리된 분석자료는; 1)Sb사업, 280.530억원, 21기업, 22건수; 2)Sc사업, 2,601.686억원, 213기업, 213건수; 3)Sd사업, 842.828억원, 329기업, 396건수; 4)Se사업, 181.359억원, 160기업, 160건수로 추출된다. 기업(DMUj)별 입력요소($i = 1,2,3$)로 금액(z_{1j},억원), 기간(z_{2j},년), 건수(z_{3j}, 건)를 고려하고, 출력요소($r = 1,2,3,4$)로 '03년대비 '04년매출액증가율(y_{1j}), '04년대비 '05년매출액증가율(y_{2j}), '03년대비 '04년영업이익률증가율(y_{3j}), '04년대비 '05년영업이익률증가율(y_{4j})을 고려한다.

2.4.2 입력요소 합성점수(composite score)

입력요소로 고려된 기간(z_{2j}), 건수(z_{3j}) 범위는; 1)Sb사업, 1-3년(3년 이하 100%), 1-2건; 2)Sc사업, 1-8년(3년이하 34%), 1건; 3)Sd사업, 1-7년(3년이하 24%), 1-3건; 4)Se사업, 1-10년(3년이하 24%), 1건으로 조사된다. 다수 수혜건수인 경우 '05년말기준 최장기간을 z_{2j}로 정의한다. z_{2j}, z_{3j}를 직접 이용해 식(2.1) 최적해를 도출하면 대부분의 DMU 효율성 지수가 '1'로 계산되어 성과평가가 무의미해진다. z_{2j}, z_{3j}를 포함한 3개 입력요소 합성점수(composite score, x_{1j})[19] 식(2.3)을 제안한다. 식(2.3)에서, a_2, a_3는 기간조정가중치, 건수조정가중치를, z_2^{max}, z_3^{max}는 기간상한, 건수상한을 각각 순서대로 표시한다.

선행된 예비분석에 기초하여, $z_2^{max} = 5, z_3^{max} = 3$으로 정의하고자 한다; 1)'99년 19개, '00년 26개, '01년 38개 과제 누적매출액 조사결과, 과제별 자금투입에 따른 누적매출액 성장은 투입시점기준 순서대로 '7', '5', '4' 년차에 정점에 도달하고; 2)본 연구의 총723개 기업별 최대건수는 '3'이다. 단, $a_2 = 0.40, 0.50, 0.60$, $a_3 = 0.20, 0.25, 0.30$ 총$3 \times 3 = 9$개 가중치조합에 따른 효율성지수 민감도분석은 §2.5에 제시된다.

$$x_{1j} = z_{1j}(1 + a_2(min(z_2^{max}, z_{2j}) - 1))(1 + a_3(min(z_3^{max}, z_{3j}) - 1)) \quad (2.3)$$

2.4.3 AR-I 제약식 생성

일반적 AR-I 제약식 식(2.4)를 고려한다; 1)$\mathbf{D}_{11}(p_1 \times s)$, $\mathbf{0}_{12}(p_1 \times m)$ null, $\mathbf{0}_{21}(p_2 \times s)$ null, $\mathbf{C}_{22}(p_2 \times m)$, $\mathbf{F}((p_1 + p_2) \times (s + m))$ 행렬; 2)$\boldsymbol{\mu}$ ($s \times 1$) output multiplier, $\boldsymbol{\nu}(m \times 1)$ input multiplier, $\boldsymbol{w}((s + m) \times 1)$, $\mathbf{0}_p((p_1 + p_2) \times 1)$ null 열벡터; 3)$p_1 = 2(s - 1)$, $p_2 = 2(m - 1)$이다[33]. 그럼으로 본 분석자료의 AR-I 제약식은 식(2.5) $\mathbf{D}_{11}(6 \times 4)$만을 취하는 행

렬식으로 축소된다.

$$\mathbf{F}w \geq \mathbf{0}_p \tag{2.4.1}$$

$$\mathbf{F} = \begin{bmatrix} \mathbf{D}_{11} & \mathbf{0}_{12} \\ \mathbf{0}_{21} & \mathbf{C}_{22} \end{bmatrix} \tag{2.4.2}$$

$$w = \begin{bmatrix} \boldsymbol{\mu} \\ \boldsymbol{\nu} \end{bmatrix} \tag{2.4.3}$$

식(2.5) 생성과정은 다음과 같다; 1)DI_3모형의 최적해에서 효율성지수 '1'인 benchmark DMU를 추출;→2)출력요소별 '0'을 초과하는 multiplier $\mu_1^*, \mu_2^*, \mu_3^*, \mu_4^*$를 각각 m_1, m_2, m_3, m_4개 추출;→3)$\mu_2^*/\mu_1^*, \mu_3^*/\mu_1^*, \mu_4^*/\mu_1^*$를 각각 $m_1 m_2, m_1 m_3, m_1 m_4$개 계산;→4)각 비율별 $100\alpha\%, 100(1-\alpha)\%$ 백분위수로 $L^{r/1}, U^{r/1}(r=2,3,4)$를 설정한다[7,25,33]. §2.5에서 $\alpha = 0.25$로 설정된 AR-I 제약식을 고려한다.

$$\mathbf{D}_{11} = \begin{bmatrix} -L^{2/1} & 1 & 0 & 0 \\ U^{2/1} & -1 & 0 & 0 \\ -L^{3/1} & 0 & 1 & 0 \\ U^{3/1} & 0 & -1 & 0 \\ -L^{4/1} & 0 & 0 & 1 \\ U^{4/1} & 0 & 0 & -1 \end{bmatrix} \tag{2.5}$$

2.5 사례분석

2.5.1 (a_2, a_3)조합별 민감도분석

z_{2j}, z_{3j}산포를 고려하여 Sd사업을 대상으로 (a_2, a_3)조합별 식(2.1)로 도

출된 DMU 효율성지수 민감도분석 결과를 그림 2.1에 제시한다. 그림 2.1은 가중치조합 중심점 $(a_2, a_3) = (0.50, 0.25)$에서의 효율성지수를 기준으로 나머지 8개 가중치조합에서의 효율성지수를 정렬한 plots이다. (a_2, a_3)조합별 효율성지수 상관계수 36개 모두 0.99이상으로 확인된다. 그림 2.1과 상관계수 분석결과에 근거하여 (a_2, a_3)조합에 따른 효율성지수의 급격한 변화는 유도되지 않은 것으로 판단하고, 이후 분석은 $(a_2, a_3) = (0.50, 0.25)$ 가중치조합 중심점에서의 효율성지수만을 이용한다. 한편, 본 사례분석 모든 효율성지수는 외부공개가 승인되지 않기에 [0,1]이 아닌 임의의 범위를 갖도록 가공되어 설명된다. 본 연구에서 제안된 모형, 절차는; 1)Microsoft^R, Office Excel 2003; 2)Frontline Systems, Premium Solver Platform v7.1; 3)DEAfrontier.com, DEA Excel Solver Add-In 2002; 및 4) Microsoft Visual Basic 6.0^C '87-'99로 구현된다[26,35].

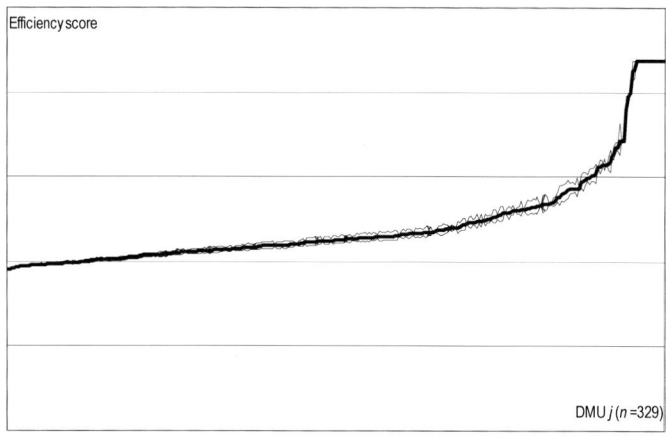

그림 2.1. Sd, (a_2, a_3)조합별 DMU효율성지수 plots

2.5.2 사업간 평가

분석대상 전체사업자료 $n = 723$개 DMU를 동시에 고려하여 도출한 효율성지수가 그림 2.2에 제시된다. 지원형태가, ①Sb, 융자, ②Sc, 투자, ③Sd, Se, 출연 등으로 상이하지만, 분석기간동안 수혜기업이 갖는 현금 유출입(cash flow)에서의 자금사용은 동일하다고 가정한다. 그림 2.2.(a)에서, 식(2.1) DEA기본모형 효율성지수(실선)를 기준으로 하여 식(2.2) DEA/AR-I수정모형 효율성지수(점선) 정렬한 결과, $n = 723$개 DMU 모두 식(2.1)보다 식(2.2) plot이 아래에 위치하며 이 현상은 AR-I 제약식 효과로 해석된다. 식(2.1), (2.2) 효율성지수 상관계수는 0.98786으로 AR-I 제약식에 따른 급격한 효율성지수 변화는 유도되지 않는다. 그림 2.2.(b)는 소수 frontier DMU가 나머지 다수 DMU를 포락하는 우변사향 모양을 보여준다. 그림 2.2.(b)에서 '(1)'로 표시된 panel은 식(2.1)로, '(2)'로 표시된 panel은 식(2.2)로 계산된 효율성지수로 만들어진 것이다.

그림 2.3은 그림 2.2 DMU 효율성지수를 사업별로 분리하여 작성된다. 그림 2.3.(a), 2.3.(b)는 식(2.1), (2.2) 및 Sb, Sc, Sd, Se사업 조합별 효율성지수 histogram, boxplot이다. 그림 2.3.(a) histogram 세로축은 빈도를, 그림 2.3.(b) boxplot 세로축은 효율성지수를 표시한다. 그림 2.3에서 '(1)'로 표시된 것은 식(2.1)로, '(2)'로 표시된 것은 식(2.2)로 계산된 효율성지수를 이용하여 만들어진 것이다. 분포 ①중심, ②산포, ③모양, ④이상점 유무 등을 고려하면, 대략적으로 Se→Sd→Sc,Sb순서로 분포중심은 낮아지고, 우변사향 모양이 강해지는 것으로 파악된다. IntelR Pentium Mobile 1.60GHz, 컴퓨터 실행시간(runtime) 측정결과 $n = 723, s = 4, m = 1$인 아래 DEA/AR-I수정모형의 최적해 도출시간은 약35분 소요된다.

DEA/AR-I수정모형, (변수개수×제약식개수)=

$$(2 \times 1 + s + m) \times (n + 1 + 2(s-1)) = (2 \times 1 + 4 + 1) \times (723 + 1 + 2 \times 3)$$
$$= 7 \times 730$$

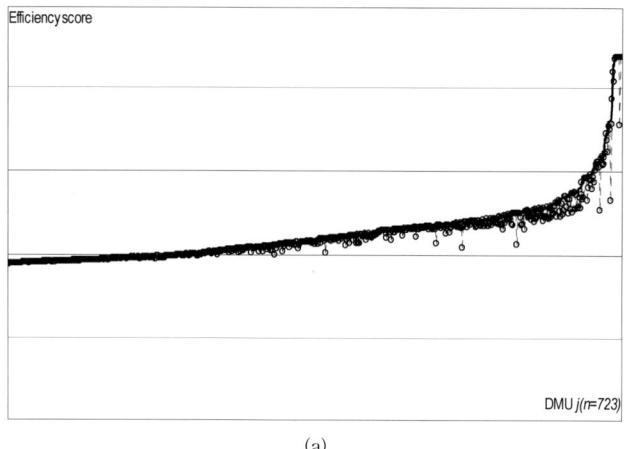

(a)

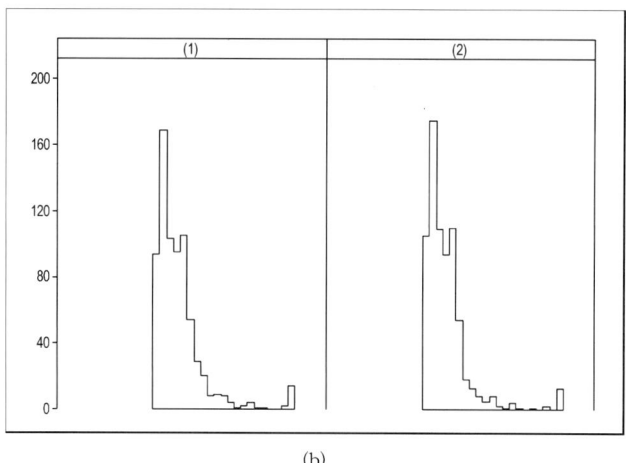

(b)

그림 2.2. DEA기본모형 식(2.1)(실선) vs. DEA/AR-I수정모형 식(2.2)
(점선), DMU 효율성지수, 전체사업자료 $n = 723$ 이용;
(a)plots; (b)histograms

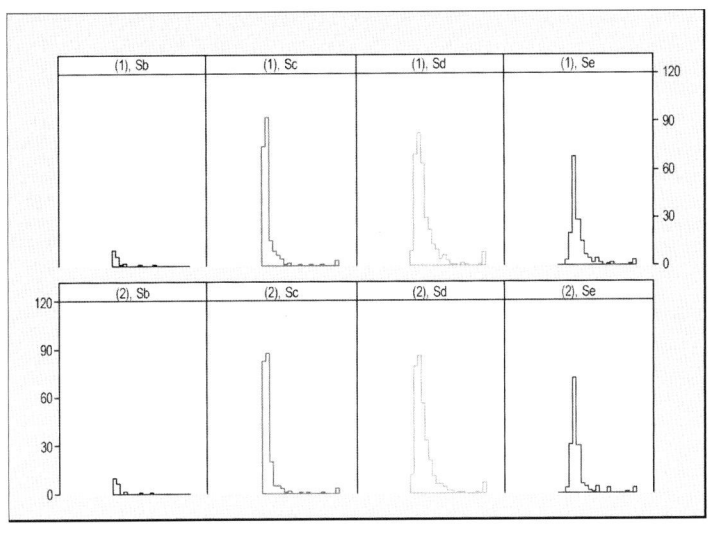

(a)

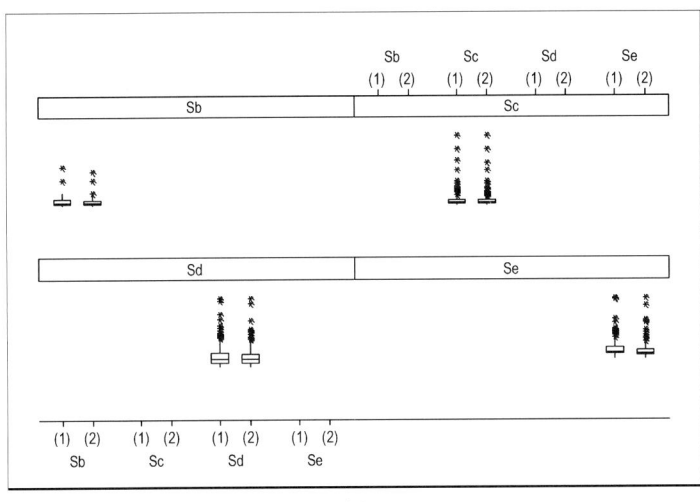

(b)

그림 2.3. 그림 2.2 DMU 효율성지수, 사업별 분리;
(a)histograms; (b)boxplots

그림 2.2에 제시된 식(2.2) DMU 효율성지수의 사업별·순위등급별 점유빈도·비율 및 분포를 표 2.1, 그림 2.4에 제시한다. 그림 2.4.(a) 점유비율 및 사업별 DMU수 차이가 보정된 그림 2.4.(b) 분포에서 확인되는 것처럼, Se→Sd→Sc,Sb순서로 순위구성이 저하되는 현상을 그림 2.3과 비교해 보다 선명히 파악할 수 있다.

표 2.1. 그림 2.2, DEA/AR-I 수정모형 식(2.2), DMU효율성지수, 사열별·순위등급별, 점유빈도·비율·분포

		Bad←									→Good	Sum
	Rank grade	10th	9th	8th	7th	6th	5th	4th	3rd	2nd	1st	Sum
	Highest rank(H)	652	579	507	435	363	290	218	146	73	1	
	Lowest rank(L)	723	651	578	506	434	362	289	217	145	72	
Frequency	Sb	8	4	1	4	0	0	2	0	0	2	$n_1=21$
	Sc	59	48	43	24	15	6	2	3	4	9	$n_2=213$
	Sd	5	21	28	44	57	57	25	24	30	38	$n_3=329$
	Se	0	0	0	0	0	10	43	45	39	23	$n_4=160$
	Sum	72	73	72	72	72	73	72	72	73	72	$n=723$
Proportion	Sb	0.11	0.05	0.01	0.06	0.00	0.00	0.03	0.00	0.00	0.03	
	Sc	0.82	0.66	0.60	0.33	0.21	0.08	0.03	0.04	0.05	0.13	
	Sd	0.07	0.29	0.39	0.61	0.79	0.78	0.35	0.33	0.41	0.53	
	Se	0.00	0.00	0.00	0.00	0.00	0.14	0.60	0.63	0.53	0.32	
	Sum	1.00	1.00	1.00	1.00	1.00	1.00	1.00	1.00	1.00	1.00	
Distribution	Sb	0.38	0.19	0.05	0.19	0.00	0.00	0.10	0.00	0.00	0.10	1.00
	Sc	0.28	0.23	0.20	0.11	0.07	0.03	0.01	0.01	0.02	0.04	1.00
	Sd	0.02	0.06	0.09	0.13	0.17	0.17	0.08	0.07	0.09	0.12	1.00
	Se	0.00	0.00	0.00	0.00	0.00	0.06	0.27	0.28	0.24	0.14	1.00

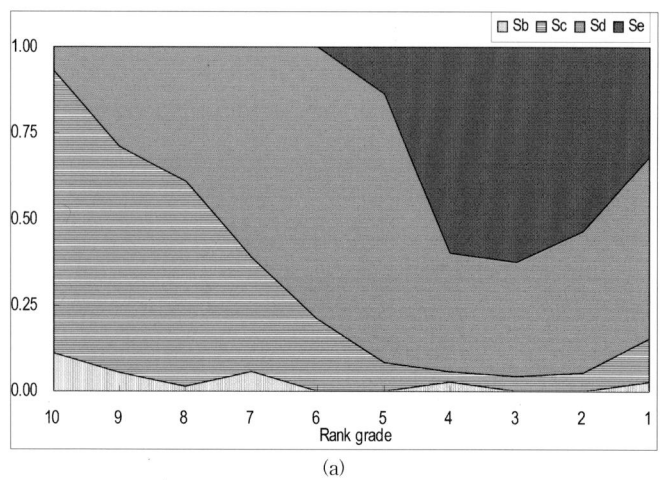

(a)

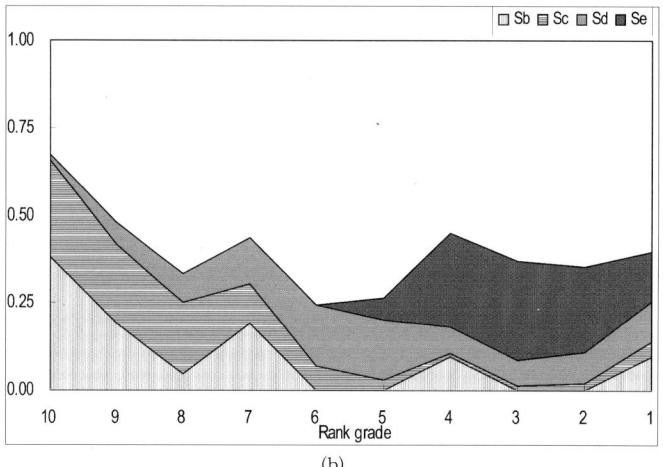

(b)

그림 2.4. 그림 2.2, DEA/AR-I수정모형 식(2.2),
DMU 효율성지수, 사업별 · 순위등급별; (a)점유비율; (b)분포

그림 2.2, 2.3에서 확인되는 것처럼 DMU 효율성지수 모집단에 대한 특정분포 가정에 무리가 있다. 그림 2.2.(b) 효율성지수의 정규성을 검정하면; 1)식(2.1) DEA기본모형 효율성지수는, ①Anderson-Darling 검정통계량(test statistic) $AD = 45.853$, 유의확률($p-$value) < 0.005, ②Kolmogorov-Smirnov 검정통계량 $KS = 0.184$, $p-$value < 0.010; 2)식(2.2) DEA/AR-I수정모형 효율성지수는, ①Anderson-Darling 검정통계량 $AD = 48.797$, $p-$value < 0.005, ②Kolmogorov-Smirnov 검정통계량 $KS = 0.190$, $p-$value < 0.010으로 정규성 확보가 매우 미흡하다. 비모수적 단일인자 분산분석법(nonparametric single-factor ANOVA)인 Kruskal-Wallis 검정을 실시하여 사업간 통계적 유의차를 확인한다. 연속확률분포 가정만을 요구하는 Kruskal-Wallis 검정의 동순위조정 검정통계량은 식(2.6)과 같다[28,29].

4개 사업(즉, $a = 4 > 3$) 및 각 사업별 DMU수가 충분하므로(즉, $n_i \geq 5$, $i = 1,2,...,a$) $h \geq \chi^2_{\alpha,a-1}$ 기각역을 갖는다. 계산결과 $h = 310.31$, $s^2 = 43,621.00$, $h \geq \chi^2_{0.01,3} = 11.34$로써 귀무가설 $H_0 : \eta_1 = \eta_2 = \eta_3 = \eta_4$가 기각되어(단, η_i는 i^{th}사업 효율성지수 모집단 중위수) 사업간 효율성지수에 차이가 있다고 판단된다.

$$H = \frac{1}{S^2}[\sum_{i=1}^{a}\frac{R_{i.}^2}{n_i} - \frac{N(N+1)^2}{4}] \tag{2.6.1}$$

$$S^2 = \frac{1}{N-1}[\sum_{i=1}^{a}\sum_{j=1}^{n_i}R_{ij}^2 - \frac{N(N+1)^2}{4}] \tag{2.6.2}$$

표 2.2에 전체사업, 사업별(Level별) 순위평균 $\overline{R}$, $\overline{R_{i.}}$ 및 $\overline{R_{i.}}$ 표준화값($z-$value)이 정리된다[28]; 1)유의확률이 작고($p-$value $= 0.000$), 표준

화값 모두 ±3을 벗어나므로 사업별 효율성지수에 유의한 차이가 있고; 2)표준화값을 보면 Se→Sd→Sb→Sc순서로 효율성지수가 저하됨이 판정된다.

**표 2.2. 그림 2.2, DEA/AR-I 수정모형 식(2.2),
DMU효율성지수; 사업 간 평가 Kruskal-Wallis 검정결과**

i	Level	n_i	$\overline{R_{i.}}$	$z-\text{value}$
1	Sb	21	199.80	-3.61
2	Sc	213	184.20	-14.80
3	Sd	329	394.00	3.77
4	Se	160	554.20	13.19
		N=723	$\overline{R}$=362.00	
			H=310.31, $d.f.$=3, $p-\text{value}$=0.000	

2.5.3 동일사업내 수혜기업간 평가

각 사업별로 자료를 분리하여 식 (2.1), (2.2)로 도출된 DMU 효율성 지수가 그림 2.5의 4개 panel로 요약된다. 그림 2.2.(a)처럼; 1)AR-I 제약식 효과; 2)식(2.1), (2.2) 효율성지수 상관계수 ①Sb, 0.91099, ②Sc, 0.91528, ③Sd, 0.97544, ④Se, 0.95191; 3)그림 2.5.(a)를 제외한 그림 2.5.(b)-(d)에서 소수 frontier DMU에 의한 포락현상 등이 관찰된다. 그림 2.6은, 그림 2.5 효율성지수의 histograms이다. 그림 2.5, 2.6 개별사업 자료를 이용한 분석결과 역시, 그림 2.2, 2.3 전체사업자료를 이용한 분석결과와 유사한 특징을 보인다.

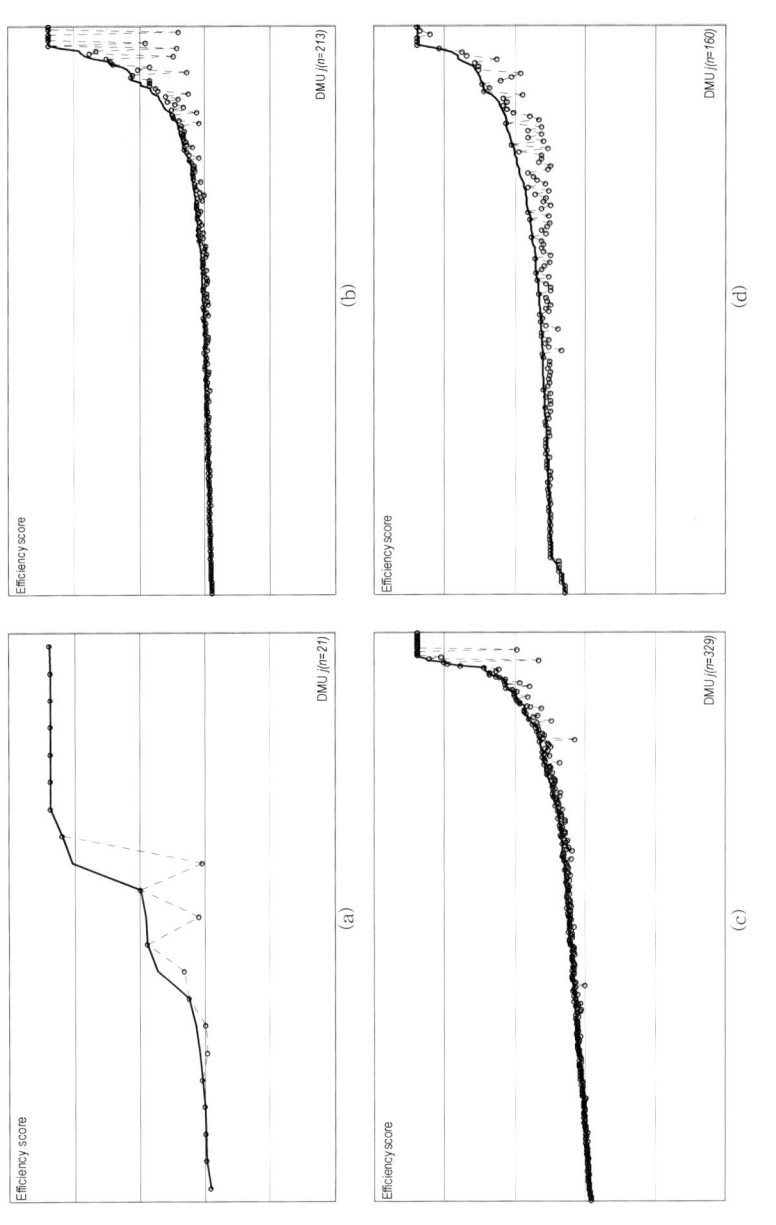

그림 2.5. DEA기본모형 식(2.1)(실선) vs. DEA/AR-I수정모형 식(2.2)(점선), DMU효율성지수, 개별사업자료 이용 plots; (a)Sb; (b)Sc; (c)Sd; (d)Se

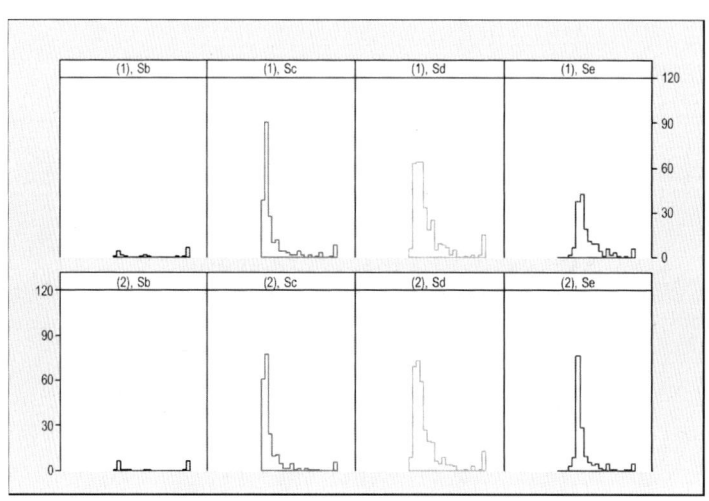

그림 2.6. DEA기본모형 식(2.1) vs. DEA/AR-I수정모형 식(2.2),
DMU 효율성지수, 개별사업자료 이용 histograms

2.6 종합

본 연구는, IT중소·벤처기업 정부자금지원정책 성과평가와 관련하여
사업간 및 동일사업내 수혜기업간 평가를 위한 효율성지수를 정량적 수
치로 계산하는 DEA/AR-I 모형, 절차 및 사례분석 체계를 제안한다. 한
편, 사례분석 대상 사업간 및 동일사업내 수혜기업간 평가결과는 연구관
계자에게 참고자료로 보고된다. 향후, 분석결과의 설득력 제고를 위한
출력-입력자료 보강이 필요하다. 즉, 예시된 사례분석은 분석자료 및 그
에 따른 한계에 대한 이해가 선행되어야 함을 밝힌다. 아래는 본 연구내
용의 항목별 종합이다.

첫째, 정량적 출력-입력자료를 이용하여 의사결정자의 주관을 배제한
수리모형에 의한 DMU 효율성지수를 계산한다. 둘째, 분석자료가 DB로

부터 취합된 후 제안된 모형, 절차를 컴퓨터 프로그램으로 처리해 의사
결정을 위한 초기 유도지표를 신속히 도출한다. 셋째, 입력요소 합성점
수 산정식을 정의함으로써 입력요소 선택의 폭을 넓힌다. 넷째, DMU
효율성지수를 이용한 사업별·순위등급별 점유빈도·비율, 분포 분석 및
kruskal-Wallis 검정으로; 1)사업간 평가; 2)동일사업내 수혜기업간 평가
를 시도한다. 다섯째, 소수 benchmark DMU 존재가 발견된다. 즉, 상대
적으로 효율성을 발휘한 소수 benchmark DMU 특징이 구체적으로 무
엇인지를 파악하고 benchmark DMU 강점을 정리하여 다수 상대적으로
비효율적인 DMU에게로 전파·공유시킴으로써, 결국 전체 DMU의 전반
적 효율성 향상을 도모할 기회를 제공할 수 있다고 판단된다. 더불어,
시장성과 창출에 대한 성장한계기업으로 최종판단될 경우 전략적 대안
으로 M&A유도, 업종전환, 조기폐업 등 다양한 출구를 마련할 필요성도
있다고 판단된다.

부록 2.A

그림 2.A.1은 §2.4에 설명된 출력-입력요소와 입력요소 합성점수를 포함
한 본 연구의 DEA자료구조를 보여주는 개념도(schematic diagram)이다.

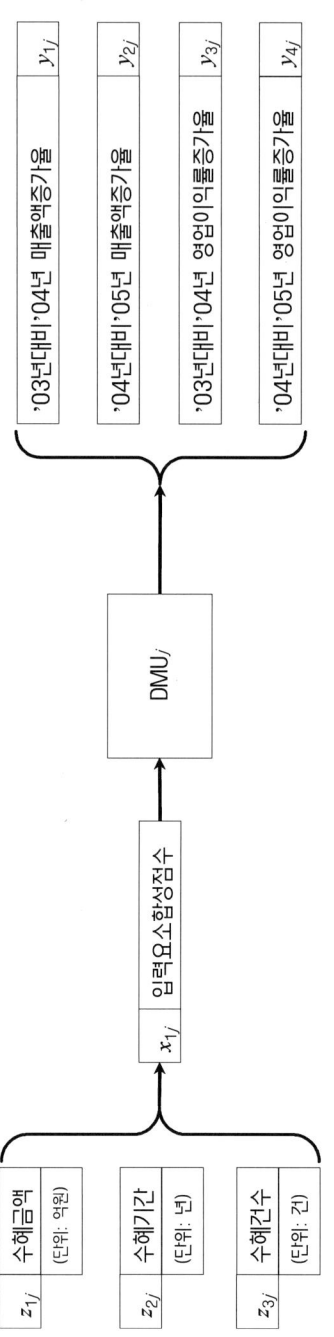

z_{1j}	수혜금액 (단위: 억원)
z_{2j}	수혜기간 (단위: 년)
z_{3j}	수혜건수 (단위: 건)

| x_{1j} | 입력요소합성점수 |

DMU$_j$

'03년대비 '04년 매출액증가율	y_{1j}
'04년대비 '05년 매출액증가율	y_{2j}
'03년대비 '04년 영업이익증가율	y_{3j}
'04년대비 '05년 영업이익증가율	y_{4j}

그림 2.A.1. DEA지료구조

부록 2.B

표 2.B.1과 표 2.B.2는 순서대로 각각 input-oriented, output-oriented 관점에서 DEA모형을 분류 · 요약하여 보여준다[17,20,23,25,27,31,35].

표 2.B.1. Input-oriented DEA models summary

Ratio models (Non-linear fractional programming models)	Multiplier models (Dual linear programming models, $\text{DI}_{\rho=0,1,2,3}$)	Envelopment models (Primal linear programming models, $\text{PI}_{\rho=0,1,2,3}$)

VRS

$$max_{\alpha,u_r,v_i}\ h_k(\alpha,u_r,v_i) = (\alpha + \sum_{r=1}^{s} u_r y_{rk}) / \sum_{i=1}^{m} v_i x_{ik}$$

$$s.t. \quad (\alpha + \sum_{r=1}^{s} u_r y_{rj}) / \sum_{i=1}^{m} v_i x_{ij} \leq 1 \ \forall\ j$$

$$\alpha\ free\ in\ sign;\ u_r, v_i\ \geq 0\ \forall\ r,i$$

Transformation:

$$t^{-1} = \sum_{i=1}^{m} v_i x_{ik}\ \ \mu_r = tu_r,\ \nu_i = tv_i,\ \mu_* = t\alpha$$

CRS

$$max_{u_r,v_i}\ h_k(u_r,v_i) = \sum_{r=1}^{s} u_r y_{rk} / \sum_{i=1}^{m} v_i x_{ik}$$

$$s.t. \quad \sum_{r=1}^{s} u_r y_{rj} / \sum_{i=1}^{m} v_i x_{ij} \leq 1\ \forall\ j$$

$$u_r, v_i \geq 0\ \forall\ r,i$$

Transformation;
<u>w/o</u> $\mu_* = t\alpha$
should be replicated

Non-infinitesimal

$$max_{\mu_*,\mu_r,\nu_i}\ z_k(\mu_*,\mu_r,\nu_i) = \sum_{r=1}^{s} \mu_r y_{rk} + \mu_*$$

$$s.t. \quad \sum_{r=1}^{s} \mu_r y_{rj} - \sum_{i=1}^{m} \nu_i x_{ij} + \mu_* \leq 0\ \forall\ j$$

$$\sum_{i=1}^{m} \nu_i x_{ik} = 1$$

$$\mu_*\ free\ in\ sign;\ \mu_r, \nu_i\ \geq 0\ \forall\ r,i$$

where

$\mu_* = 0$	in DI_0
$\mu_* \leq 0$	in DI_1
$\mu_* \geq 0$	in DI_2
$free\ in\ sign$	in DI_3

Infinitesimal

$$max_{\mu_*,\mu_r,\nu_i}\ z_k(\mu_*,\mu_r,\nu_i) = \sum_{r=1}^{s} \mu_r y_{rk} + \mu_*$$

$$s.t. \quad \sum_{r=1}^{s} \mu_r y_{rj} - \sum_{i=1}^{m} \nu_i x_{ij} + \mu_* \leq 0\ \forall\ j$$

$$\sum_{i=1}^{m} \nu_i x_{ik} = 1$$

$$-\mu_r \leq -\epsilon\ \forall\ r$$
$$-\nu_i \leq -\epsilon\ \forall\ i$$

$$\mu_*\ free\ in\ sign$$
$$\epsilon\ infinitesimal\ positive\ number$$

$w/$ $\text{DI}_{\rho=0,1,2,3}$; should be replicated

Non-infinitesimal

$$min_{\theta_k,\lambda_j}\ \theta_k$$

$$s.t. \quad \sum_{j=1}^{n} \lambda_j y_{rj} \geq y_{rk}\ \forall\ r$$

$$\theta_k x_{ik} - \sum_{j=1}^{n} \lambda_j x_{ij} \geq 0\ \forall\ i$$

$$\theta_k\ free\ in\ sign;\ \lambda_j\ \geq 0\ \forall\ j$$

for PI_0: *append nothing*, RTS=CRS

for PI_1: *append* $\sum_{j=1}^{n} \lambda_j \leq 1$, RTS=DRS, hybrid$_{C \to V}$

for PI_2: *append* $\sum_{j=1}^{n} \lambda_j \geq 1$, RTS=IRS, hybrid$_{I \to C}$

for PI_3: *append* $\sum_{j=1}^{n} \lambda_j = 1$, RTS=VRS

Infinitesimal

$$min_{\theta_k,\lambda_j,s_r^+,s_i^-}\ \theta_k - \epsilon \left(\sum_{r=1}^{s} s_r^+ + \sum_{i=1}^{m} s_i^- \right)$$

$$s.t. \quad \sum_{j=1}^{n} \lambda_j y_{rj} - s_r^+ = y_{rk}\ \forall\ r$$

$$\theta_k x_{ik} - \sum_{j=1}^{n} \lambda_j x_{ij} - s_i^- = 0\ \forall\ i$$

$$\theta_k\ free\ in\ sign;\ \lambda_j, s_r^+, s_i^-\ \geq 0\ \forall\ j,r,i$$
$$\epsilon\ infinitesimal\ positive\ number$$

$w/$ $\text{PI}_{\rho=0,1,2,3}$; should be replicated

표 2.B.2. Output-oriented DEA models summary

Ratio models	Multiplier models	Envelopment models
(Non-linear fractional programming models)	(Dual linear programming models, $DO_{\rho=0,1,2,3}$)	(Primal linear programming models, $PO_{\rho=0,1,2,3}$)

Ratio models

VRS

$$\min_{\alpha,v_i,u_r} h_k(\alpha,v_i,u_r) = \left(\alpha + \sum_{i=1}^{m} v_i x_{ik}\right)\bigg/\sum_{r=1}^{s} u_r y_{rk}$$

$$s.t. \quad \left(\alpha + \sum_{i=1}^{m} v_i x_{ij}\right)\bigg/\sum_{r=1}^{s} u_r y_{rj} \leq 1 \quad \forall j$$

$$\alpha \ free \ in \ sign; \ v_i, u_r \geq 0 \quad \forall i,r$$

Transformation

$$t^{-1} = \sum_{r=1}^{s} u_r y_{rk}; \quad \nu_i = t v_i; \quad \mu_r = t u_r; \quad \nu_* = t\alpha$$

CRS

$$\min_{v_i,u_r} h_k(v_i,u_r) = \sum_{i=1}^{m} v_i x_{ik}\bigg/\sum_{r=1}^{s} u_r y_{rk}$$

$$s.t. \quad \sum_{i=1}^{m} v_i x_{ij}\bigg/\sum_{r=1}^{s} u_r y_{rj} \geq 1 \quad \forall j$$

$$v_i, u_r \geq 0 \quad \forall i,r$$

Transformation: should be replicated $w/o \quad \nu_* = t\alpha$

Multiplier models

Non-infinitesimal

$$\min_{\nu_*,v_i,\mu_r} q_k(\nu_*,\mu_r,\nu_i) = \sum_{i=1}^{m} \nu_i x_{ik} + \nu_*$$

$$s.t. \quad \sum_{i=1}^{m} \nu_i x_{ij} - \sum_{r=1}^{s} \mu_r y_{rj} + \nu_* \geq 0 \quad \forall j$$

$$\sum_{r=1}^{m} \mu_r y_{rk} = 1$$

$$\nu_* \ free \ in \ sign: \ \nu_i, \mu_r \geq 0 \quad \forall i,r$$

$$where \quad \nu_* = 0 \quad in \ DO_0$$
$$\nu_* \geq 0 \quad in \ DO_1$$
$$\nu_* \leq 0 \quad in \ DO_2$$
$$free \ in \ sign \quad in \ DO_3$$

Infinitesimal

$$\min_{\nu_*,v_i,\mu_r} q_k(\nu_*,\mu_r,\nu_i) = \sum_{i=1}^{m} \nu_i x_{ik} + \nu_*$$

$$s.t. \quad \sum_{i=1}^{m} \nu_i x_{ij} - \sum_{r=1}^{s} \mu_r y_{rj} + \nu_* \geq 0 \quad \forall j$$

$$\sum_{r=1}^{m} \mu_r y_{rk} = 1$$

$$\nu_i \geq \epsilon \quad \forall i$$
$$\mu_r \geq \epsilon \quad \forall r$$
$$\nu_* \ free \ in \ sign$$
$$\epsilon \ infinitesimal \ positive \ number$$

$w/ \quad DO_{\rho=0,1,2,3}$; should be replicated

Envelopment models

Non-infinitesimal

$$\max_{\phi_k,\lambda_j} \phi_k$$

$$s.t. \quad \sum_{j=1}^{n} \lambda_j x_{ij} \leq x_{ik} \quad \forall i$$

$$\phi_k y_{rk} - \sum_{j=1}^{n} \lambda_j y_{rj} \leq 0 \quad \forall r$$

$$\phi_k \ free \ in \ sign: \ \lambda_j \geq 0 \quad \forall j$$

for PO_0: append nothing, RTS = CRS

for PO_1: append $\sum_{j=1}^{n}\lambda_j \leq 1$, RTS = DRS, hybrid$_{c-v}$

for PO_2: append $\sum_{j=1}^{n}\lambda_j \geq 1$, RTS = IRS, hybrid$_{v-c}$

for PO_3: append $\sum_{j=1}^{n}\lambda_j = 1$, RTS = VRS

Infinitesimal

$$\max_{\phi_k,\lambda_j,s_i^-,s_r^+} \phi_k + \epsilon\left(\sum_{i=1}^{m} s_i^- + \sum_{r=1}^{s} s_r^+\right)$$

$$s.t. \quad \sum_{j=1}^{n} \lambda_j x_{ij} + s_i^- = x_{ik} \quad \forall i$$

$$\phi_k y_{rk} - \sum_{j=1}^{n} \lambda_j y_{rj} + s_r^+ = 0 \quad \forall r$$

$$\phi_k \ free \ in \ sign; \ \lambda_j, s_i^-, s_r^+ \geq 0 \quad \forall j,i,r$$

$$\epsilon \ infinitesimal \ positive \ number$$

$PO_{\rho=0,1,2,3}$; should be replicated

부록 2.C

표 2.C.1은 DEA효율성지수 계산을 자동화할 수 있는 DEA/AR-I수정모형 multiplier모형의 Excel VBA code이다. 특히, 본 연구의 Sb사업 21개 DMU를 대상으로 한 Excel VBA code로서 주요 구문을 좌측 행 번호순서에 맞춰 설명하면 다음과 같다. Spreadsheet model 수립과 Solver parameter 지정 등과 관련된 기타 기술적인 사항들은 Zhu[35]의 문헌에 자세히 설명되어 있다.

표 2.C.1. Excel VBA code for DEA/AR-I수정모형 multiplier모형

No.	Code
01	' DEA_AR Macro
02	'
03	Sub DEA_AR()
04	'
05	'Declare i as integer.
06	'This i represents the DMU under evaluation.
07	'In the example, i goes from 1 to 21.
08	Dim i As Integer
09	For i = 1 To 21
10	'
11	'Set the value of cell B504 equal to i (1, 2, ... , 21).
12	Range("B504") = i
13	'
14	'Run the Solver model.
15	'The UserFinish is set to True
16	'so that the Solver Results dialog box will not be shown.
17	SolverSolve UserFinish:=True
18	'
19	'Place the efficiency in cell B505 into column I.
20	Range("I" & i + 1) = Range("B505")
21	'
22	'Select the cells containing the optimal multipliers.
23	Range("B503:G503").Select
24	'
25	'Copy the selected multipliers and paste them to row "i + 1"
26	'(that is row 2, 3, ... , 22) starting with column K.
27	Selection.Copy
28	Range("K" & i + 1).Select
29	Selection.PasteSpecial Paste:=xlPasteValues
30	'
31	'Copy the value of free variable in cell I501 into column J.
32	Range("J" & i + 1) = Range("I501")
33	Next
34	End Sub

·No.03: Sub프로시저 형성

·No.08: 정수형 'Integer' 변수선언, 저장공간 할당

·No.09: For-Next문으로 지정된 카운터 변수 시작값·최종값 횟수만큼 '문 블럭' 반복

·No.12: Range개체로 참조된 Cell에 DEA효율성지수를 계산할 DMU번 호 지정

·No.17: Solver model 구동

·No.20: Spreadsheet model Cell 'B505'에 계산된 DEA효율성지수를 Cell 'I&i+ 1'에 저장

·No.23: Spreadsheet model Range 'B503:G503'에 계산된 optimal multipliers 선택

·No.27: Spreadsheet model Range 'B503:G503'에 계산된 optimal multipliers 복사

·No.28: Spreadsheet model Cell 'K&i+ 1' 선택

·No.29: Spreadsheet model Cell 'K&i+ 1'을 시작점으로 하여 복사된 optimal multipliers 저장

·No.32: Spreadsheet model Cell 'J&i+ 1'에 Cell 'I501'에 계산된 μ_* (free variable) 저장

·No.33: Next문은 카운터 변수를 1씩 증가

·No.34: Sub프로시저 종료

감사의 글

제 2장 내용은 한국통신학회(Korea Information and Communications Society, KICS) ‘KICS-2010-184’ 승인을 받아 「박성민[†], 김헌, “DEA/AR-I을 활용한 IT중소·벤처기업 정부자금지원정책 성과평가”, 한국통신학회논문지, 32권, 12호, pp.815-825, 2007년 12월호」를 편집·수록한 것임을 밝힙니다.

[Chapter 2] 참고문헌

[1] 과학기술부(MOST), *2007 년도 정부연구개발사업 종합안내서*, 과학기술부 과학기술혁신본부, 2007.

[2] 김건위, *DEA 를 통한 지방행정 정보화*, 한국학술정보(주), 2006.

[3] 김세헌, *경영과학개론*, 개정판, 영지문화사, 2006.

[4] 김재관, 김승권, “DEA-AR 기반의 부동산 가격 평가모형”, *주택연구*, 15권, 1호, pp.29-61, 2007.

[5] 배영민, 김재희, 김승권, “IDEA를 이용한 탄약중대의 효율성 평가”, *IE Interfaces*, 19권, 4호, pp.291-299, 2006.

[6] 손소영, 주용규, “분류모형과 DEA를 이용한 두뇌한국(BK)21 사업단 효율성 분석”, *IE Interfaces*, 17권, 3호, pp.249-260, 2004.

[7] 이덕주, 양원모, “DEA/OERA를 이용한 프로야구 선수들에 대한 성과 측정”, *IE Interfaces*, 17권, 4호, pp.440-449, 2004.

[8] 정보통신부(MIC), *IT 중소·벤처기업의 건전한 생태계 조성을 위한 IT SMERP 2010 계획 최종 수정본*, 정보통신부 정책홍보관리실 보도자료, 2006.

[9] 정보통신부(MIC)·정보통신연구진흥원(IITA), *정보통신진흥기금 성과분석(VIII)(기술개발투자사업)*, 연구수행기관: (주)에스아이미디어, 2006.

[10] 정보통신부(MIC)·정보통신연구진흥원(IITA), *2006 년도 정보통신진흥기금사업 성과평가 지침*, 정보통신진흥기금 평가자문단, 2007.

[11] 통계청(NSO) KOSIS국가통계포털, http://www.kosis.kr/, 2007.

[12] 한국정보통신산업협회(KAIT) IT통계정보센터,
     http://www.iti.or.kr/website/index.aspx, 2007.

[13] 한국정보통신산업협회(KAIT), *IT중소벤처 생태계 조성 정책지원 사업 보고서*, 한국정보통신산업협회 IT통계정보센터, 2007.

[14] 황석원, *STEPI 정책연구 2006-12, R&D 프로그램의 유형별 경제성 평가 방법론 구축 이론 및 실물옵션을 이용한 경제적 가치 선정의 사례 연구*, 과학기술정책연구원(STEPI), 2006.

[15] 황용수, 황석원, *STEPI 정책연구 2004-20, 정부 R&D 성과평가시스템의 진단 및 발전방향*, 과학기술정책연구원(STEPI), 2005.

[16] Banker, R. D., Bardhan, I. and Cooper, W. W., "A Note on returns to scale in DEA", *European Journal of Operational Research*, Vol.88, No.3, pp.583-585, 1996.

[17] Banker, R. D., Charnes, A. and Cooper, W. W., "Some models for estimating technical and scale inefficiencies in data envelopment analysis", *Management Science*, Vol.30, No.9, pp.1078-1092, 1984.

[18] Banker, R. D., Conrad, R. F. and Strauss, R. P., "A comparative application of data envelopment analysis and Translog methods: an illustrative study of hospital production", *Management Science*, Vol.32, No.1, pp.30-44, 1986.

[19] Bessent, A., Bessent, W., Kennington, J. and Reagan, B., "An application of mathematical programming to assess productivity in the Houston independent school district", *Management Science*, Vol.28, No.12, pp.1355-1367, 1982.

[20] Callen, J. L., "Data envelopment analysis: partial survey and applications for management accounting", Journal of *Management Accounting Research*, Vol.3, Fall, pp.35-56, 1991.

[21] Charnes, A. and Cooper, W. W., "Auditing and accounting for program efficiency and management efficiency in not-for-profit entities", *Accounting, Organizations and Society*, Vol.5, No.1, pp.87-107, 1980.

[22] Charnes, A., Cooper, W. W., Huang, Z. M. and Sun, D. B., "Polyhedral cone-ratio DEA models with an illustrative application to large commercial banks", *Journal of Econometrics*, Vol.46, No.1-2, pp.73-91, 1990.

[23] Charnes, A., Cooper, W. W. and Rhodes, E., "Measuring the efficiency of decision making units", *European Journal of Operational Research*, Vol.2, No.6, pp.429-444, 1978.

[24] Charnes, A., Cooper, W. W. and Rhodes, E., "Evaluating program and managerial efficiency: an application of data envelopment analysis to program follow through", *Management Science*, Vol.27, No.6, pp.668-697, 1981.

[25] Cooper, W. W., Seiford, L. M. and Zhu, J., *Handbook on Data Envelopment Analysis*, Boston:Springer(Kluwer Academic Publishers), 2004.

[26] Frontline Systems, Inc., Premium Solver *Platform Version 7.1 for Microsoft Excel*, http://www.solver.com/Default.htm, 2007.

[27] Gregoriou, G. N. and Zhu, J., *Evaluating Hedge Fund and CTA Performance*, New Jersey: John Wiley & Sons, 2005.

[28] Minitab^R, *Minitab^R Release 14.20 StatGuide*, State College: Minitab Inc., 2005.

[29] Montgomery, D. C. and Runger, G. C., *Applied Statistics and Probability for Engineers*, 2nd ed., New York: John Wiley & Sons, 1999.

[30] Parks, R. B., "Technical efficiency of public decision making units", *Policy Studies Journal*, Vol.12, No.2, pp.337-346, 1983.

[31] Seiford, L. M. and Thrall, R. M., "Recent development in DEA: the mathematical programming approach to frontier analysis", *Journal of Econometrics*, Vol.46, No.1-2, pp.7-38, 1990.

[32] Sherman, H. D. and Gold, F., "Bank branch operating efficiency: evaluation with data envelopment analysis", *Journal of Banking and Finance*, Vol.9, No.2, pp.297-315, 1985.

[33] Thompson, R. G., Langemeier, L. N., Lee, C. T., Lee, E. and Thrall, R. M., "The role of multiplier bounds in efficiency analysis with application to Kansas farming", *Journal of Econometrics*, Vol.46, No.1-2, pp.93-108, 1990.

[34] Winston, W. L., *Operations Research: Applications and Algorithms*, 4th ed., Belmont California: Thomson Brooks/Cole, 2004.

[35] Zhu, J., *Quantitative Models for Performance Evaluation and Benchmarking: Data Envelopment Analysis With Spreadsheets and DEA Excel Solver*, Boston: Springer (Kluwer Academic Publishers), 2003.

□ End of Chapter 2 □

기업역량을 고려한 외생고정변수를 갖는 IT중소기업 정부자금지원정책 성과평가를 위한 DEA모형 및 활용절차

박성민[†], 김헌

DEAModels and Application Procedure for Performance
Evaluation on Governmental Funding Projects for IT Small and
Medium-Sized Enterprises wth Exogenously Fixed Variables of
Corporate Competency
Sungmin Park[†], Heon Kim

요약

Data Envelopment Analysis(DEA) 모형은 다수출력/다수입력을 갖는 IT중소기업 정부자금지원정책 성과평가에 활용가능하다. DEA효율성지수의 정확성 제고를 위해 기업역량을 반영한 외생고정변수를 DEA모형에서 고려할 수 있다. 또한, 다수 DEA기본모형과 확장모형을 활용한 성과평가를 시도함으로써, 단일 DEA모형에 의존하는 성과평가의 한계를 완화할 수 있다. 본 연구는 IT중소기업 정부자금지원시점에서의 기업자산, 매출액, 종업원수를 외생고정변수로 갖는; 1)DEA자료구조 정립; 2)DEA기본모형과 확장모형 수립; 3)실증자료를 이용한 사례분석을 예시한다. DEA기본모형으로 CCR, BCC, Super-efficiency모형, DEA확장모형으로 비제어변수(noncontrollable variables), 비자유변수(nondiscretionary variables)를 갖는 모형을 수립한다. DEA모형 비교 및 Analytic Hierarchy Process(AHP) 가중치를 이용한 통합·활용절차가 설명된다. 모수·비모수분산분석에 의한 기술분야별 DEA효율성지수로써의 성과유의차를 판정한다.

주제어: 기업역량, 성과평가, 외생고정변수, 자료포락분석,
　　　　IT기업 정부자금지원과제

Abstract

Data Envelopment Analysis (DEA)models can be used for performance evaluation on governmental funding projects for IT small and medium-sized enterprises associated with multiple-outputs/multiple-inputs. In order to enhance the accuracy of DEA efficiency scores, DEA models with exogenously fixed variables are required where the corporate competency is taken into account. Additionally, it is necessary to use multiple DEA basic as well as extended models so as to relax the restriction on the performance evaluation relying on a single DEA model. In this study; 1)a DEA data structure is designed including exogenously fixed variables representing corporate asset, revenue and the number of employees at the point in time that the governmental funding project concerned is initiated; 2)DEA basic as well as extended models are established according to the DEA data structure presented abovementioned; and 3)a case study is illustrated with an empirical testbed dataset. As for the DEA basic models, CCR, BCC, Super-efficiency model are adopted. The DEA extended models are developed based on the models associated with noncontrollable and nondiscretionary variables. In the case study, it is explained a comparison of DEA models and also major numerical outcomes such as efficiency scores, ranks derived from each DEA model are integrated using Analytic Hierarchy Process(AHP) weights. Performance significance with DEA efficiency scores between technical categories are tested based not only on parametric but also nonparametric single-factor analysis of variance method.

Keywords: corporate competency, data envelopment analysis,
          exogenously fixed variables,
          governmental funding projects for IT enterprises,
          performance evaluation

3.1 서론

3.1.1 연구배경

대한민국 정부는 정보통신부(MIC) 주도로 '93년부터 IT중소·벤처기업 활성화 및 자금지원 유도를 위해 정보통신진흥기금을 조성하고, 정보통신연구진흥원(IITA)을 관리기관으로 기금운용 및 지원사업에 대한 정책수립·집행→성과평가→추진방향개선 등을 수행하고 있다[12,14,15].

이와 연계하여, 정보통신부는 '04년과 '06년 IT중소·벤처기업의 건전한 기업생태계 조성을 위한 'IT Small and Medium-sized Enterprises Revitalization Program(SMERP) 2010 계획'을 입안·수정한 바 있다[12]. 또한, '04년과 '06년 'IT839전략'을 입안·수정하여 IT산업의 8대 서비스↔3대 인프라↔9대 신성장동력을 재조정한 바 있다[11]. 국내 IT산업은 국가경제성장을 견인하는 주력산업으로 자리매김하여; 1)'98-'05년 8개년 연평균 경상GDP증가율 7.5%를 상회하는 IT생산증가율 15.7%를 기록; 2)'05년 IT수출액은 총수출액의 36.0%, '05년 IT수지흑자액은 483.8억U$로서 총무역수지흑자액의 2배를 상회; 3)GDP대비 IT산업의 비중과 성장기여율은 순서대로 각각 '00년 9.5%, 32.1%에서 '05년 15.0%, 46.5%로 증가한다[11].

최근 정보통신부 중점추진 정책과제로서, 'IT산업의 글로벌 경쟁력강화'가 5대 전략목표중 하나로, '혁신형 IT중소기업 지원'이 21개 주요정책과제중 하나로 설정된다[13]. '혁신형 IT중소기업 지원'은 ①수요자중심 정책지원, ②기술·시장 연계강화, ③동반성장여건 조성에 초점이 있다. 정보통신부 IT중소기업 지원사업은; 1)직접자금지원사업(중소기업기술개발 ①출연, ②투자, ③융자); 및 2)간접지원사업(①기술지원, ②인력·창업지원, ③판로·수출·정보화지원)으로 구성된다. '06년 정보통신부 IT중소기업 지원예산은 직접자금지원사업 3,211억원(70%), 간접지원사업 1,364억원(30%)이며, 세부적으로는 중소기업기술개발 출연 260억원, 투자 200억원, 융자 2,751억원, 기술지원 901억원, 인력·창업지원 136억원, 판로·수출·정보화지원 327억원이 확인된다[2,10].

반면; 1)IT산업전체 R&D투자액에서 IT중소·벤처기업 비율이 8.1%('01)→7.4%('02)→6.4%('03)로 감소; 2)최근 정보통신진흥기금 R&D투자액이 7,839억원('06년)에서 7,641억원('07년)으로 198억원(2.53%) 감소; 3)'05

년1월~8월 국내 창업투자회사와 창업투자조합의 IT분야 투자비중이 '04년동기대비 60.2%(2,068억원)에서 45%(1,734억원)로 감소하였다[1,12,15]. 또한, 'IT839 전략' 등 기금수요는 증대되나 기금조성은 정보통신기술(Information and Communication Technology, ICT) 서비스시장의 매출액 정체에 따라 감소해 '02년이후 매년 당기순조성금액이 (-)값으로 전환된 상태를 벗어나지 못하고 있다. IT중소기업 정부자금지원정책이 현시점까지는 비약적 성과를 획득했지만, 향후; 1)직접자금지원사업 지양; 2)과제선정 및 성과평가시 기술혁신·시장창출에 기초한 경제원리 강화; 3)장기적으로는 기금조성감소→기금지출축소에 따른 정부자금지원정책 통폐합을 통한 기금운용 효율화의 추진가능성이 예상된다[2].

'IT SMERP 2010 계획'에 제시된 것처럼; 1)IT중소·벤처기업 현황과 지원정책 성과를 실시간 측정하여, '선택과 집중' 원칙하에 한정자원을 효율적으로 배분하고; 2)지원정책으로 유발되는 IT중소·벤처기업 성장과정을 진단, 분석할 수 있는 과학적·정량적 의사결정자료가 정책입안자에게 요구된다[12,19]. 특히, IT중소기업에 대한 지원정책의 유효성을 확인·제시함으로써 정부주도 직접자금지원사업중 중소기업기술개발 출연사업을 지속적으로 시행하기 위한 근거를 확보할 필요성이 있다. 현재, 정보통신연구진흥원에서는 지원정책 관리과제별 및 연도별 기술적성과, 경제적성과, 경제·사회적파급효과 등을 기업역량 관련지표와 함께 추적·조사하고 있다[17].

3.1.2 연구주제

IT중소기업 정부자금지원정책 성과평가시 관리과제별 정부자금지원정책의 효율성을 정확하게 측정하기 위해서는, 출력(output)→결과(outcome)→효과(impact)로 연계될 수 있는 다수출력요소뿐만 아니라 지원금액 등을 포함한 다수입력요소가 함께 고려되는 것이 바람직하다[14,16,18]. 또한, 성과평가를 적시·객관적으로 1차선별(screening)함으로써, 세부적 2차후속(follow-up) 성과평가를 지원하는 유도지표(guideline)가 요구될 수 있다. Data Envelopment Analysis(DEA, 자료포락분석)는 다수출력/다수입력을 갖는 IT중소기업 정부자금지원정책 성과평가에 활용될 수 있다. 한편, DEA효율성지수(efficiency score, ES)의 정확성 제고뿐만 아니라, 현장실무자, 정책입안자 혹은 의사결정자가 갖는 DEA효율성지수에 대한 신뢰도 향상을 위해 적합한; 1)DEA자료구조 설계; 2)DEA모형 및 활용절차 정립이 요구될 수 있다.

• 첫째, DEA효율성지수의 정확성 제고를 위해 지원정책 수혜기업의 기업역량을 입력요소로 반영하는 것을 고려할 수 있다. 동일수준 효율성을 갖는 임의의 관리과제(즉, Decision Making Unit, DMU)에 동일수준 입력이 투입되더라도, 지원시점 수혜기업의 기업역량에 따라 출력수준에 차이가 발생할 수 있다. 즉, 기업역량을 적절히 반영하지 못할 경우, DEA효율성지수는 지원정책·관리과제와 직접연관이 있는 입력수준 및 지원정책과 무관한 기업역량으로써 실현된 출력수준에 의해 계산상 정확성이 저하될 수 있다고 판단된다.

• 둘째, DEA를 활용한 성과평가시 다양한 DEA모형중 어떤 모형을 선택·활용해야 할지를 결정하는 것은 쉽지 않다. 선택된 DEA모형에 따라 DEA효율성지수가 달리 계산됨으로써 IT중소기업 정부자금지원정책 성과평가를 담당하는 현장실무자의 DEA효율성지수에 대한 신뢰도가 저하되는 경우가 실제 빈번히 발생될 수 있다고 예상된다.

적합한 DEA자료구조 정립을 위해서는 기업역량을 반영한 외생고정변수(exogenously fixed variables)를 DEA자료구조에 명시적으로 포함·설계하는 것이 바람직할 수 있다. 또한, 다수 DEA기본모형과 확장모형을 수립·활용한 성과평가를 시도함으로써 단일 DEA모형에만 의존함으로써 야기될 수 있는 성과평가의 한계를 완화하고, 궁극적으로는 DEA효율성지수에 대한 현장실무자의 신뢰도를 향상시킬 필요가 있다.

본 연구는; 1)IT중소기업 정부자금지원시점에서의 기업자산, 매출액, 종업원수를 외생고정변수로 갖는 DEA자료구조를 IT중소기업 정부자금지원정책 성과지표체계에 기초하여 설계한다[16]; 2)DEA자료구조에 맞춰 DEA기본모형과 확장모형을 수립한다. DEA기본모형은 CCR, BCC, Super-efficiency(SE)모형, DEA확장모형은 비제어변수(noncontrollable variables, NCN), 비자유변수(nondiscretionary variables, NDSC) 모형으로 수립된다; 3)'02-'06년 5년동안 실사·정리된 정보통신부 '정부지원사업(A)', '정부지원사업(B)'의 실증자료를 이용한 사례분석에서는 Analytic Hierarchy Process(AHP, 계층분석법) 가중치를 이용한 DEA모형통합·활용절차가 논의된다. §3.2 문헌고찰, §3.3 분석자료, §3.4 모형수립, §3.5 사례분석 및 §3.6 종합이 서술된다.

3.2 문헌고찰

'78년 CCR모형[32]을 필두로, '84년 BCC모형[23]을 포함한 관련논문 발표이후, DEA를 활용한 효율성평가가 광범위한 분야에 적용된다. 대표적 활용분야를 예시하면, 공공기관운영 효율성평가 관련, 기초자치단체 지방행정 정보화수준[3], 도시지역 경찰서 업무성과[40] 등이 DEA로써 평가된다. DEA의 활발한 적용분야로서 교육내용, 학교운영 효율성평가 등을 참고할 수 있다[8,27,30,33]. 은행지점운영 DEA효율성지수를 비교하고 비효율유발요인을 판정한 연구결과[42] 및 병원운영 효율성평가와 관련하여 계량경제학 비용함수와 DEA모형간 비교연구가 제시된 바 있다[24]. R&D 효율성평가에 대한 DEA강점, 연구사례를 확인할 수 있다[20,21]. 또한, 시간흐름을 고려한 DEA/Window Analysis(WA)모형이 Charnes *et al.*[29]에 의해 제안된 이후, 국내에서도 DEA/WA를 활용한 종합병원[6] 효율성평가가 시도된 바 있다.

최근 적용분야를 넓혀; 1)군사-탄약중대 효율성평가[7]; 2)금융-헤지펀드(hedge fund), 상품거래전문가(commodity trading advisors) 효율성평가[37]; 3)기금운용-정보화촉진기금[18]; 4)부동산-주택가격평가[5]; 5)스포츠-프로야구선수 성과측정[9] 등에서 DEA활용사례가 보고된다. 한편, CCR모형의 대표적 확장모형 2개를 발췌하면 아래와 같다. 이외에도 DEA모형의; 1)기본개념[4,28,44]; 2)전형적 통계분석방법론과의 차이점[35,41,45]; 3)강·약점[4,20,21,35,37,41,44,45]; 및 4)CCR, BCC모형의 연구방법론적 기여도[22,23,32] 등이 참고될 수 있다.

• 외생고정변수: Banker and Morey[26]는 외생고정변수를 갖는 DEA모형을 제안한다. Cooper *et al.*[34]에서도 외생고정변수를 갖는 DEA모형이 설명되며, 외생고정변수를 갖는 DEA모형을 비제어변수, 비자유변수를 순서대로 갖는 NCN, NDSC모형으로 구분한다. Banker and Morey[25]는 범주형변수(categorical variables)를 수용할 수 있는 혼합정수계획(Mixed-Integer programming) DEA모형을 수립한 바 있다.

• 출력/입력요소 가중치(multiplier) 제약: DEA모형의 출력/입력요소개 수가 증가할수록 DEA효율성지수 '1' 값을 취하는 DMU개수도 증가한 다. 이와 같은 공간차원(space dimensionality) 문제는, 출력/입력요소에 의해 구성되는 공간차원과 DMU개수와의 상대적 크기에 대한 직접적 결과라고 이해된다[35,41]. 한편, multiplier가 '0'에 근접한 값 또는 상대적 으로 큰 값을 취함으로써 비효율적 DMU가 효율적 DMU로 평가될 수 있 는 문제점도 지적된다[5,9,35,41]. 이와 같은 문제해결방법으로; 1)Cone Ratio (CR) model[31]; 2)Assurance Region (AR) method[43] 등이 제안된다.

3.3 분석자료

3.3.1 IT중소기업기술개발 출연과제 성과지표체계

본 연구대상 정부자금지원정책을 포괄하는 국가R&D사업 성과평가시 국내외에서 공통적으로 이용될 수 있는 성과지표체계는 2단계로 나뉘어; 1)상위-직접, 간접성과; 2)하위-(직접)기술적성과, 경제적성과, 경제·사 회적파급효과, (간접)연구기술성과, 수혜기업성장, 정부지원검증 등으로 구성될 수 있다[16]. 또한, IT중소기업 정부자금지원정책 성과지표체계 설 계시 정보통신연구진흥원에서 기보유한 성과지표체계와 연계되어 분석 될 수 있는 성과지표를 정립하는 것이 바람직하다고 판단된다. 표 3.1은 본 연구대상 정부지원사업(A), 정부지원사업(B) 성과지표체계이다. IT중 소기업기술개발 출연과제는 1년이내 단기상용화가 가능한 IT산업기술위 주 지원정책 관리과제로서 기술적성과, 경제적성과가 가장 핵심적인 성 과지표로 판단된다.

표 3.1. 정부지원사업(A) 및 정부지원사업(B) 성과지표체계

1단계	2단계	성과지표	조사·측정방법
직접성과	기술적 성과	특허출원·등록건수 논문게재건수	성과조사표 논문DB검색 특허청DB검색
	경제적 성과	신제품·기존제품매출액 수출액 제품화·기술상용화성공률 기술료납부액	성과조사표 IITA기술료납부액조사자료
	경제·사회적 파급효과	기업재무성과개선수준 신규고용창출수 사업수요자만족도	성과조사표
간접성과	연구기술성과	기술개발성공률 기술개발수준 기술개발투자유인수준	성과조사표 IITA관리과제최종평가자료
	수혜기업성장	기업경영성과개선수준 IPO건수	성과조사표 KOSDAQ등록기업DB검색
	정부지원검증	정부지원타당성 정부지원효과성	성과조사표

3.3.2 출력요소 실현주기

과제착수에 따른 입력요소 투입시점부터 출력요소 실현주기를 고려한 출력/입력요소 측정시점·수집기간의 설정이 필요하다. 아래처럼 '02-'06년 최근 5년간 착수과제대상, 정부지원사업(A), 정부지원사업(B)의 특허출원·등록성과, 매출액발생에 대한 선행조사결과에 기초해 출력/입력요소 측정시점·수집기간의 설정을 시도한다[16]. 종합하면; 1)특허출원·등록성과는 과제착수 2년차에 최대값을 갖고, 4년차까지의 누적성과는 총성과의 약90%이상을 상회하며; 2)최초매출액은 3년차에 최대값을 갖고, 4년차까지의 누적성과는 총성과의 약85%이상을 상회하는 것이 확인된다.

• 특허출원·등록성과는 과제착수년차를 1년차로 하면; 1)정부지원사업(A) 관리과제는 1→2→3→4년차에 출원 33→56→9→3%, 등록 12→37→

22→25%가 발생; 2)정부지원사업(B) 관리과제는 1→2→3→4년차에 출원 28→56→12→2%, 등록 10→27→26→22%가 발생되는 것으로 조사된다. 4년차까지의 특허출원대비 등록비율은 정부지원사업(A)는 46%, 정부지원사업(B)는 53%인 것으로 확인된다.

• 정부지원사업(A), 정부지원사업(B) 관리과제는 과제착수년차를 1년차로 하면, 3년차에 최초매출액발생이 가장 많이 발생하며, 2년차→4년차 순서로 최초매출액발생이 빈번하다. 2-4년차 사이에 정부지원사업(A) 86%, 정부지원사업(B) 85% 과제가 최초매출액발생을 보고한다.

3.3.3 DEA자료구조

그림 3.1은 IT중소기업기술개발 출연과제를 DMU로 정의한 DEA자료구조를 제시한다. DMU 입력요소는: 1)지원정책·관리과제와의 직접연관요소(D); 2)지원정책과 무관한 과제착수시점 기업역량요소(ND) 2가지로 구분한다. 출력요소는 표 3.1에 정리된 직접성과지표중; 1)특허등록건수(기술적성과); 2)대상과제 신제품·기존제품매출액(경제적성과); 3)성과평가종료시점 기업재무성과개선수준, 신규고용창출수(경제·사회적파급효과)가 고려된다.

그림 3.1에서 직접연관요소($x_i, i \in D = \{1,2,3\}$)로서, ①정부자금지원금액($x_1 = x_{D_1}$), ②수혜기업의 기업자체R&D투자액(과제수행중, $x_{2'} = x_{D_2'}$), ③기업자체R&D투자액(과제종료후, $x_{2''} = x_{D_2''}$), ④기업R&D인력($x_3 = x_{D_3}$; manyear, MY)을 고려한다. §3.5 사례분석에 대응되도록 출력/입력요소별 자료 측정시점·수집기간이 아래에 병기된다. 즉, 과제착수시점 '02년 기준, x_{D_1}은 '02-'03년 2회 분할집행된 정부자금지원금액으로 집계된다. $x_{D_2'}$ '02-'03년, $x_{D_2''}$ '04-'06년, x_{D_3} '02-'05년간 집계된다. 기업역량요소

$(x_i, i \in \mathbf{ND} = \{4,5,6\})$로서, ①기업자산$(x_4 = x_{ND_1})$, ②기업매출액$(x_5 = x_{ND_2})$, ③기업인력$(x_6 = x_{ND_3})$을 고려한다. 3개 기업역량요소는 과제착수시점 기업역량을 반영하게끔, 과제착수시점 '02년말시점 자료로써 집계된다.

출력요소로서; 1)기술적성과는 특허등록건수(y_1); 2)경제적성과는, ①신제품매출액(대상과제,y_2'), ②기존제품매출액(대상과제,y_2''); 3)경제·사회적파급효과는, ①기업자산(y_3), ②기업매출액(y_4), ③기업인력(y_5), ④기업영업이익(y_6)이 포함된다. 마찬가지로, 과제착수시점 '02년기준, y_1, y_2', y_2''은 '02-'06년까지 5년간 누적성과로 집계되며, 나머지 경제·사회적파급효과를 나타내는 $y_r (r=3,...,6)$은 '06년말시점 자료를 이용한다.

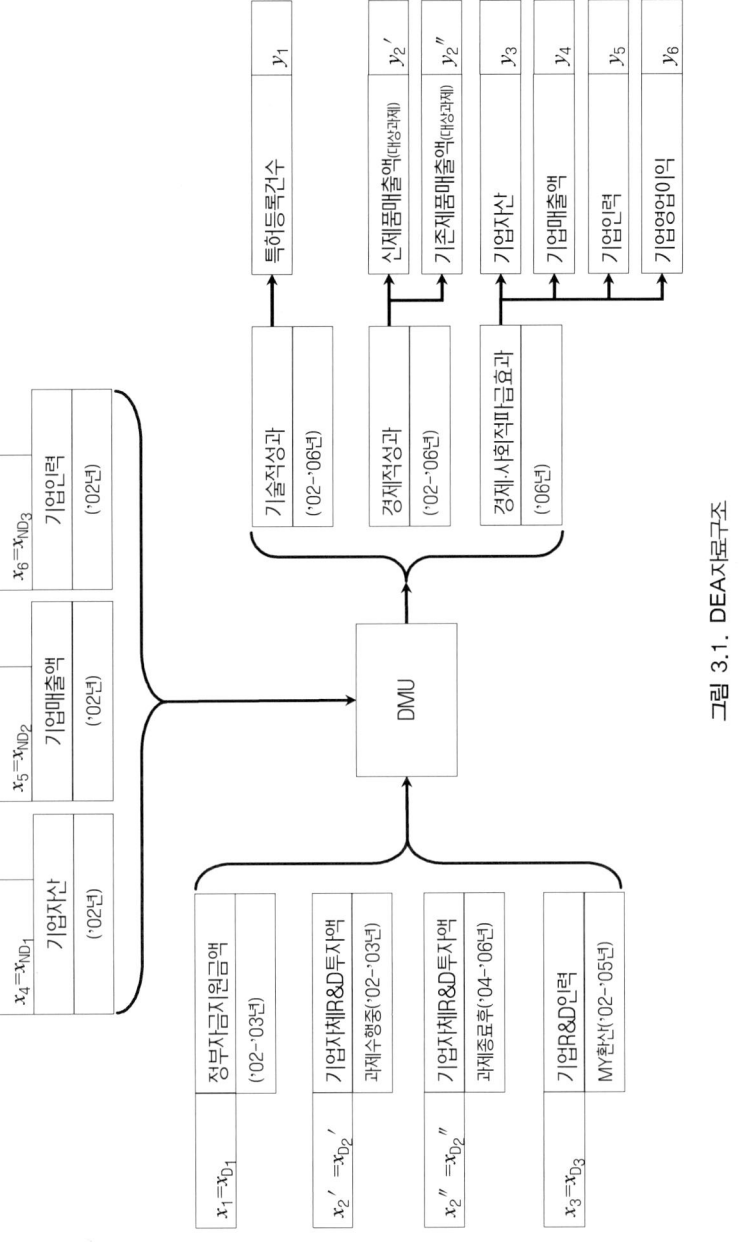

$x_4 = x_{ND_1}$	$x_5 = x_{ND_2}$	$x_6 = x_{ND_3}$	
기업자산	기업매출액	기업인력	
('02년)	('02년)	('02년)	

기술적성과		
('02~'06년)		

특허등록건수 → y_1

경제적성과	
('02~'06년)	

신제품매출액(대상과제) → y_2'
기존제품매출액(대상과제) → y_2''

경제·사회적파급효과	
('06년)	

기업자산 → y_3
기업매출액 → y_4
기업인력 → y_5
기업영업이익 → y_6

DMU

$x_1 = x_{D_1}$	정부자금지원금액
	('02~'03년)

$x_2' = x_{D_2}'$	기업자체R&D투자액
	과제수행중('02~'03년)

$x_2'' = x_{D_2}''$	기업자체R&D투자액
	과제종료후('04~'06년)

$x_3 = x_{D_3}$	기업R&D인력
	MY환산('02~'05년)

그림 3.1. DEA자료구조

3.4 모형수립

3.4.1 DEA기본모형: CCR, BCC, SE모형

식(4.1)은 본 연구 DEA기본모형인 CCR모형이다. n개 DMU집합에서 DMUk의 DEA효율성지수θ_k를 계산하는 모형으로서 임의의 DMUj의 가중치λ_j, r^{th}출력요소 y_{rj}, i^{th}입력요소 x_{ij} 및 DMUk의 r^{th}출력요소기준 출력요소부족 slack variable s_r^+, i^{th}입력요소기준 입력요소초과 slack variable s_i^-로 정의된다. 식3.(1)의 결정변수는 $\theta_k, s_r^+, s_i^-, \lambda_j$이다. 식(3.1)에 제약식 식(3.2)를 추가하면 BCC모형이 된다[23,28,32,34,35,37,41,45].

$$
min_{\theta_k, s_r^+, s_i^-, \lambda_j} z_k(\theta_k, s_r^+, s_i^-) = \theta_k - \epsilon \left(\sum_{r=1}^{s} s_r^+ + \sum_{i \in D} s_i^- \right)
$$

$$
s.t. \quad \sum_{j=1}^{n} \lambda_j y_{rj} - s_r^+ = y_{rk} \ \forall r
$$

$$
\theta_k x_{ik} - \sum_{j=1}^{n} \lambda_j x_{ij} - s_i^- = 0 \ \forall i \in D \tag{3.1}
$$

$$
\theta_k \ free \ in \ sign
$$

$$
s_r^+, s_i^-, \lambda_j \geq 0 \ \forall r, i \in D, j
$$

$$
\epsilon \ infinitesimal \ positive \ number
$$

$$
\sum_{j=1}^{n} \lambda_j = 1 \tag{3.2}
$$

CCR모형의 DEA효율성지수가 '1'로 계산된 DMU중에는 자료외곽표면인 frontier에 존재하지만 weakly efficient하거나, frontier에 존재하고 efficient하지만 extreme point가 아닌 DMU가 혼재가능하다. 이와 같은 2가지 경우 DMU를 extreme point DMU와 차등해 순위를 부여할 수 있는 SE모형을 고려할 수 있다. 식(3.3)은 SE모형이며 frontier를 표현하는 가상복합(hypothetical composite) $\sum_{j=1,\neq k}^{n} \lambda_j y_{rj}, \sum_{j=1,\neq k}^{n} \lambda_j x_{ij}$ 구성시 평가

대상 DMUk를 제외함으로써 DMUk가 super-efficient인지를 판별한다.

DEA기본모형인 CCR, BCC, SE모형 3개 모두 직접연관요소($i \in D$)만을

고려한다.

$$
\begin{aligned}
&min_{\theta_k, s_r^+, s_i^-, \lambda_j} \, z_k(\theta_k, s_r^+, s_i^-) = \theta_k - \epsilon\left(\sum_{r=1}^{s} s_r^+ + \sum_{i \in D} s_i^-\right) \\
&s.t. \qquad \sum_{j=1,\neq k}^{n} \lambda_j y_{rj} - s_r^+ = y_{rk} \ \forall \, r \\
&\qquad \qquad \theta_k x_{ik} - \sum_{j=1,\neq k}^{n} \lambda_j x_{ij} - s_i^- = 0 \ \forall \, i \in D \\
&\qquad \qquad \theta_k \, free \, in \, sign \\
&\qquad \qquad s_r^+, s_i^-, \lambda_j \geq 0 \ \forall \, r, i \in D, j \\
&\qquad \qquad \epsilon \, infinitesimal \, positive \, number
\end{aligned}
\tag{3.3}
$$

3.4.2 DEA확장모형: NCN, NDSC모형

식(3.4)는 본 연구의 DEA확장모형인 NCN모형으로 제약식 식(3.5)를

식(3.1)에 추가해 기업역량요소($i \in ND$)를 CCR모형에 포함시킨 것이다.

즉, 평가대상 DMUk와 동일수준 기업역량을 갖는 가상복합이 구성되도

록 모형이 제약된 것이다.

$$min_{\theta_k,s_r^+,s_i^-,\lambda_j} \; z_k(\theta_k,s_r^+,s_i^-) = \theta_k - \epsilon\left(\sum_{r=1}^{s} s_r^+ + \sum_{i \in D} s_i^-\right)$$

$$s.t. \qquad \sum_{j=1}^{n} \lambda_j y_{rj} - s_r^+ = y_{rk} \;\; \forall r$$

$$\theta_k x_{ik} - \sum_{j=1}^{n} \lambda_j x_{ij} - s_i^- = 0 \;\; \forall i \in D \qquad (3.4)$$

$$x_{ik} - \sum_{j=1}^{n} \lambda_j x_{ij} = 0 \;\; \forall i \in ND$$

$$\theta_k \; free \; in \; sign$$
$$s_r^+,s_i^-,\lambda_j \geq 0 \;\; \forall r,i \in D,j$$
$$\epsilon \; infinitesimal \; positive \; number$$

$$x_{ik} - \sum_{j=1}^{n} \lambda_j x_{ij} = 0 \;\; \forall i \in ND \qquad (3.5)$$

한편, NDSC모형은 식(3.1)에 제약식 식(3.6)을 추가하고, 이와 함께 식(3.4) 비음제약식 $s_i^- \geq 0 \; \forall i \in D$를 $s_i^- \geq 0 \; \forall i$로 변경하여 수립된다. 즉, NDSC모형은 평가대상 DMUk와 동일수준이하 기업역량을 갖는 가상복합을 구성해 DEA효율성지수가 계산된다. 한편, NCN, NDSC모형활용시 출력요소중 경제·사회적파급효과 성과지표관련 성과평가종료시점 기업재무성과개선수준, 신규고용창출수를 나타내는 $y_r(r=3,...,6)$을 '02년대비 '06년증가율로 변환할 필요가 없기에 변환시 발생할 수 있는 (−) 증가율 자료에 따른 자료손실을 회피할 수 있는 모형상 장점도 있다고 판단된다.

$$x_{ik} - \sum_{j=1}^{n} \lambda_j x_{ij} - s_i^- = 0 \;\; \forall i \in ND \qquad (3.6)$$

3.5 사례분석

3.5.1 Testbed dataset

정보통신연구진흥원이 사업시행주체가 되고, 정보화촉진기본법 제22조 '정보통신우수기술에 대한 지원'에 근거하여 '96년부터 시행되고 있는 출연사업인 정부지원사업(A)와 제18조 '연구개발의 추진'에 근거하여 '99년부터 시행되고 있는 출연사업인 정부지원사업(B)중 '02년 과제착수된 22개((A) 6개, (B) 16개) 관리과제를 대상으로 실사·정리된 testbed dataset을 이용한 DEA사례분석을 예시한다. 그림 3.1 DEA자료구조를 갖는 DEA사례분석 testbed dataset 표 3.2에서; 1)$x_2 = x_{D_2} = x_{D_2'} + x_{D_2''}$ 기업자체R&D투자액; 2)$y_2 = y_{2'} + y_{2''}$ 대상과제 신제품·기존제품매출액으로 합산되어 분석된다.

표 3.2. DEA사례분석 testbed dataset

No.	DMUID	사업구분 (A):1, (B):2	기술분야 통신:1, 결과:2, 정보:3, 품:4	정부자금지원금액 '02-'03년 (백만원) $x_1 = x_{D_1}$	기업자체 R&D투자액 '02-'06년 (백만원) $x_2 = x_{D_2}$	기업R&D인력 '02-'05년 (MY) $x_3 = x_{D_3}$	기업자산 '02년 (백만원) $x_4 = x_{ND_1}$	기업매출액 '02년 (백만원) $x_5 = x_{ND_2}$	기업인력 '02년 (명) $x_6 = x_{ND_3}$	특허등록건수 '02-'06년 (건수) y_1	신제품·기존제품매출액 '02-'06년 (백만원) y_2	기업자산 '06년 (백만원) y_3	기업매출액 '06년 (백만원) y_4	기업인력 '06년 (명) y_5	기업당 기순이익 '06년 (백만원) y_6
1	A	1	1	100	130	1.10	435	549	13	2	60	780	950	18	90
2	B	1	1	100	50	1.10	243	234	12	0	50	912	1,770	31	110
3	C	1	1	100	850	2.70	1,121	716	11	0	750	2,340	2,060	15	350
4	D	1	3	100	150	2.50	3,500	5,090	39	0	101	8,200	9,040	67	800
5	E	1	4	150	50	1.20	100	202	2	8	1,405	420	423	7	40
6	F	1	1	150	250	1.40	170	692	11	0	50	2,600	2,100	20	200
7	G	2	2	200	30	3.30	7,045	17,415	19	4	727	20,000	21,596	27	500
8	H	2	3	150	200	5.55	4,800	4,600	40	0	600	5,350	5,055	39	250
9	I	2	3	90	470	10.00	335	929	14	0	1,002	1,260	2,000	27	214
10	J	2	3	160	9	12.45	200	300	12	0	1,837	300	340	7	50
11	K	2	3	102	100	2.40	600	3	9	0	150	6,000	52	23	12
12	L	2	4	130	430	4.40	170	430	6	0	100	250	1,000	10	30

표 3.2. DEA사례분석 testbed dataset(계속)

No. DMUID		사업구분 (A):1, (B):2	기술분야 통신:1, 전과:2, 정보:3, 부품:4	정부자금 지원금액 '02-'03년 (백만원) $x_1 = x_{D_1}$	기업자체 R&D투자액 '02-'06년 (백만원) $x_2 = x_{D_2}$	기업R&D 인력 '02-'05년 (MY) $x_3 = x_{D_3}$	기업자산 '02년 (백만원) $x_4 = x_{ND_1}$	기업매출액 '02년 (백만원) $x_5 = x_{ND_2}$	기업인력 '02년 (명) $x_6 = x_{ND_3}$	특허등록건수 '02-'06년 (건수) y_1	신제품·기존제품매출액 '02-'06년 (백만원) y_2	기업자산 '06년 (백만원) y_3	기업매출액 '06년 (백만원) y_4	기업인력 '06년 (명) y_5	기업당기순이익 '06년 (백만원) y_6
13	M	2	3	166	263	15.15	446	364	3	0	271	500	581	5	100
14	N	2	3	600	1,397	43.20	847	1,393	38	0	110	8,694	7,200	89	1,100
15	O	2	2	150	29	4.80	787	1,727	26	12	776	1,426	3,026	27	317
16	P	2	1	100	63	12.00	1,635	746	9	6	120	2,012	1,558	13	450
17	Q	2	3	83	200	2.00	60	250	5	4	300	300	700	10	150
18	R	2	3	176	250	6.00	530	250	10	2	290	790	1,300	8	130
19	S	2	2	123	548	3.20	192	50	7	2	3,030	1,400	980	14	200
20	T	2	3	266	300	7.80	3,386	2,389	26	0	113	2,969	1,602	23	30
21	U	2	3	125	925	5.50	2,100	5,727	22	0	7,171	3,500	4,200	36	500
22	V	2	4	335	200	9.20	4,741	1,070	21	0	300	46,482	44,796	40	8,318

3.5.2 DEA모형별 주요계산결과 요약 및 비교

표 3.3, 3.4, 3.5는 5개 DEA모형별 주요계산결과 및 §3.5.3에서 설명될 AHP를 활용한 DEA모형통합 2개 결과를 요약·비교한다. 본 연구에서는; 1)Microsoft^R, Office Excel 2003; 2)Frontline Systems, Premium Solver Platform v7.1; 3)DEA-Solver로써 계산된다[34,36].

표 3.3은 22개 DMU별 DEA효율성지수(ES)를 요약한다. DEA모형마다 DEA효율성지수가 달리 계산되지만 7개 ES계열중 ES_6, ES_7에 기초하면, efficient한 DMU ID는 B,D,E,G,J,O,U,V 8개인 것으로 판정된다. 그림 3.5는 DMU ID별 ES를 ES_6기준 오름차순정렬한 그래프이며, ES_3는 그래프 오른쪽 y좌표축에 맞추어 작성된 것이고, 나머지 6개 ES계열은 왼쪽 y좌표축에 맞추어 작성된다. 그림 3.5에서 확인되는 것처럼 ES_6, ES_7계열이 동일 y좌표축을 이용하는 나머지 4개 ES계열의 중간위치에서 진동(oscillation)하므로 DEA모형통합의 효과가 반영된 것으로 이해된다.

표 3.6.(a)는 7개 ES계열간 총21개 상관계수(correlation coefficient)와 상관계수의 $p-value$를 아래에 요약한다. 총21개 경우 모두에서 양 (+)의 상관성이 유지되는 것이 확인된다. DEA효율성지수 자체보다는 DEA 순위차등·판별이 목적인 SE모형을 제외한 4개 DEA모형간 상관계수 6개가 [0.725,0.944] 범위에 있어 4개 DEA모형간 DEA효율성지수 계산에 일정수준 일관성은 확보될 수 있을 것으로 판단된다. 특히, NDSC vs. BCC, NDSC vs. NCN, NCN vs. BCC 상관계수가 순서대로 0.944, 0.879, 0.813으로 가장 큰 값을 갖는다($p-value=0.000$). VRS(Variable Returns to Scale) 가정을 반영한 BCC모형의 NDSC, NCN모형과의 상관성이 매우 큰 점에 기초할 때 기업역량요소($i \in ND$)를 이용한 DEA확장모형인 NDSC, NCN모형의 DEA효율성지수의 정확성에 대등한 결과

가 BCC모형으로써 확보될 가능성이 있음을 확인할 수 있다. ES_2 vs. ES_6, ES_7 상관계수 역시 순서대로 0.936, 0.952($p-$value$=0.000$)로서 매우 큰 값이 확인된다. 그림 3.2는 표 3.6.(a) 7개 ES계열간 상관계수를 시각화한 산점도행렬(scatter diagram matrix)로서 총21개 산점도가 정리된다.

표 3.3. DEA모형별 주요계산결과 요약 및 비교[1]: DEA효율성지수(ES)

No.	DMUID	DEA기본모형			DEA확장모형		DEA모형통합	
		CCR	BCC	SE	NCN	NDSC	AHPw_1	AHPw_2
		Eq.(3.1)	Eq.(3.1)+(3.2)	Eq.(3.3)	Eq.(3.4)	Eq.(3.4)−(3.5)+(3.6)	Eq.(3.9.1)	Eq.(3.9.2)
		ES_1	ES_2	ES_3	ES_4	ES_5	ES_6	ES_7
1	A	0.8059	1	0.8059	1	0.8059	0.9112	0.8839
2	B	1	1	1.3120	1	1	1	1
3	C	0.4232	0.9064	0.4232	0.9505	0.5578	0.7548	0.6961
4	D	1	1	2.4383	1	1	1	1
5	E	1	1	3.2340	1	1	1	1
6	F	0.5538	0.9402	0.5538	1	1	0.9602	0.9528
7	G	1	1	3.4310	1	1	1	1
8	H	0.5862	0.7163	0.5862	1	0.5862	0.7671	0.6955
9	I	0.5547	1	0.5547	1	1	0.9694	0.9649
10	J	1	1	7.2618	1	1	1	1
11	K	0.5898	1	0.5898	1	1	0.9718	0.9676
12	L	0.1214	0.6432	0.1214	0.3966	0.2472	0.3574	0.3468
13	M	0.1145	0.5469	0.1145	0.1727	0.1218	0.2063	0.2169
14	N	0.2236	1	0.2236	1	1	0.9467	0.9388
15	O	1	1	2.7073	1	1	1	1
16	P	0.8674	1	0.8674	1	1	0.9909	0.9895
17	Q	0.7370	1	0.7370	1	1	0.9819	0.9793
18	R	0.1935	0.5284	0.1935	0.5970	0.2734	0.4329	0.3833
19	S	0.7369	0.9194	0.7369	1	1	0.9696	0.9630
20	T	0.1660	0.3633	0.1660	0.6490	0.1660	0.3841	0.3027
21	U	1	1	2.4426	1	1	1	1
22	V	1	1	5.7413	1	1	1	1

표 3.4. DEA모형별 주요계산결과 요약 및 비교[2]: DEA순위(RO)

No.	DMUID	DEA기본모형			DEA확장모형		DEA모형통합	
		CCR	BCC	SE	NCN	NDSC	AHP w_1	AHP w_2
		Eq.(3.1)	Eq.(3.1)+(3.2)	Eq.(3.3)	Eq.(3.4)	Eq.(3.4)−(3.5)+(3.6)	Eq.(3.9.1)	Eq.(3.9.2)
		RO_1	RO_2	RO_3	RO_4	RO_5	RO_6	RO_7
1	A	10	1	10	1	16	16	16
2	B	1	1	8	1	1	1	1
3	C	17	17	17	18	18	18	17
4	D	1	1	7	1	1	1	1
5	E	1	1	4	1	1	1	1
6	F	16	15	16	1	1	14	14
7	G	1	1	3	1	1	1	1
8	H	14	18	14	1	17	17	18
9	I	15	1	15	1	1	13	12
10	J	1	1	1	1	1	1	1
11	K	13	1	13	1	1	11	11
12	L	21	19	21	21	20	21	20
13	M	22	20	22	22	22	22	22
14	N	18	1	18	1	1	15	15
15	O	1	1	5	1	1	1	1
16	P	9	1	9	1	1	9	9
17	Q	11	1	11	1	1	10	10
18	R	19	21	19	20	19	19	19
19	S	12	16	12	1	1	12	13
20	T	20	22	20	19	21	20	21
21	U	1	1	6	1	1	1	1
22	V	1	1	2	1	1	1	1

표 3.5. DEA모형별 주요계산결과 요약 및 비교[3]: DEA역순위 – 동순위조정(RR)

No.	DMUID	DEA기본모형 CCR Eq.(3.1) RR_1	DEA기본모형 BCC Eq.(3.1)+(3.2) RR_2	DEA기본모형 SE Eq.(3.3) RR_3	DEA확장모형 NCN Eq.(3.4) RR_4	DEA확장모형 NDSC Eq.(3.4)–(3.5)+(3.6) RR_5	DEA모형통합 AHP w_1 Eq.(3.9.1) RR_6	DEA모형통합 AHP w_2 Eq.(3.9.2) RR_7
1	A	13	15.5	13	14	7	7	7
2	B	18.5	15.5	15	14	15	18.5	18.5
3	C	6	6	6	5	5	5	6
4	D	18.5	15.5	16	14	15	18.5	18.5
5	E	18.5	15.5	19	14	15	18.5	18.5
6	F	7	8	7	14	15	9	9
7	G	18.5	15.5	20	14	15	18.5	18.5
8	H	9	5	9	14	6	6	5
9	I	8	15.5	8	14	15	10	11
10	J	18.5	15.5	22	14	15	18.5	18.5
11	K	10	15.5	10	14	15	12	12
12	L	2	4	2	2	3	2	3
13	M	1	3	1	1	1	1	1
14	N	5	15.5	5	14	15	8	8
15	O	18.5	15.5	18	14	15	18.5	18.5
16	P	14	15.5	14	14	15	14	14
17	Q	12	15.5	12	14	15	13	13
18	R	4	2	4	3	4	4	4
19	S	11	7	11	14	15	11	10
20	T	3	1	3	4	2	3	2
21	U	18.5	15.5	17	14	15	18.5	18.5
22	V	18.5	15.5	21	14	15	18.5	18.5

표 3.6. 상관계수; (a)DEA효율성지수(ES); (b)DEA순위(RO); (c)DEA역순위 - 동순위조정(RR)

(a) ES

		CCR ES₁	BCC ES₂	SE ES₃	NCN ES₄	NDSC ES₅	AHPw₁ ES₆
BCC	ES_2	0.763					
		0.000					
SE	ES_3	0.687	0.426				
		0.000	0.048				
NCN	ES_4	0.725	0.813	0.353			
		0.000	0.000	0.107			
NDSC	ES_5	0.792	0.944	0.447	0.879		
		0.000	0.000	0.037	0.000		
AHPw₁	ES_6	0.824	0.936	0.456	0.945	0.983	
		0.000	0.000	0.033	0.000	0.000	
AHPw₂	ES_7	0.831	0.952	0.471	0.913	0.993	0.996
		0.000	0.000	0.027	0.000	0.000	0.000

(b) RO

		CCR RO₁	BCC RO₂	SE RO₃	NCN RO₄	NDSC RO₅	AHPw₁ RO₆
BCC	RO_2	0.748					
		0.000					
SE	RO_3	0.970	0.756				
		0.000	0.000				
NCN	RO_4	0.682	0.790	0.717			
		0.000	0.000	0.000			
NDSC	RO_5	0.684	0.796	0.692	0.853		
		0.000	0.000	0.000	0.000		
AHPw₁	RO_6	0.974	0.775	0.938	0.694	0.792	
		0.000	0.000	0.000	0.000	0.000	
AHPw₂	RO_7	0.968	0.788	0.931	0.680	0.792	0.998
		0.000	0.000	0.000	0.000	0.000	0.000

(c) RR

		CCR RR₁	BCC RR₂	SE RR₃	NCN RR₄	NDSC RR₅	AHPw₁ RR₆
BCC	RR_2	0.781					
		0.000					
SE	RR_3	0.976	0.762				
		0.000	0.000				
NCN	RR_4	0.737	0.820	0.719			
		0.000	0.000	0.000			
NDSC	RR_5	0.727	0.842	0.709	0.882		
		0.000	0.000	0.000	0.000		
AHPw₁	RR_6	0.960	0.815	0.937	0.751	0.846	
		0.000	0.000	0.000	0.000	0.000	
AHPw₂	RR_7	0.951	0.832	0.929	0.733	0.846	0.996
		0.000	0.000	0.000	0.000	0.000	0.000

표 3.4는 22개 DMU별 DEA순위(rank original, RO)를 요약한다. 표 3.3 DEA모형통합계열 ES_6, ES_7 산정시 SE모형을 제외한 4개 DEA모형만으로 DEA효율성지수가 통합되고, ES_6, ES_7을 기준으로 산정된 RO_6, RO_7을 기준으로 DEA순위 '1'값을 갖는 DMU ID B,D,E,G,J,O,U,V와 SE모형의 DEA순위 '1'-'8'까지의 값을 갖는 DMU ID가 순서대로 J,V,G,E,O,U,D,B로서 일치하는 점에 기초할 때, SE모형의 DEA순위차등·판별이 기업역량요소($i \in ND$)를 이용한 DEA확장모형인 NDSC, NCN모형의 DEA순위를 활용한 DEA모형통합 DEA순위와 대등한 결과를 확보할 수 있을 것으로 판단된다. 표 3.6.(b)는 7개 RO계열간 총21개 상관계수와 상관계수의 $p-value$를 아래에 요약한다. CCR모형으로부터 파생된 SE모형이기에 RO_1 vs. RO_3 상관계수 $0.970(p-value=0.000)$로서 높은 것은 예상된 바이다. RO_1을 차등·판별한 RO_3 vs. RO_6, RO_7 상관계수가 순서대로 0.938, $0.931(p-value=0.000)$로서 확인된다. 그림 3.3은 표 3.6.(b) 7개 RO계열간 상관계수를 시각화한 산점도행렬이다.

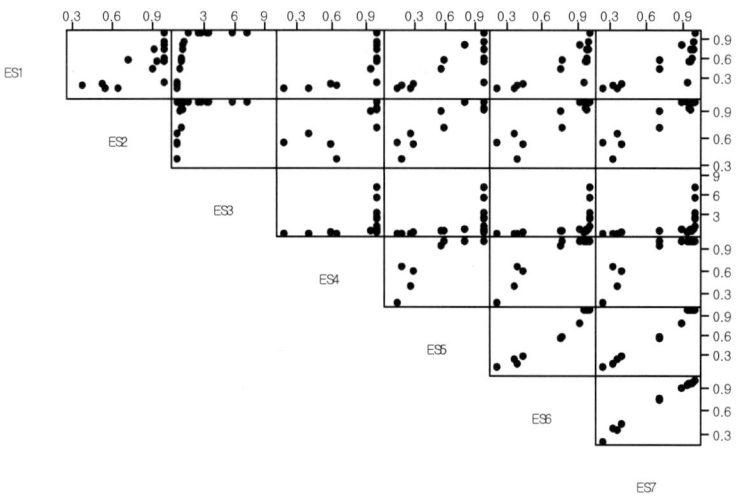

그림 3.2. 산점도행렬[1]: DEA효율성지수(ES)

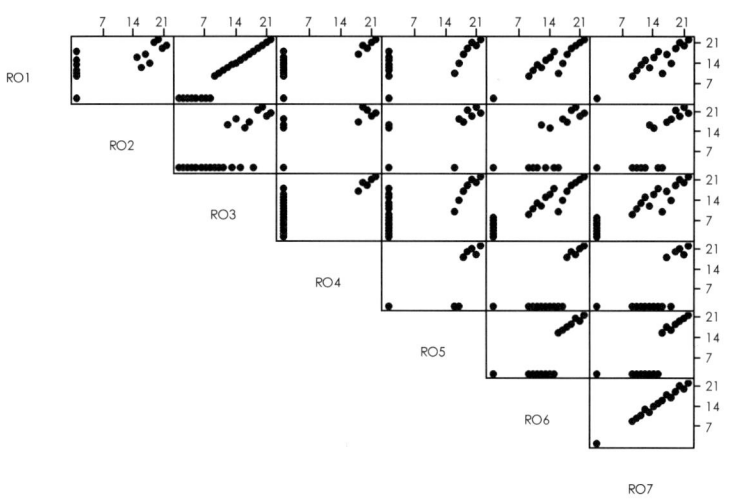

그림 3.3. 산점도행렬[2]: DEA순위(RO)

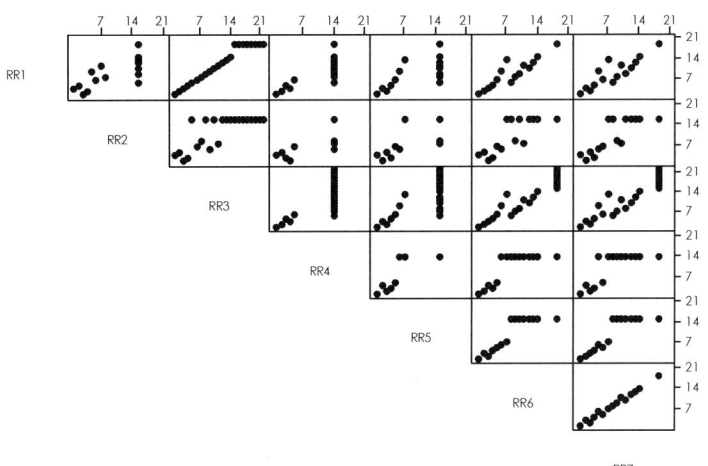

그림 3.4. 산점도행렬[3]: DEA역순위 – 동순위조정(RR)

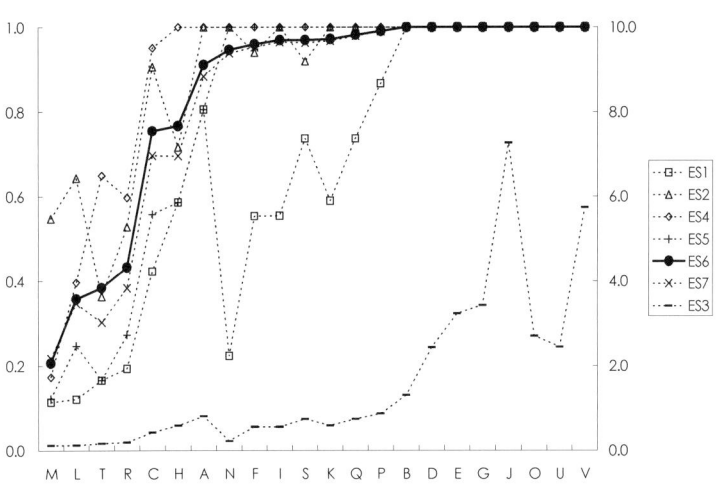

그림 3.5. DEA효율성지수(ES) vs. DMUID(ES_6 오름차순 정렬)

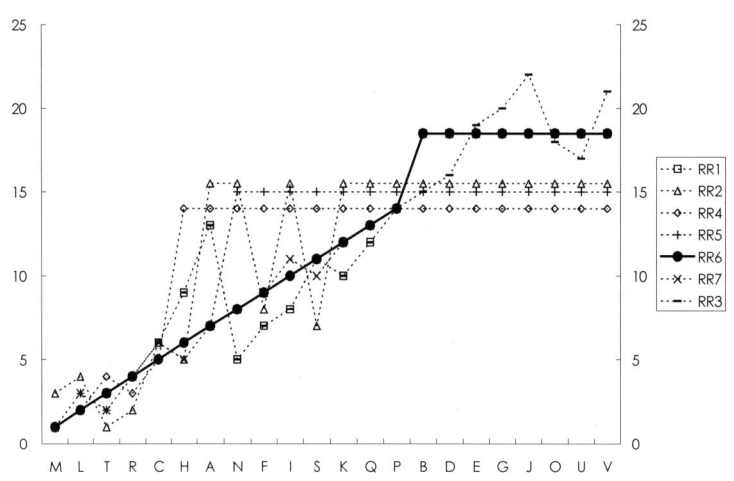

그림 3.6. DEA역순위 – 동순위조정(RR) vs. DMUID(RR$_6$오름차순 정렬)

표 3.5는 22개 DMU별 DEA역순위-동순위조정(rank reversed-ties adjusted, RR)를 요약한다[38,39]. RO와는 달리 ES가 높을수록 순위도 비례해 큰 값을 부여하되 동순위 DMU에 대해서는 순위평균이 부여된 것으로서 표 3.3 ES를 이용하여 작성된다. 그림 3.6은 DMU ID별 RR 을 RR$_6$기준 오름차순정렬한 그래프이다. 그림 3.5와 마찬가지로 RR$_3$는 그래프 오른쪽 y좌표축에 맞추어 작성된 것이고, 나머지 6개 RR계열은 왼쪽 y좌표축에 맞추어 작성된다. 하지만 이 경우에는 7개 RR계열 모두 동일한 척도를 갖는다. 그림 3.5, 3.6의 일치성을 확인할 수 있는데, RR$_6$,RR$_7$계열 역시 나머지 5개 RR계열사이에 위치하는 경향을 보이며, 특히 RR$_1$,RR$_3$에 근접한 패턴을 갖는다. 표 3.6.(c) 역시 표 3.6.(b)와 유사한 상관계수 결과가 확인된다. 그림 3.4는 표 3.6.(c) 7개 RR계열간 상관계수를 시각화한 산점도행렬이다.

3.5.3 AHP를 활용한 DEA모형통합

전술된 다수 DEA모형의 주요계산결과중 특히 DEA효율성지수를 통합하기 위한 모형별 가중치를 산정하기 위한 방법으로서, $\mathbf{A}\mathbf{w}^T = \varDelta\mathbf{w}^T$를 만족하는 AHP pairwise comparison matrix $\mathbf{A}$로서 식(3.7) $\mathbf{A}_1, \mathbf{A}_2$ 2가지를 고려한다[44].

$$
\mathbf{A}_1 =
\begin{array}{c}
\\
\text{NDSC} \\
\text{NCN} \\
\text{BCC} \\
\text{CCR}
\end{array}
\begin{array}{cccc}
\text{NDSC} & \text{NCN} & \text{BCC} & \text{CCR} \\
1 & 1 & 3 & 5 \\
1 & 1 & 3 & 5 \\
1/3 & 1/3 & 1 & 3 \\
1/5 & 1/5 & 1/3 & 1
\end{array}
\tag{3.7.1}
$$

$$
\mathbf{A}_2 =
\begin{array}{c}
\\
\text{NDSC} \\
\text{NCN} \\
\text{BCC} \\
\text{CCR}
\end{array}
\begin{array}{cccc}
\text{NDSC} & \text{NCN} & \text{BCC} & \text{CCR} \\
1 & 3 & 3 & 5 \\
1/3 & 1 & 1 & 3 \\
1/3 & 1 & 1 & 3 \\
1/5 & 1/3 & 1/3 & 1
\end{array}
\tag{3.7.2}
$$

DEA기본모형에 비해 DEA확장모형에 상대적으로 큰 중요도를 부여하는 것을 원칙으로 하되 §3.5.2 DEA모형간 상관계수를 참고하여, $\mathbf{A}_1$은 NDSC, NCN→BCC→CCR, $\mathbf{A}_2$는 NDSC→NCN, BCC→CCR 순서대로 중요도가 부여된다. AHP가중치벡터 $\mathbf{w}$를 추정하기 위해 $\mathbf{A}$의 normalized matrix $\mathbf{A}_{norm}$을 계산하면, 식(3.8) $\mathbf{A}_{1\,norm}, \mathbf{A}_{2\,norm}$과 같다.

$$\mathbf{A}_{1\,norm} = \begin{array}{c} \\ NDSC \\ NCN \\ BCC \\ CCR \end{array} \begin{array}{cccc} NDSC & NCN & BCC & CCR \\ \left[\begin{array}{cccc} 0.3947 & 0.3947 & 0.4091 & 0.3571 \\ 0.3947 & 0.3947 & 0.4091 & 0.3571 \\ 0.1316 & 0.1316 & 0.1364 & 0.2143 \\ 0.0789 & 0.0789 & 0.0455 & 0.0714 \end{array}\right] \end{array} \qquad (3.8.1)$$

$$\mathbf{A}_{2\,norm} = \begin{array}{c} \\ NDSC \\ NCN \\ BCC \\ CCR \end{array} \begin{array}{cccc} NDSC & NCN & BCC & CCR \\ \left[\begin{array}{cccc} 0.5357 & 0.5625 & 0.5625 & 0.4167 \\ 0.1786 & 0.1875 & 0.1875 & 0.2500 \\ 0.1786 & 0.1875 & 0.1875 & 0.2500 \\ 0.1071 & 0.0625 & 0.0625 & 0.0833 \end{array}\right] \end{array} \qquad (3.8.2)$$

$\mathbf{A}_{1\,norm}, \mathbf{A}_{2\,norm}$에 대응하는 $\mathbf{w}$를 추정하면 식(3.9)와 같다. 이후 $\mathbf{w}_1, \mathbf{w}_2$ 는 AHP가중치벡터 추정치를 표시한다. $\mathbf{A}$ 일관성검사(consistency checking)를 실시하면; 1)$\mathbf{A}_1, \mathbf{A}_2$ 일관성지수(consistency index, CI)는 순서대로 $CI_1 = 0.0146, CI_2 = 0.0145$; 2)랜덤지수 (random index, RI)는 $RI_{n=4} = 0.90$; 3)$CI_1/RI_{n=4} = 0.0163$, $CI_2/RI_{n=4} = 0.0161$로서 모두 0.10 보다 작기에 2개 $\mathbf{A}$ 일관성은 확보된 것으로 판단된다.

$$\begin{aligned} \mathbf{w}_1 &= (w_{NDSC},\ w_{NCN},\ w_{BCC},\ w_{CCR}) \\ &= (0.3889, 0.3889, 0.1535, 0.0687) \end{aligned} \qquad (3.9.1)$$

$$\begin{aligned} \mathbf{w}_2 &= (w_{NDSC},\ w_{NCN},\ w_{BCC},\ w_{CCR}) \\ &= (0.5193, 0.2009, 0.2009, 0.0789) \end{aligned} \qquad (3.9.2)$$

3.5.4 기술분야별 성과유의차 판정

표 3.2에 22개 DMU의 기술분야가 통신1, 전파방송2, 정보3, 부품4와 같이 4개 분야로 구분된다. 한편, 본 연구대상 2개 사업은 모두 직접자금지원출연사업으로서 동일성격 단일사업으로 간주될 수 있음을 가정하

고, DEA효율성지수로써의 기술분야별 성과유의차 판정에 초점을 둔다. 표 3.7은 표 3.3 7개 ES계열중 SE ES_3, NDSC ES_5, AHPw_1 ES_6 3개 ES계열에 대한 기술분야별 성과유의차 판정을 위한 일원분산분석(single-factor analysis of variance) 결과를 정리한다. 표 3.7 3개 panel 모두에서 확인되는 것처럼 F검정통계량의 $p-value$가 순서대로 0.398, 0.630, 0.565로서 모두 0.100보다도 상당히 큰 값을 취하므로 기술분야별 성과유의차는 없는 것으로 판정될 수 있다. DEA효율성지수에 대한 정규분포의 가정이 무리일 경우, 비모수(nonparametric) 일원분산분석인 Kruskal-Wallis Test로써 성과유의차를 판정하는 것이 바람직할 수 있다. 표 3.8은 표 3.7이 이용한 3개 ES계열에 대한 Kruskal-Wallis Test 결과를 정리한다. 단, 4개 기술분야(즉, $a = 4 > 3$) 표본크기에 대한 조건 $n_i \geq 5,\ i = 1,2,...,a$에서 $n_2 = n_4 = 3$으로 부족한 점은 본 사례분석 testbed dataset의 경우 지적될 수 있다.

표 3.7. 기술분야별 성과유의차 판정[1]: 일원분산분석

(a) SE	SV	SS	DF	MS	F	P
	기술분야	11.3300	3	3.7800	1.0400	0.3980
	오차	65.2200	18	3.6200		
	합계	76.5500	21			
	S = 1.9040	$R^2 = 0.1480$				
(b) NDSC	SV	SS	DF	MS	F	P
	기술분야	0.1920	3	0.0640	0.5900	0.6300
	오차	1.9560	18	0.1090		
	합계	2.1480	21			
	S = 0.3297	$R^2 = 0.0893$				
(c) AHPw_1	SV	SS	DF	MS	F	P
	기술분야	0.1408	3	0.0469	0.7000	0.5650
	오차	1.2086	18	0.0671		
	합계	1.3494	21			
	S = 0.2591	$R^2 = 0.1044$				

표 3.8. 기술분야별 성과유의차 판정²: 비모수일원분산분석,
Kruskal-Wallis Test(DEA역순위 이용)

(a) SE	기술분야(i)	n_i	중위수	$\overline{R_i}$	Z_i
	1	5	0.806	11.0	−0.20
	2	3	2.707	16.3	1.39
	3	11	0.586	9.7	−1.28
	4	3	3.234	14.0	0.72
	전체(N)	22		11.5	
	H=2.96		DF=3	P=0.398	
(b) NDSC	기술분야(i)	n_i	중위수	$\overline{R_i}$	Z_i
	1	5	1.000	11.4	−0.04
	2	3	1.000	15.0	1.00
	3	11	1.000	10.7	−0.56
	4	3	1.000	11.0	−0.14
	전체(N)	22		11.5	
	H=1.05		DF=3	P=0.790	
	H=1.53		DF=3	P=0.675	(동순위조정)
(c) AHP$\mathbf{w_1}$	기술분야(i)	n_i	중위수	$\overline{R_i}$	Z_i
	1	5	0.960	10.7	−0.31
	2	3	1.000	16.0	1.29
	3	11	0.969	10.2	−0.92
	4	3	1.000	13.0	0.43
	전체(N)	22		11.5	
	H=2.10		DF=3	P=0.552	
	H=2.20		DF=3	P=0.531	(동순위조정)

표 3.8 3개 panel 동순위조정 H검정통계량의 $p-\text{value}$가 순서대로 0.398, 0.675, 0.531로서 기술분야별 성과유의차는 없는 것으로 판정될 수 있다. 표 3.8.(a) SE모형 동순위조정의 필요성은 없다. 표 3.8은 N=22 표본전체 평균순위 $\overline{R}$에 대한 기술분야별 평균순위 $\overline{R_i}$의 표준화값 Z_i를 식(3.10)을 이용해 함께 정리한다[38,39].

$$Z_i = \frac{(\overline{R_i} - \overline{R})}{\sqrt{\dfrac{(N+1)(N/n_i - 1)}{12}}} \qquad (3.10)$$

표 3.8 3개 panel 각각 4개 Z_i의 절대값 모두 표준정규분포 95%백분위수 1.645를 상회하여, χ^2분포에 기초해 전술한 $p-\text{value}$에 의한 성과 유의차 판정결과와 일관됨을 확인할 수 있다. 표 3.7, 3.8에서 분석되지 않은 나머지 모든 4개 ES계열 역시, 분석·정리된 3개 ES계열과 유사한 모수·비모수분산분석 결과를 갖는 것이 확인된다.

3.6 종합

최근 국내 정보통신분야에 막대한 정부·민간자금이 소요되고 있는 상황에서, 관련 정부자금지원정책에 대한 정확성·신뢰성을 갖는 성과평가 모형·활용절차의 필요성은 절실하다. DEA는 IT중소기업 정부자금지원정책이라는 비영리사업분야 성과평가에 적합한 계량분석기법으로, 지원정책 성과평가에 적합한 DEA모형·활용절차를 제공함으로써 정부·민간자금 운영을 바람직한 방향으로 유도할 수 있다고 기대된다.

본 연구는, IT중소기업 정부자금지원정책 성과평가를 위한 DEA자료구조를 설계하고, 제시된 자료구조에 맞춰 3개 DEA기본모형과 2개 DEA확장모형을 수립하고, AHP를 활용한 DEA모형통합을 시도하였다. 또한, 실사·정리된 실증자료를 이용한 사례분석이 예시되어 활용절차를 설명하였다.

첫째, DEA자료구조 설계에서는 관리과제 DMU별; 1)입력요소를 직접

연관요소와 기업역량요소로 구분하고, 외생고정변수로써 기업역량요소를 모형화하였다; 2)출력요소와 관련해서는 출력요소 실현주기 선행조사결과에 기초하여 출력요소 측정시점·수집기간을 정의하고, 정부자금지원정책의 성과지표체계에 기초하여 출력요소를 선정하였다. 둘째, 수립된 5개 DEA모형 결과를 AHP를 활용한 DEA모형통합 결과와 비교·검토한 바, DEA기본모형에서는 BCC모형 DEA효율성지수와 SE모형 DEA순위가, DEA확장모형을 활용한 DEA모형통합과 거의 대등한 결과를 갖는 것으로 확인되었다. 셋째, AHP를 활용한 DEA모형통합 결과, DEA효율성지수와 이에 기초한 DEA순위 및 DEA역순위-동순위조정에서도 확인되는 것처럼, 단일 DEA모형사이 중간위치에 존재하는 절충결과를 갖도록 산정되었다. 평가대상 관리과제 DMU 22개중에서 효율성을 발휘한 8개 benchmark DMU를 판정하였다. 넷째, 사례분석 testbed dataset에 대한 모수·비모수분산분석에 의한 기술분야별 성과유의차는 없는 것으로 판정된다.

향후, testbed dataset 보강을 통한 사례분석결과의 타당성 검증, AHP 가중치벡터 산정의 체계적 실험계획이 연계될 수 있다. 또한, DEA효율성지수를 이용한 다수 사업부문간 비교·판별, DEA모형별 결정변수를 제약하는 다수 DEA모형 활용절차, 전문가실사결과와 DEA평가결과 비교·검증 등이 논의될 수 있다.

감사의 글

제 3장 내용은 한국통신학회(Korea Information and Communications Society, KICS) 'KICS-2010-184' 승인을 받아 「박성민[†], 김헌, "기업역량을 고려한 외생고정변수를 갖는 IT중소기업 정부자금지원정책 성과평가를 위한 DEA모형 및 활용절차", 한국통신학회논문지, 33권, 5호, pp.364-378, 2008년 5월호」를 편집·수록한 것임을 밝힙니다.

[Chapter 3] 참고문헌

[1] 과학기술부(MOST), *2007년도 정부연구개발사업 종합안내서*, 과학기술부 과학기술혁신본부, 2007.

[2] 과학기술정보통신위원회, *2007년도 정보통신진흥기금 운용계획안 검토 보고서*, 2006.

[3] 김건위, *DEA를 통한 지방행정 정보화*, 한국학술정보(주), 2006.

[4] 김세헌, *경영과학개론*, 개정판, 영지문화사, 2006.

[5] 김재관, 김승권, "DEA-AR 기반의 부동산 가격 평가모형", *주택연구*, 제15권, 제1호, pp.29-61, 2007.

[6] 박경삼, 김윤태, 정홍식, "DEA 및 DEA윈도우분석을 이용한 대규모 종합병원의 시대별 경영효율성 변화분석", *경영학연구*, 제34권, 제1호, pp.267-287, 2005.

[7] 배영민, 김재희, 김승권, "IDEA를 이용한 탄약중대의 효율성 평가", *IE Interfaces*, 제19권, 제4호, pp.291-299, 2006.

[8] 손소영, 주용규, "분류모형과 DEA를 이용한 두뇌한국(BK)21 사업단 효율성 분석", *IE Interfaces*, 제17권, 제3호, pp.249-260, 2004.

[9] 이덕주, 양원모, "DEA/OERA를 이용한 프로야구 선수들에 대한 성과 측정", *IE Interfaces*, 제17권, 제4호, pp.440-449, 2004.

[10] 정보통신부(MIC), *2006년도 정보통신부 중소기업지원사업현황*, 정보통신부 보고자료, 2006.

[11] 정보통신부(MIC), *IT839 전략*, http://www.mic.go.kr/, 2006.

[12] 정보통신부(MIC), *IT 중소·벤처기업의 건전한 생태계 조성을 위한 IT SMERP 2010 계획 최종수정본*, 정보통신부 정책홍보관리실 보도자료, 2006.

[13] 정보통신부(MIC), *과학기술정보통신위원회 보고자료*, 2007.

[14] 정보통신부(MIC)·정보통신연구진흥원(IITA), *정보통신진흥기금 성과분석 (기술개발투자사업)*, 2006.

[15] 정보통신부(MIC)·정보통신연구진흥원(IITA), *2006 년도 정보통신진흥기금 사업 성과평가 지침*, 정보통신진흥기금 평가자문단, 2007.

[16] 정보통신부(MIC)·정보통신연구진흥원(IITA), *정보통신진흥기금 성과분석 (IT 중소기업기술개발사업)*, 2007.

[17] 정보통신연구진흥원(IITA), *IT 신기술개발사업 설문조사서: 1999-2006*, 2007.

[18] 지유나, 문태희, 손소영, "DEA와 로지스틱회귀분석을 이용한 정보화촉진 기금 융자사업의 효율성분석", *기술혁신연구*, 제12권, 제1호, pp.25-48, 2004.

[19] 한국정보통신산업협회(KAIT), *IT 중소벤처 생태계 조성 정책지원 사업보고서*, 한국정보통신산업협회 IT통계정보센터, 2007.

[20] 황석원, STEPI *정책연구 2006-12, R&D 프로그램의 유형별 경제성 평가 방법론 구축: 이론 및 실물옵션을 이용한 경제적 가치 선정의 사례 연구*, 과학기술정책연구원(STEPI), 2006.

[21] 황용수, 황석원, STEPI *정책연구 2004-20, 정부 R&D 성과평가시스템의 진단 및 발전방향*, 과학기술정책연구원(STEPI), 2005.

[22] Banker, R. D., Bardhan, I. and Cooper, W. W., "A note on returns to scale in DEA", *European Journal of Operational Research*, Vol.88, No.3, pp.583-585, 1996.

[23] Banker, R. D., Charnes, A. and Cooper, W. W., "Some models for estimating technical and scale inefficiencies in data envelopment analysis", *Management Science*, Vol.30, No.9, pp.1078-1092, 1984.

[24] Banker, R. D., Conrad, R. F. and Strauss, R. P., "A comparative application of data envelopment analysis and Translog methods: an illustrative study of hospital production", *Management Science*, Vol.32, No.1, pp.30-44, 1986.

[25] Banker, R. D. and Morey, R., "The use of categorical variables in data envelopment analysis", *Management Science*, Vol.32, No.12, pp.1613-1627, 1986.

[26] Banker, R. D. and Morey, R., "Efficiency analysis for exogenously fixed inputs and outputs", *Operations Research*, Vol.34, No.4, pp.513-521, 1986.

[27] Bessent, A., Bessent, W., Kennington, J. and Reagan, B., "An application of mathematical programming to assess productivity in the Houston independent school district", *Management Science*, Vol.28, No.12, pp.1355-1367, 1982.

[28] Callen, J. L., "Data envelopment analysis: partial survey and applications for management accounting", *Journal of Management Accounting Research*, Vol.3, Fall, pp.35-56, 1991.

[29] Charnes, A., Clark, C. T., Cooper, W. W. and Golany, B., "A developmental study of data envelopment analysis in measuring the efficiency of maintenance units in the US Air Forces", In Thompson, R. G. and Thrall, R. M., ed., *Annals of Operations Research*, Vol.2, pp.95-112, 1985.

[30] Charnes, A. and Cooper, W. W., "Auditing and accounting for program efficiency and management efficiency in not-for-profit entities", *Accounting, Organizations and Society*, Vol.5, No.1, pp.87-107, 1980.

[31] Charnes, A., Cooper, W. W., Huang, Z. M. and Sun, D. B., "Polyhedral cone-ratio DEA models with an illustrative application to large commercial banks", *Journal of Econometrics*, Vol.46, No.1-2, pp.73-91, 1990.

[32] Charnes, A., Cooper, W. W. and Rhodes, E., "Measuring the efficiency of decision making units", *European Journal of Operational Research*, Vol.2, No.6, pp.429-444, 1978.

[33] Charnes, A., Cooper, W. W. and Rhodes, E., "Evaluating program and managerial efficiency: an application of data envelopment analysis to program follow through", *Management Science*, Vol.27, No.6, pp.668-697, 1981.

[34] Cooper, W. W., Seiford, L. M. and Tone, K., *Data Envelopment Analysis: A Comprehensive Text With Models, Applications, References and DEA-Solver Software*, 2nd ed., New York: Springer, 2007.

[35] Cooper, W. W., Seiford, L. M. and Zhu, J., *Handbook on Data Envelopment Analysis*, Boston: Springer(Kluwer Academic Publishers), 2004.

[36] Frontline Systems, Inc., *Premium Solver Platform Version 7.1 for Microsoft Excel*, http://www.solver.com/Default.htm, 2007.

[37] Gregoriou, G. N. and Zhu, J., *Evaluating Hedge Fund and CTA Performance*, New Jersey: John Wiley & Sons, 2005.

[38] Minitab[R], *Minitab[R] Release 14.20 StatGuide*, State College: Minitab Inc., 2005.

[39] Montgomery, D. C. and Runger, G. C., *Applied Statistics and Probability for Engineers*, 2nd ed., New York: John Wiley & Sons, 1999.

[40] Parks, R. B., "Technical efficiency of public decision making units", *Policy Studies Journal*, Vol.12, No.2, pp.337-346, 1983.

[41] Seiford, L. M. and Thrall, R. M., "Recent development in DEA: the mathematical programming approach to frontier analysis", *Journal of Econometrics*, Vol.46, No.1-2, pp.7-38, 1990.

[42] Sherman, H. D. and Gold, F., "Bank branch operating efficiency: evaluation with data envelopment analysis", *Journal of Banking and Finance*, Vol.9, No.2, pp.297-315, 1985.

[43] Thompson, R. G., Langemeier, L. N., Lee, C. T., Lee, E. and Thrall, R. M., "The role of multiplier bounds in efficiency analysis with application to Kansas farming", *Journal of Econometrics*, Vol.46, No.1-2, pp.93-108, 1990.

[44] Winston, W. L., *Operations Research: Applications and Algorithms*, 4th ed.., Belmont California: Thomson Brooks/Cole, 2004.

[45] Zhu, J., *Quantitative Models for Performance Evaluation and Benchmarking: Data Envelopment Analysis With Spreadsheets and DEA Excel Solver*, Boston: Springer(Kluwer Academic Publishers), 2003.

☐ End of Chapter 3 ☐

IT중소기업 정부자금지원정책 성과평가를 위한 DEA/(AR-I, ARGM) 모형설계 및 민감도분석

박성민[†], 김헌, 백동현

Design of DEA/(AR-I, ARGM) Models and Sensitivity Analysis
for Performance Evaluation on Governmental Funding Projects for
IT Small and Medium-Sized Enterprises
Sungmin Park[†], Heon Kim, Donghyun Baek

요약

　최근 IT중소기업을 대상으로 한 정부자금지원과제에 대한 체계적이고 지속가능한 성과조사·평가 체계의 확립이 요구된다. 본 연구는 IT중소기업 성과평가를 위해 자료포락분석(Data Envelopment Analysis, DEA) 모형을 채택하고, DEA 성과평가를 위한 새로운 자료구조를 제안한다. 일반적으로 DEA모형의 활용시 가중치(multipliers) 제약은 DEA 최적해의 신뢰도를 제고하기 위해 반드시 필요한 절차로 알려져 있다. 본 연구에서는 사례분석의 출력-입력요소의 특수성을 감안하여 Acceptance Region(AR) 제약식을 생성하고 이들을 DEA모형에 결합시켜 DEA효율성지수의 신뢰도를 향상시키고자 한다. AR Type I(AR-I) 제약식과 함께 AR Global Model(ARGM) 제약식을 갖는 DEA/(AR-I,ARGM)모형을 설계하고 AR제약식 조절에 따른 DEA효율성지수의 민감도분석을 실시한다. 최종적으로 대한민국 정보통신부(MIC)의 직접자금지원과제를 DMU(Decision Making Unit)으로 설정하고, 이를 대상으로 각 DMU의 효율성 여부에 관한 성과평가를 실례를 들어 설명한다. 본 연구는 DEA/(AR-I,ARGM)모형의 AR제약식 조절을 통해 강건한 효율성을 갖는 DMU를 식별할 수 있다는 것이 확인되었다. 분석결과를 보면 총 25 DMU중 B, E, G, Q, S, Y 즉, 6개 DMU가 중간수준의 AR제약식 조절에 있어 강건한 DEA효율성을 갖는 것으로 결정되었다.

주제어: 가중치제약, 성과평가, 정부자금지원과제, 효율성,
　　　　 DEA/(AR-I,ARGM), IT중소기업

Abstract

Recently, it has been strongly required to establish a systematic and sustainable performance investigation and evaluation framework on governmental funding projects for IT small and medium-sized enterprises. In this paper, Data Envelopment Analysis(DEA) models are adopted for performance evaluation on governmental funding projects for IT small and medium-sized enterprises. A new data structure is proposed for the DEA performance evaluation. Generally, in using DEA models, DEA multipliers restriction is critical to achieve the reliability of DEA optimal solutions. Based on the outputs and inputs considered in this study, Acceptance Region(AR) constraints are generated and incorporated into the DEA models so as to improve the reliability of DEA efficiency scores. Associated with AR Type I(AR-I) and AR Global Model(ARGM) constraints, DEA/(AR-I,ARGM) models are designed and then sensitivity analysis follows investigating the robustness of DEA efficiency scores relating to AR constraints adjustment. Finally, a performance evaluation is illustrated regarding governmental direct funding projects from Ministry of Information and Communication(MIC) in Korea where each project unit(*i.e.* Decision Making Unit(DMU)) is determined whether it is efficient or not. By using DEA/(AR-I,ARGM) models designed in this paper, robustly efficient DMUs are gradually identified according to the successive AR constraints adjustment. Among 25 DMUs, results show that 6 DMUs such as B, E, G, Q, S ,Y are determined as robustly efficient against AR constraints intermediate adjustment.

Keywords: DEA/(AR-I,ARGM), efficiency,
governmental funding projects,
IT small and medium-sized enterprises,
multipliers restriction, performance evaluation

4.1 서론

'04년 정보통신부(MIC)는 'IT Small and Medium-sized Enterprises Revitalization Program(SMERP) 2010 계획' 및 'IT839 전략'을 입안하고, '06년 상기 계획과 전략을 수정한 바 있다[25,26]. 이에 앞선 '93년부터 정보통신진흥기금을 조성하고 정보통신연구진흥원(IITA)을 관리기관으로 기금운용과 지원사업 등을 수행하고 있다[25,27,29].

한편, 국내 IT산업 전체 R&D 투자액은, '01년 7조1,099억원(공공 7,720억원+민간 6조3,379억원)에서 '05년 11조2,830억원(공공 1조2,028억원+민간 10조802억원)으로 58.69%(공공 55.80%+민간 59.05%) 증가했으며, '06년 정보통신진흥기금사업 성과평가 지침을 보면, '06년 기금사업 소계만으로도 9,634억원이 확인되고 있다. 정보통신부 IT중소기업 지원사업은 직접자금지원사업(중소기업기술개발을 위한 ①출연, ②투자, ③융자) 및 간접지원사업(①기술지원, ②인력·창업지원, ③판로·수출·정보화지원)으로 구성된다. '06년 정보통신부의 IT중소기업을 위한 지원예산은 직접자금지원사업 3,211억원(70%), 간접지원사업 1,364억원(30%)임이 확인된다[22,24,29,37].

향후, IT중소기업 정부자금지원정책은 직접자금지원사업을 지양하고 과제 선정과 성과평가에서 시장창출·기술혁신에 기초한 경제원리를 강화하고, 장기적으로는 기금조성 감소→기금지출 축소에 따른 정부자금지원정책 통폐합 등이 예상된다[37]. 'IT SMERP 2010 계획'에서 제시된 것처럼 IT중소기업 현황의 적시적 측정과 지원정책의 정량적 성과평가는 정보통신부가 지향하는 '시장밀착형 지원정책을 수립→집행→평가하는 지속가능한 체계'의 확립이라는 목표에 부합된다고 판단된다[25].

Data Envelopment Analysis(DEA, 자료포락분석)는 다수출력/다수입

력을 갖는 IT중소기업 정부자금지원정책 성과평가에 활용될 수 있으며, 최근 DEA를 활용한 정부자금지원정책 성과평가가 시도된 바 있다[15,28]. 이외의 대표적인 DEA 활용분야를 정리하면, R&D 사업성과[17,18,34], 공공기관 운영-기초 자치단체 행정정보화 수준[19], 도시지역 경찰서 업무성과[32], 군사-탄약중대 수행도[2], 금융-헤지펀드(hedge fund) 및 상품거래전문가(commodity trading advisors) 업무성과[16], 교육내용·학교운영[6,8,11,40], 병원운영[5,31], 부동산-주택가격[21], 스포츠-프로야구선수 성과평가[23], 은행지점운영[39] 등이 보고된 바 있다. 이와 함께, DEA모형의 기본개념, 전통적인 통계분석 방법론과의 차이점, 강·약점 분석 등과 관련된 대표적인 참고문헌들을 확인할 수 있다[3,4,7,10,12,13,20,42,44].

4.2 연구주제

정부자금지원정책의 각 관리과제는 동일한 다수출력/다수입력 자료구조를 갖는 DEA 성과평가 개체, 즉 Decision Making Unit(DMU)으로 간주될 수 있다. 하지만, Seiford and Thrall[38]이 지적한 대로 실제 DEA 성과평가에 있어 가장 큰 난점으로는 출력/입력요소 정의·측정, DEA 모형선택 그리고 출력-입력요소 가중치(multiplier)의 제약 등이 지적되고 있다.

또한, 정부자금지원정책의 수혜기업에게 투입되는 모든 자원과 이로 인해 창출되는 직접·간접적 성과들이 매우 광범위하고 다양할 뿐 아니라, 이러한 자원 투입시점과 성과 발생기간에 시차(time-lag)가 존재하는 점 등은 성과평가시 대표적 난제로 인식되고 있는 상황이다. 이러한 맥락하에서, 체계적이고 지속가능한 DEA 성과조사·평가를 위한 자료구조를 정립하고자 하는 연구시도가 시급하다고 판단된다.

뿐만 아니라, 현실적으로는 정책입안자의 DEA효율성지수(efficiency score, ES)에 대한 신뢰도를 제고하기 위한 방안을 강구할 필요가 있다. 가장 전형적인 DEA 성과평가의 신뢰도 제고를 위한 이유로는 multiplier가 '0'에 근접한 값 또는 상대적으로 큰 값을 취함으로써 비효율적 DMU가 효율적 DMU로 평가될 수 있다는 문제점과 이로 인해 DEA효율성지수의 변별력이 저하될 수 있는 현상 등이 지적되고 있다[1,9,33,35,36,41,43].

이와 같은 문제 해결방법으로, Assurance Region(AR) method[41], Cone Ratio(CR) model[9] 등이 있다. Multiplier 제약은 3종류 즉, Absolute Weights Restrictions(WRs), AR Type I(이후 AR-I) (Relative WRs), AR Type II(Output-Input WRs)로 구분가능하다. AR-I제약식을 갖는 DEA/(AR-I)모형을 활용한 성과평가가 보고된다[23,34]. Multiplier가 아닌 가상출력/가상입력(virtual outputs and inputs)을 제약하는 AR Global Model(이후 ARGM)제약식을 갖는 DEA/(ARGM)모형도 제안된 바 있다[1,33,43].

본 연구는, 첫째, IT중소기업 정부자금지원정책 성과평가를 위한 DEA 성과평가 자료구조의 정립을 시도하고, 둘째, 제안된 자료구조에 기초해 DEA/(AR-I, ARGM) 모형을 설계한다. 특히, multiplier 제약이 없는 단순한 DEA기본모형의 초기 최적해를 이용해 AR-I제약식의 생성 절차를 구체화한다. 다음, 본 연구에서 고려하는 출력-입력요소사이의 관계에 대한 성과조사·평가 전문가 의견과 이미 생성된 AR-I제약식 결과를 통합해 (AR-I,ARGM)제약식을 갖는 일반화된 DEA/(AR-I,ARGM)모형을 제안한다. 특히, ARGM제약식을 도입·활용함으로써 기업성장을 반영하는 다수의 간접적 출력요소를 포함하면서도 동시에 DMU인 개별 관리과제의 성과평가에도 충실한 DEA 모형화를 시도하고자 한다. 마지

막으로 셋째, AR제약식 조정에 따른 DEA효율성 지수의 민감도분석을
실시하여 AR제약식 조정에 따른 multiplier 제약에 강건성(robustness)
을 갖는 효율적 DMU를 판정하고자 한다. 이를 위해, IT중소기업 대상
직접자금지원사업에 대한 성과평가를 예시하고자 한다. 한편, AR제약식
생성을 위한 기존의 여러 지침(guideline)중에서 AR-I제약식은 Roll *et
al.*[35], Roll and Golany[36] 등의 지침을 참고하였으며, ARGM제약식은
Allen *et al.*[1], Pedraja-Chaparro *et al.*[33], Wong and Beasley[43] 등의
지침을 참고해 생성됨을 밝힌다.

4.3 DEA 성과평가 자료구조

그림 4.1은 본 연구에 참여한 정부·학계·연구소 전문가 의견 및 IT
중소기업 정부자금지원정책 성과지표체계에 대한 선행 연구결과[30]에 기
초하여, IT중소기업 정부자금지원정책의 개별 관리과제를 DMU로 정의
한 DEA 성과평가 자료구조이다. DMU 입력요소로서; 1)개별 관리과제
에 대한 정부자금지원금액(x_1); 2)매년 1회에 걸쳐 정기적으로 실시되는
성과조사표 설문결과에 의해 기업이 개별 관리과제에 투입했다고 자진
신고한 기업 R&D 투자액 (x_2); 3)매년 1회에 걸쳐 정기적으로 실시되
는 성과조사표 설문결과에 의해 기업이 개별 관리과제에 투입했다고 자
진신고한 기업 R&D 인력(x_3; manyear, MY) 3가지가 고려된다. DMU
출력요소로서; 1)경제적성과-개별 관리과제와 관련된 기술개발로 인해 직
접적으로 발생된 제품매출액(y_1); 2)기술적성과-개별 관리과제와 관련된
기술개발의 특허등록건수(y_2); 3)경제·사회적파급효과-①기업자산(y_3),
②기업매출액(y_4), ③기업영업이익(y_5), ④기업인력(y_6)을 고려하였다.

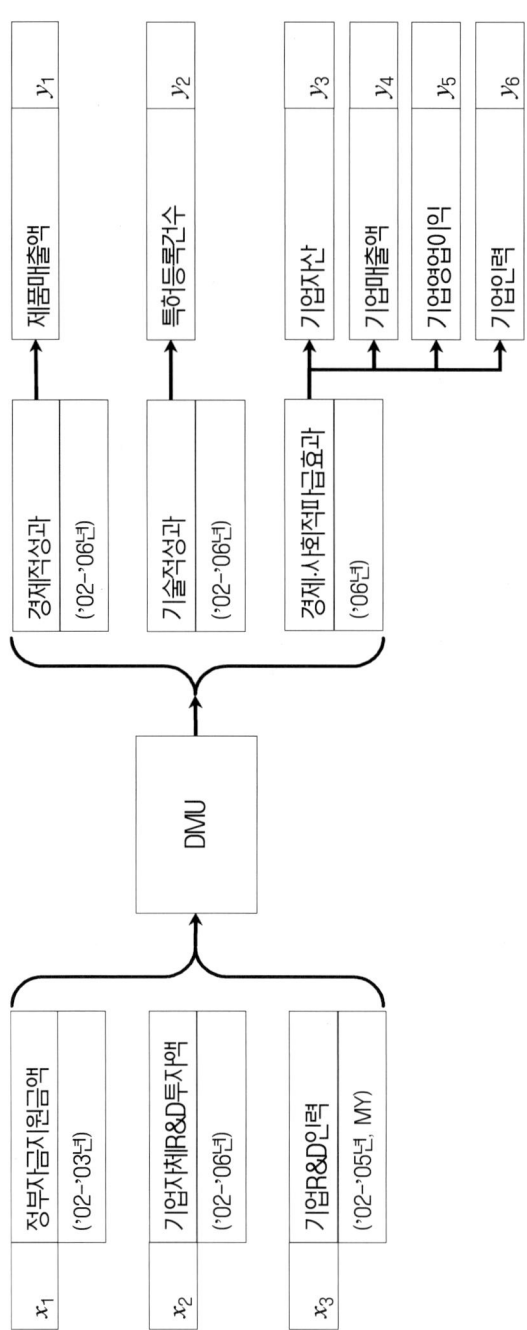

그림 4.1. DEA 성과평가 자료구조

DMU가 수혜기업이 아닌 개별 관리과제라고 하더라도, 일반적인 IT 중소기업 정부자금지원정책의 성과지표체계에서는 기업성장과 같은 간접적인 경제·사회적파급효과를 함께 포함하여 평가하는 것을 원칙으로 하기에, 본 연구에서도 과제착수시점 기준 일정기간후 기업성장을 반영하는 출력요소 $y_r(r=3,...,6)$을 DEA 성과평가에 고려하고자 한다. 단, DEA효율성지수에 대한 4개 출력요소 $y_r(r=3,...,6)$의 영향력을 적절한 범위내로 제한하기 위해 DEA모형에 ARGM제약식을 추가적으로 도입·활용할 것이다.

한편, 출력요소 $y_r(r=3,...,6)$ 값으로 과제착수시점과 일정기간후 기업 성장이 반영되는 시점사이의 증감분 또는 증감률을 이용하는 것이 평가의 정확성 측면에서 더 선호될 수 있다고 판단된다. 단, 증감분 또는 증감률을 사용할 경우, (-)값이 발생하여 비음제약식(nonnegativity constraints)을 만족시키지 못하는 경우가 확인되어 증감분 또는 증감률은 사용하지 않는다. 물론, 특정 DEA모형에 한정되어 'translation invariance property'가 허용되므로 (-)값에 대한 처리가 불가능한 것은 아니지만, 본 연구에서는 이 같은 처리방법을 활용하지 않는다[16]. 또한, 기업규모가 거의 대등한 IT중소기업들이 수혜기업으로 선정된다는 본 연구의 가정도 어느 정도는 타당성이 있다고 판단되어 그림 4.1과 같은 DEA 성과평가 자료 구조가 수립되었다.

그림 4.1은 출력-입력요소별로 §4.5 사례분석의 testbed 측정시점·수집기간이 아래에 병기된다. 즉, 과제착수시점 '02년 기준 입력요소 x_1은 '02-'03년 2회 분할되어 집행된 정부자금지원금액의 합계로서 개별 관리과제에 투입된 총지원금액은 1회 일시불로 지급되는 것이 아니라, 2회로 분할되어 지원되는 이유에서이다. 개별 관리과제에 대한 기업 R&D 투자액 x_2는 원칙적으로는 정부자금지원금액 x_1에 대한 동일한 규모의 대

응투자(matching fund) 개념이지만, 현실적으로는 기업자율에 맡겨져 투입금액과 투입시점이 정해지기에 매년 정기적으로 실시되는 성과조사표 설문조사에서 기업이 자진신고한 '02-'06년 5년간 금액을 집계해 이용한다. 여기서 '5년'이란 집계기간의 설정은 하기 서술될 출력요소 실현주기에 맞춰진 것이다. 단, x_3도 기업자율에 의해 투입된 기업 R&D 인력이지만 '06년 성과조사표 설문조사에서는 기업 R&D 인력에 대한 결과가 부재인 이유로 '02-'05년 4년간 자료만이 집계・이용되었다.

출력요소 y_1, y_2는 '02-'06년간 자료가 집계되며, 경제・사회적파급효과를 나타내는 $y_r (r = 3, ..., 6)$은 '06년말시점 자료를 사용한다. 단, y_1과 y_4 사이에는 약간의 중복은 있을 수는 있으나 그 양은 크지 않을 것으로 가정하고, 별개의 출력요소로 취급하고자 한다. 한편, 출력요소 측정시점・수집기간 정의는 출력요소 실현주기 선행연구결과에 근거하였다[30]. 표 4.1은 §4.5 사례분석의 2개 정부지원사업과 관련된 선행연구결과로서, 표 4.1.(a)는 경제적성과와 관련하여 개별 관리과제의 기술개발에 따른 최초 매출액 발생 관리과제수의 연차별 비율을 보여주고, 표 4.1.(b)는 기술적 성과와 관련하여 개별 관리과제의 기술개발에 따른 특허등록건수의 연차별 비율을 보여준다. 물론, 이외에도 출력요소 실현주기 설정을 위해 참조할 수 있는 다양한 분석지표가 존재할 수 있겠으나, 본 연구에서는 상기 서술된 2개 연차별 비율에 근거하여 출력요소 y_1, y_2의 집계기간으로서 '5년'으로 설정하고 x_2, x_3에도 동일한 집계기간의 적용을 시도한 것이다. 그림 4.2는 표 4.1을 도식화한 것으로서, 과제착수시점을 1년차로 했을 때, 3-4년차 내에 상기 2개 연차별 경제적성과 및 기술적성과가 대부분 실현되는 것을 확인할 수 있다.

표 4.1. 주요 출력요소 실현주기에 대한 예비조사;
(a)경제적성과; (b)기술적성과

(a) 경제적성과: 최초 매출액 발생 관리과제수 연차별 비율

	1년차	2년차	3년차	4년차	5년차	6년차	합계
정부지원사업(A)	13%	49%	28%	9%	1%	1%	100%
정부지원사업(B)	13%	38%	39%	8%	2%	0%	100%

(b) 기술적성과: 특허등록건수 연차별 비율

	1년차	2년차	3년차	4년차	5년차	6년차	합계
정부지원사업(A)	12%	37%	22%	25%	3%	1%	100%
정부지원사업(B)	10%	27%	26%	22%	13%	2%	100%

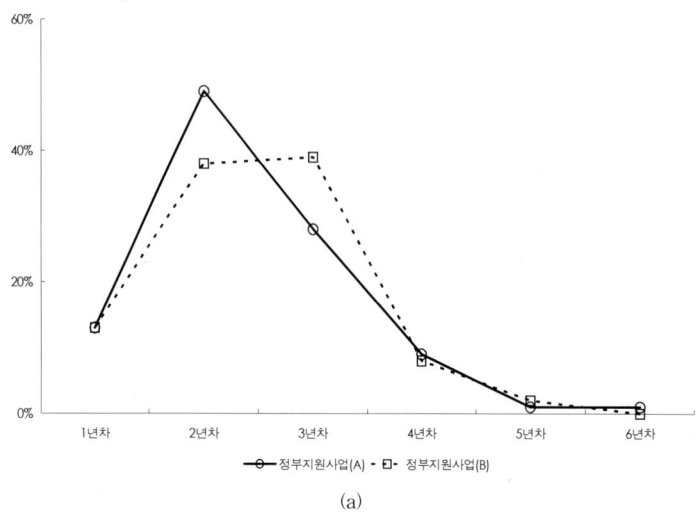

(a)

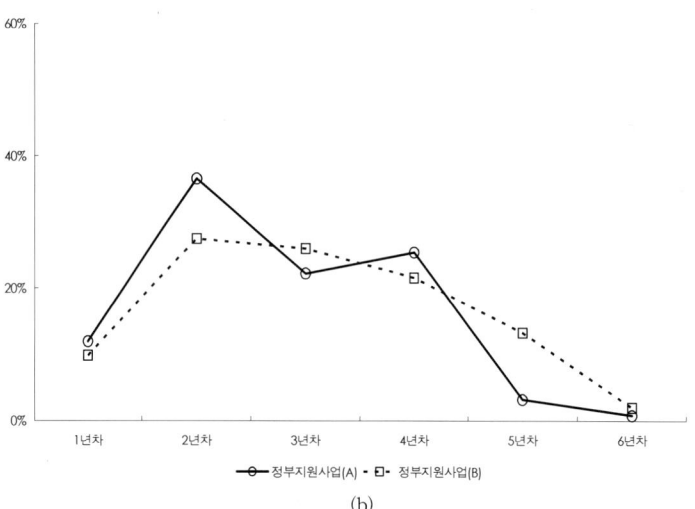

(b)

그림 4.2. 주요 출력요소 실현주기에 대한 예비조사;
(a)경제적성과; (b)기술적성과

4.4 모형 설계

4.4.1 DEA기본모형

식(4.1)로 정의된 $\mathbf{X}$는 $(n \times m)$ 입력요소행렬, $\mathbf{Y}$는 $(n \times s)$ 출력요소 행렬이다. n, m, s는 순서대로 성과평가 대상 DMU 개수, DMU 입력요소와 출력요소 개수이다. $\mathbf{X}$의 j^{th} 행벡터 $\boldsymbol{x_j} = (x_{j1}, x_{j2}, ..., x_{jm})$는 j^{th} DMU 입력요소 벡터를, $\mathbf{Y}$의 j^{th} 행벡터 $\boldsymbol{y_j} = (y_{j1}, y_{j2}, ..., y_{js})$는 j^{th} DMU 출력요소 벡터로 정의된다.

$$\mathbf{X} = \begin{bmatrix} x_{11} & x_{12} & \cdots & x_{1m} \\ x_{21} & x_{22} & \cdots & x_{2m} \\ \vdots & \vdots & & \vdots \\ x_{n1} & x_{n2} & \cdots & x_{nm} \end{bmatrix} \tag{4.1.1}$$

$$\mathbf{Y} = \begin{bmatrix} y_{11} & y_{12} & \cdots & y_{1s} \\ y_{21} & y_{22} & \cdots & y_{2s} \\ \vdots & \vdots & & \vdots \\ y_{n1} & y_{n2} & \cdots & y_{ns} \end{bmatrix} \tag{4.1.2}$$

'DEA기본모형'으로서 식(4.2)를 수립한다. 식(4.2)는 Seiford and Thrall[38]이 분류·정리한 DI_3 모형으로서 Input-oriented→Multiplier→Infinitesimal→VRS(Variable Returns to Scale) 모형선택 절차에 맞춰 설계된 것이다. $\boldsymbol{\mu}, \boldsymbol{\nu}$는 순서대로 출력요소, 입력요소 multiplier 열벡터로서 $\boldsymbol{\mu}' = (\mu_1, \mu_2, ..., \mu_s)$, $\boldsymbol{\nu}' = (\nu_1, \nu_2, ..., \nu_m)$이다. μ_*는 입력요소 증가에 따른 출력요소 증가 비율이 일정치 않다는 가정을 표현한 VRS제약식에 대응하는 scalar이다. 식(4.2)는 성과평가 대상 k^{th} DMU의 DEA효율성 지수 $z_k(\mu_*, \boldsymbol{\mu}) = \boldsymbol{y_k} \boldsymbol{\mu} + \mu_*$를 최대화하는 선형계획모형으로서, 결정변수는 $\mu_*, \boldsymbol{\mu}, \boldsymbol{\nu}$이다. $\boldsymbol{e}_{(n \times 1)}$는 모든 값이 '1'인, $\boldsymbol{0}_{(n \times 1)}$는 모든 값이 '0'인 $(n \times 1)$

열벡터이다. $\epsilon_{(s \times 1)}, \epsilon_{(m \times 1)}$ 은 순서대로 모든 값이 무한소(infinitesimal, non-Archimedean) 'ϵ'인 $(s \times 1)$, $(m \times 1)$ 열벡터이다.

$$
\begin{aligned}
&max_{\mu_*, \mu, \nu} \; z_k(\mu_*, \mu) = \boldsymbol{y_k}\boldsymbol{\mu} + \mu_* \\
&s.t. \\
&\qquad \mathbf{Y}\boldsymbol{\mu} - \mathbf{X}\boldsymbol{\nu} + \mu_* e_{(n \times 1)} \leq \mathbf{0}_{(n \times 1)} \\
&\qquad \boldsymbol{x_k}\boldsymbol{\nu} = 1 \\
&\qquad \boldsymbol{\mu} \geq \epsilon_{(s \times 1)} \\
&\qquad \boldsymbol{\nu} \geq \epsilon_{(m \times 1)} \\
&\qquad \mu_* \; free \; in \; sign
\end{aligned} \tag{4.2}
$$

4.4.2 DEA/(AR-I)수정모형

식(4.2)에서 $\boldsymbol{\mu}, \boldsymbol{\nu}$ 각 요소가 '0'에 가깝거나 상대적으로 큰 값을 취하는 것을 제약하기 위한 AR-I제약식 식(4.3)을 추가할 수 있다. 식(4.3.1)은 출력요소 multiplier 상하한 제약식을, 식(4.3.2)는 입력요소 multiplier 상하한 제약식이다. $U^{r/1}, L^{r/1}$ 은 r^{th} 출력요소 multiplier의 1st 출력요소 multiplier에 대한 비율의 AR-I제약식 상하한 parameter를, $u_{i/1}, l_{i/1}$ 은 i^{th} 입력요소 multiplier의 1st 입력요소 multiplier에 대한 비율의 AR-I 제약식 상하한 parameter를 각각 나타낸다.

$$
L^{r/1} \leq \mu_r / \mu_1 \leq U^{r/1}, \, r = 2, 3, ..., s \tag{4.3.1}
$$

$$
l_{i/1} \leq \nu_i / \nu_1 \leq u_{i/1}, \, i = 2, 3, ..., m \tag{4.3.2}
$$

식(4.3)에 대응하는 행렬 제약식 $\mathbf{F}\boldsymbol{w} \geq \mathbf{0}_{(p \times 1)}$ 을 식(4.2)에 추가해 'DEA/(AR-I)수정모형' 식(4.4)를 설계한다. 식(4.4)에서 $\mathbf{0}_{(p \times 1)}$ $((p_1 + p_2) \times 1)$ null 열벡터, $p = p_1 + p_2$, $p_1 = 2(s - 1)$, $p_2 = 2(m - 1)$ 이다. 식(4.5)에 정의된 $\mathbf{F}, \boldsymbol{w}$ 에서 $\mathbf{D}_{11}(p_1 \times s)$, $\mathbf{0}_{12}(p_1 \times m)$ null, $\mathbf{0}_{21}(p_2 \times s)$ null, $\mathbf{C}_{22}$

$(p_2 \times m)$, $\mathbf{F}((p_1+p_2) \times (s+m))$ 행렬, $\boldsymbol{w}((s+m) \times 1)$ 열벡터이다. §4.5 사례분석에서 testbed dataset을 이용한 $\mathbf{D_{11}}, \mathbf{C_{22}}$ 구조가 구체적으로 설명된다.

$$max_{\mu*,\boldsymbol{\mu},\boldsymbol{\nu}} \ z_k(\mu_*,\boldsymbol{\mu}) = \boldsymbol{y_k}\boldsymbol{\mu} + \mu_*$$
$$s.t.$$
$$\mathbf{Y}\boldsymbol{\mu} - \mathbf{X}\boldsymbol{\nu} + \mu_* e_{(n\times1)} \leq \mathbf{0}_{(n\times1)}$$
$$\boldsymbol{x_k}\boldsymbol{\nu} = 1$$
$$\mathbf{F}\boldsymbol{w} \geq \mathbf{0}_{(p\times1)} \tag{4.4}$$
$$\boldsymbol{\mu} \geq \boldsymbol{\epsilon}_{(s\times1)}$$
$$\boldsymbol{\nu} \geq \boldsymbol{\epsilon}_{(m\times1)}$$
$$\mu_* \ free \ in \ sign$$

$$\mathbf{F} = \begin{bmatrix} \mathbf{D_{11}} & \mathbf{0_{12}} \\ \mathbf{0_{21}} & \mathbf{C_{22}} \end{bmatrix} \tag{4.5.1}$$

$$\boldsymbol{w} = \begin{bmatrix} \boldsymbol{\mu} \\ \boldsymbol{\nu} \end{bmatrix} \tag{4.5.2}$$

4.4.3 AR-I제약식 상하한 parameter 생성절차

아래에 요약된 Step1-4 절차에 맞춰 $U^{r/1}, L^{r/1} \ (r=2,3,...,s)$이 생성된다. $u_{i/1}, l_{i/1} \ (i=2,3,...,m)$ 역시 출력요소별 multiplier를 입력요소별 multiplier로 대체해 동일한 절차로 생성한다.

- Step1.　　식(4.2) 최적해에서 $\mathbf{ES}=1$을 갖는 frontier DMU 추출
- Step2.　　출력요소별 U 초과값 optimal multiplier $\mu_1^*, \mu_2^*, ..., \mu_s^*$를 각각 $nr_1, nr_2, ..., nr_s$개 추출
  - 2.1 μ_1^*개수 nr_1이 큰 값을 갖도록 multiplier μ_1에 대응하는 출력요소 y_1 선정
  - 2.2 ARGM 제약식 생성을 위해 출력요소간 관계 해석이 용이한 출력요소 y_1 선정
- Step3.　　$\mu_2^*/\mu_1^*, \mu_3^*/\mu_1^*, ..., \mu_s^*/\mu_1^*$를 각각 $nr_1nr_2, nr_1nr_3, ..., nr_1nr_s$개 계산
- Step4.　　Step3 각 비율별 $100(1-\alpha)\%, 100\alpha\%$ 백분위수로서 $U^{r/1}, L^{r/1} \ (r=2,3,...,s)$ 생성

4.4.4 DEA/(AR-I, ARGM)수정모형

DEA/(AR-I)수정모형을 설계·활용함으로써 multiplier 극단값을 회피할 수 있다. 하지만 여전히, 출력-입력요소와 이에 대응하는 multiplier의 곱인 가상출력/가상입력이 적합한 범위내로 제약된다는 보장은 없다. §4.3 DEA 성과평가 자료구조를 고려해 식(4.6.1)과 같은 일반적인 ARGM제약식에서 식(4.6.2)를 유도해 식(4.4)에 추가할 수 있다. ψ_r, ϕ_r은 r^{th} 가상출력의 1st 가상출력에 대한 비율의 ARGM 제약식 상하한 parameter를 각각 나타낸다.

$$\phi_r \leq \mu_r y_{jr} / \sum_{r=1}^{s} \mu_r y_{jr} \leq \psi_r, \forall j, r = 2, 3, ..., s \qquad (4.6.1)$$

$$\phi_r \leq \mu_r y_{jr} / \mu_1 y_{j1} \leq \psi_r, \forall j, r = 2, 3, ..., s \qquad (4.6.2)$$

식(4.4)에 식(4.6.2)에 대응하는 행렬제약식 $\mu_1 \boldsymbol{\Psi} Y_1 - MY_2 \geq 0_{(n \times (s-1))}$, $MY_2 - \mu_1 \boldsymbol{\Phi} Y_1 \geq 0_{(n \times (s-1))}$을 추가해 식(4.7) 'DEA/(AR-I,ARGM)수정모형'이 설계된다. $\boldsymbol{\Psi}, \boldsymbol{\Phi}, M$은 $(n \times [(s-1) \times n])$ 행렬, Y_1, Y_2는 $([(s-1) \times n] \times (s-1))$ 행렬로서 부록 식(4.A)와 같이 정의된다. 식(4.A) 5개 행렬 모두 정방행렬(square matrix)인 대각행렬(diagonal matrix)과 비슷한 형태를 갖는데, 즉 대각선 방향으로는 식(4.A)에 표시된 원소들이 반복되고 나머지 원소들은 모두 '0'값이다.

$$max_{\mu_*,\boldsymbol{\mu},\boldsymbol{\nu}} \ z_k(\mu_*,\boldsymbol{\mu}) = \boldsymbol{y_k}\boldsymbol{\mu} + \mu_*$$
$$s.t.$$
$$\mathrm{Y}\boldsymbol{\mu} - \mathrm{X}\boldsymbol{\nu} + \mu_*\boldsymbol{e}_{(n\times1)} \leq \boldsymbol{0}_{(n\times1)}$$
$$\boldsymbol{x_k}\boldsymbol{\nu} = 1$$
$$\mathrm{F}\boldsymbol{w} \geq \boldsymbol{0}_{(p\times1)}$$
$$\mu_1\boldsymbol{\Psi}\mathrm{Y}_1 - \mathrm{MY}_2 \geq \boldsymbol{0}_{(n\times(s-1))}$$
$$\mathrm{MY}_2 - \mu_1\boldsymbol{\Phi}\mathrm{Y}_1 \geq \boldsymbol{0}_{(n\times(s-1))}$$
$$\boldsymbol{\mu} \geq \boldsymbol{\epsilon}_{(s\times1)}$$
$$\boldsymbol{\nu} \geq \boldsymbol{\epsilon}_{(m\times1)}$$
$$\mu_* \ free \ in \ sign$$

$$(4.7)$$

4.5 사례분석

4.5.1 Testbed dataset

정보통신연구진흥원의 직접자금지원사업중 중소기업기술개발 출연사업인 '정부지원사업(A)'와 '정부지원사업(B)'중 '02년 과제착수된 25개 ((A) 6개, (B) 19개) 관리과제를 대상으로, 그림 4.1에 맞춰 수집·정리된 표 4.2 testbed dataset $n = 25, m = 3, s = 6$을 이용한 사례분석을 예시한다.

사례분석은; 1)Microsoft[R], Office Excel 2003; 2)Frontline Systems, Premium Solver Platform v7.1; 3)DEAfrontier.com, DEA Excel Solver Add-In 2002; 4)Microsoft Visual Basic 6.0[C] '87-'99로 구현된다[14,44].

표 4.2. DEA성과평가 Testbed dataset

No.	DMUID	사업구분 우수:1 산업:2	기술분야 통신:1 전파:2 정보:3 부품:4	정부자금 지원금액 '02-'03년 (백만원) x_1	기업R&D 투자액 '02-'06년 (백만원) x_2	기업R&D 인력 '02-'05년 (MY) x_3	제품 매출액 '02-'06년 (백만원) y_1	특허등록 건수 '02-'06년 (건수) y_2	기업자산 '06년 (백만원) y_3	기업 매출액 '06년 (백만원) y_4	기업당기 순이익 '06년 (백만원) y_5	기업인력 '06년 (명) y_6
1	A	1	1	100	130	1.10	60	2	780	950	90	18
2	B	1	1	100	50	1.10	50	0	912	1,770	110	31
3	C	1	1	100	850	2.70	750	0	2,340	2,060	350	15
4	D	1	3	100	150	2.50	101	0	8,200	9,040	800	67
5	E	1	4	150	50	1.20	1,405	8	420	423	40	7
6	F	1	1	150	250	1.40	50	0	2,600	2,100	200	20
7	G	2	2	200	30	3.30	727	4	20,000	21,596	500	27
8	H	2	3	150	200	5.55	600	0	5,350	5,055	250	39
9	I	2	3	90	470	10.00	1,002	0	1,260	2,000	214	27
10	J	2	3	160	9	12.45	1,837	0	300	340	50	7
11	K	2	3	102	100	2.40	150	0	6,000	52	12	23
12	L	2	4	130	430	4.40	100	0	250	1,000	30	10
13	M	2	3	200	3,000	7.60	800	4	4,210	7,740	430	57

표 4.2. DEA성과평가 Testbed dataset(계속)

No.	DMU(ID)	사업구분 (우수:1 산업:2)	기술분야 (통신:1 정과:2 정보:3 부품:4)	정부자금 지원금액 '02~'03년 (백만원) x_1	기업R&D 투자액 '02~'06년 (백만원) x_2	기업R&D 인력 '02~'05년 (MY) x_3	제품 매출액 '02~'06년 (백만원) y_1	특허등록 건수 '02~'06년 (건수) y_2	기업자산 '06년 (백만원) y_3	기업 매출액 '06년 (백만원) y_4	기업당기 순이익 '06년 (백만원) y_5	기업인력 '06년 (명) y_6
14	N	2	3	200	300	6.50	1,573	5	1,500	32	100	15
15	O	2	3	166	263	15.15	271	0	500	581	100	5
16	P	2	3	600	1,397	43.20	110	0	8,694	7,200	1,100	89
17	Q	2	2	150	29	4.80	776	12	1,426	3,026	317	27
18	R	2	1	100	63	12.00	120	6	2,012	1,558	450	13
19	S	2	3	83	200	2.00	300	4	300	700	150	10
20	T	2	3	176	250	6.00	290	2	790	1,300	130	8
21	U	2	2	123	548	3.20	3,030	2	1,400	980	200	14
22	V	2	3	266	300	7.80	113	0	2,989	1,602	30	23
23	W	2	3	127	120	9.70	521	1	300	280	33	9
24	X	2	3	125	925	5.50	7,171	0	3,500	4,200	500	36
25	Y	2	4	335	200	9.20	300	0	46,482	44,796	8,318	40

4.5.2 AR-I제약식 상하한 parameter

표 4.2 testbed dataset의 식(4.2) 최적해 계산결과가 표 4.3에 정리된다. 표 4.3 ES^1은 식(4.2) 최적해중 DMU별 ES이며, 밑줄 친 ES=1의 효율적 DMU는 전체 DMU 25개중 A, B, D, E, G, I, J, K, M, P, Q, R, S, X, Y 15개, 전체 DMU의 60%로서 효율성 판정에 대한 변별력이 요구된다. 또한, μ_*를 제외한 전체 optimal multiplier $n \times (m+s) = 25 \times (3+6) = 225$ 개중 107개, 전체 optimal multiplier의 48%가 '0'값을 갖기에 ES 신뢰도 제고의 필요성이 존재한다. 실제로, 이와 같이 변별력과 신뢰성이 부재된 단순한 DEA 성과평가 결과는 현장실무자에게 설득력을 갖지 못할 뿐만 아니라, 오히려 DEA 성과평가에 대한 회의를 불러일으킬 소지가 있을 수도 있다고 판단된다.

표 4.3. 식(4.2) 최적해

No.	DMU ID	ES¹	ν_1	ν_2	ν_3	μ_1	μ_2	μ_3	μ_4	μ_5	μ_6	μ_*
1	A	1.00000	0.00685	0.00111	0.15577	0.00000	0.04825	0.00002	0.00000	0.00025	0.00000	0.86424
2	B	1.00000	0.00000	0.00000	0.90909	0.00000	0.00000	0.00010	0.00000	0.00033	0.00876	0.60079
3	C	0.90637	0.01000	0.00000	0.00000	0.00005	0.00000	0.00000	0.00000	0.00028	0.00000	0.77449
4	D	1.00000	0.00619	0.00251	0.00189	0.00000	0.00000	0.00003	0.00000	0.00006	0.00000	0.71365
5	E	1.00000	0.00622	0.00116	0.00762	0.00016	0.01388	0.00001	0.00000	0.00000	0.00057	0.65032
6	F	0.94020	0.00000	0.00000	0.71429	0.00000	0.00000	0.00008	0.00000	0.00028	0.00000	0.68509
7	G	1.00000	0.00000	0.03333	0.00000	0.00000	0.03729	0.00000	0.00001	0.00071	0.00000	0.26073
8	H	0.71631	0.00509	0.00116	0.00073	0.00016	0.00000	0.00001	0.00000	0.00000	0.00000	0.54371
9	I	1.00000	0.01082	0.00000	0.00262	0.00005	0.00000	0.00000	0.00000	0.00000	0.00344	0.85255
10	J	1.00000	0.00590	0.00208	0.00297	0.00018	0.00000	0.00002	0.00000	0.00007	0.00000	0.66145
11	K	1.00000	0.00733	0.00222	0.01270	0.00030	0.00000	0.00003	0.00000	0.00007	0.00000	0.79631
12	L	0.64317	0.00769	0.00000	0.00000	0.00000	0.00000	0.00000	0.00002	0.00000	0.00000	0.62749
13	M	1.00000	0.00000	0.00019	0.05664	0.00066	0.43475	0.00000	0.00010	0.00000	0.12368	-9.09369
14	N	0.61244	0.00377	0.00072	0.00434	0.00010	0.00685	0.00001	0.00000	0.00000	0.00000	0.40627

표 4.3. 식(4.2) 최적해(계속)

No.	DMU ID	ES[1]	ν_1	ν_2	ν_3	μ_1	μ_2	μ_3	μ_4	μ_5	μ_6	μ_*
15	O	0.54688	0.00487	0.00073	0.00000	0.00011	0.00000	0.00000	0.00000	0.00000	0.00000	0.51795
16	P	1.00000	0.00167	0.00000	0.00000	0.00000	0.00000	0.00000	0.00000	0.00018	0.03543	-2.35083
17	Q	1.00000	0.00625	0.00189	0.00147	0.00025	0.01330	0.00002	0.00000	0.00009	0.00120	0.54945
18	R	1.00000	0.00662	0.00142	0.02075	0.00000	0.02741	0.00000	0.00000	0.00024	0.00000	0.72941
19	S	1.00000	0.01205	0.00000	0.00000	0.00009	0.07726	0.00000	0.00006	0.00000	0.00000	0.62052
20	T	0.52839	0.00470	0.00069	0.00000	0.00010	0.00000	0.00000	0.00000	0.00000	0.00000	0.49768
21	U	0.91936	0.00438	0.00000	0.14409	0.00011	0.01456	0.00000	0.00000	0.00000	0.00000	0.56101
22	V	0.36331	0.00335	0.00036	0.00006	0.00000	0.00000	0.00000	0.00000	0.00000	0.00000	0.34872
23	W	0.81722	0.00659	0.00136	0.00000	0.00019	0.00073	0.00000	0.00000	0.00000	0.00000	0.71743
24	X	1.00000	0.00173	0.00000	0.14259	0.00008	0.00000	0.00000	0.00000	0.00019	0.00000	0.30461
25	Y	1.00000	0.00240	0.00077	0.00451	0.00010	0.00000	0.00001	0.00000	0.00004	0.00000	0.25623

표 4.4는 표 4.3에서 ES=1인 frontier DMU의 optimal multiplier중에서 '0'초과값을 추출해 각 출력요소별 내림차순 정렬한 것이다. 단, 표 4.4에서 $ni_i, (i=1,2,3)$은 각 입력요소별 추출개수를 나타낸다. 표 4.4와 AR-I제약식 상하한 parameter 생성절차에 기초해 표 4.5에 AR-I제약식 상하한 parameter를 정리한다.

$\alpha = 0.10, 0.20, 0.25, 0.30, 0.40, 0.50$을 고려해 $100(1-\alpha)\%$, $100\alpha\%$ 백분위수로서 표 4.5.(a) $u_{i/1}, l_{i/1} (i=2,3)$, 표 4.5.(b) $U^{r/1}, L^{r/1} (r=2,...,6)$ 총 6쌍이 계산되며, α값이 증가할수록 상하한 폭이 감소하며, $\alpha = 0.25$ IQR(InterQuartile Range, 사분위범위) 및 $\alpha = 0.50$ 동일값을 갖는 AR-I 제약식 상하한 parameter 등이 포함된다.

표 4.4. 표 4.3의 frontier DMUs가 갖는 최적 multipliers에서 '0' 초과값

No.	ν_1^*	ν_2^*	ν_3^*	μ_1^*	μ_2^*	μ_3^*	μ_4^*	μ_5^*	μ_6^*
	$ni_1 = 12$	$ni_2 = 12$	$ni_3 = 12$	$nr_1 = 9$	$nr_2 = 7$	$nr_3 = 8$	$nr_4 = 3$	$nr_5 = 11$	$nr_6 = 6$
1	0.01205	0.03333	0.90909	0.00066	0.43475	0.00010	0.00010	0.00071	0.12368
2	0.01082	0.00251	0.15577	0.00030	0.07726	0.00003	0.00006	0.00033	0.03543
3	0.00733	0.00222	0.14259	0.00025	0.04825	0.00003	0.00001	0.00025	0.00876
4	0.00685	0.00208	0.05664	0.00018	0.03729	0.00002		0.00024	0.00344
5	0.00662	0.00189	0.02075	0.00016	0.02741	0.00002		0.00019	0.00120
6	0.00625	0.00142	0.01270	0.00010	0.01368	0.00002		0.00018	0.00057
7	0.00622	0.00116	0.00762	0.00009	0.01330	0.00001		0.00009	
8	0.00619	0.00111	0.00451	0.00008		0.00001		0.00007	
9	0.00590	0.00077	0.00297	0.00005				0.00007	
10	0.00240	0.00019	0.00262					0.00006	
11	0.00173		0.00189					0.00004	
12	0.00167		0.00147						

표 4.5. AR-I 제어방식 상정한 parameters; (a) $u_{i/1}, l_{i/1}\,(i=2,3)$ **; (b)** $U^{r/1}, L^{r/1}\,(r=2,\dots,6)$

(a)		$\alpha = 0.10$		$\alpha = 0.20$		$\alpha = 0.25$		$\alpha = 0.30$		$\alpha = 0.40$		$\alpha = 0.50$
		$100\alpha\%$	$100(1-\alpha)\%$	$100\alpha\%$	$100(1-\alpha)\%$	$100\alpha\%$	$100(1-\alpha)\%$	$100\alpha\%$	$100(1-\alpha)\%$	$100\alpha\%$	$100(1-\alpha)\%$	$100\alpha\% = 100(1-\alpha)\%$
		10%	90%	20%	80%	25%	75%	30%	70%	40%	60%	50%
		$l_{i/1}$	$u_{i/1}$	$l_{i/1}$	$u_{i/1}$	$l_{i/1}$	$u_{i/1}$	$l_{i/1}$	$u_{i/1}$	$l_{i/1}$	$u_{i/1}$	$l_{i/1} = u_{i/1}$
$i=2$	ν_2/ν_1	0.09067	1.62957	0.12371	0.82813	0.16109	0.60336	0.17678	0.41046	0.20655	0.33585	0.29423
$i=3$	ν_3/ν_1	0.26256	80.47286	0.42064	22.85361	0.47934	13.48350	0.70214	9.11176	1.15651	3.34754	1.89624

(b)		$L^{r/1}$	$U^{r/1}$	$L^{r/1}$	$U^{r/1}$	$L^{r/1}$	$U^{r/1}$	$L^{r/1}$	$U^{r/1}$	$L^{r/1}$	$U^{r/1}$	$L^{r/1} = U^{r/1}$
$r=2$	μ_2/μ_1	54.41363	1662.72912	87.09267	729.53937	121.99290	567.40197	141.80075	472.05010	163.24131	319.76680	251.11692
$r=3$	μ_3/μ_1	0.04063	0.47765	0.07282	0.32987	0.08289	0.27005	0.08826	0.25409	0.11904	0.19562	0.14988
$r=4$	μ_4/μ_1	0.05343	1.16810	0.09896	0.75487	0.11622	0.68224	0.12860	0.61549	0.20571	0.39268	0.34058
$r=5$	μ_5/μ_1	0.23319	3.88963	0.36419	2.43519	0.38514	2.10924	0.47846	1.74343	0.71189	1.13976	0.91764
$r=6$	μ_6/μ_1	3.62356	678.92570	6.63080	373.38476	8.05669	195.60803	11.74157	141.55539	19.56712	61.33670	37.18552

4.5.3 민감도 분석[1]: AR-I제약식 조정

Testbed dataset에서 $m=3, s=6$이므로, 식(4.8)처럼 $D_{11}(10 \times 6)$, $C_{22}(4 \times 3)$가 구성된다. 표 4.5 AR-I제약식 상하한 parameter를 식(4.8)→식(4.5)→식(4.4)와 같은 순서로 전개해 식(4.4) 최적해 계산결과를 표 4.6, 표 4.7에 정리한다.

$$D_{11}=\begin{bmatrix} -L^{2/1} & 1 & 0 & 0 & 0 & 0 \\ U^{2/1} & -1 & 0 & 0 & 0 & 0 \\ -L^{3/1} & 0 & 1 & 0 & 0 & 0 \\ U^{3/1} & 0 & -1 & 0 & 0 & 0 \\ -L^{4/1} & 0 & 0 & 1 & 0 & 0 \\ U^{4/1} & 0 & 0 & -1 & 0 & 0 \\ -L^{5/1} & 0 & 0 & 0 & 1 & 0 \\ U^{5/1} & 0 & 0 & 0 & -1 & 0 \\ -L^{6/1} & 0 & 0 & 0 & 0 & 1 \\ U^{6/1} & 0 & 0 & 0 & 0 & -1 \end{bmatrix} \tag{4.8.1}$$

$$C_{22}=\begin{bmatrix} -l_{2/1} & 1 & 0 \\ u_{2/1} & -1 & 0 \\ -l_{3/1} & 0 & 1 \\ u_{3/1} & 0 & -1 \end{bmatrix} \tag{4.8.2}$$

표 4.6.(a)는 $\alpha=0.25$인 AR-I제약식 상하한 parameter를 갖는 식(4.4) 최적해 계산결과이다. 표 4.7.(a)는 표 4.5 6개 AR-I제약식 조정에 따른 식(4.4) 최적해중에서 DMU별 ES만을 발췌해 정리한 것이며, $ES^2 - ES^7$ 6개 계열이 ES^1기준 오름차순 정렬된다. α값 증가에 따라 상하한 폭이 감소할수록 25개 DMU 모두 ES가 저하된다. 식(4.2) 최적해로서 15개인 효율적 DMU 개수는 $\alpha=0.10, 0.20, 0.25, 0.30, 0.40, 0.50$값 증가에 따라 14→10→8→8→6→3개로 감소한다. $ES^4(\alpha=0.25)$에서 효율적 DMU는 B, D, E, G, Q, R, S, Y로 판정, $ES^7(\alpha=0.50)$에서 효율적 DMU는 B, D,

Y로 판정됨으로써 multiplier 제약에 강건한 효율적 DMU를 AR-I제약식 조정에 의해 단계적으로 축약할 수 있다. 표 4.7.(a) $ES^1 - ES^7$ 7개 계열을 시각화한 그림 4.3에서도 전술된 AR-I제약식 조정에 따른 ES저하현상이 확인되며, 실선으로 연결된 ●, ○, △기호를 갖는 3개 계열 ES^1, ES^4, ES^7이 강조되어 표시된다.

표 4.6.(a) $\alpha = 0.25$ AR-I 제약식을 갖는 식(4.4) 최적해, **(b)** 표 4.6.(a)에서 DMU Y의 최적 multipliers를 이용한 가상중력비율 일례

(a)

No.	DMUID	ES^4	v_1	v_2	v_3	μ_1	μ_2	μ_3	μ_4	μ_5	μ_6
1	A	0.96680	0.00737	0.00119	0.09931	0.00007	0.03884	0.00002	0.00001	0.00003	0.00055
2	B	1.0000	0.00814	0.00131	0.10972	0.00008	0.04376	0.00002	0.00001	0.00003	0.00062
3	C	0.50037	0.00366	0.00059	0.04933	0.00006	0.01619	0.00001	0.00001	0.00002	0.00050
4	D	1.0000	0.00738	0.00128	0.00382	0.00015	0.03426	0.00001	0.00002	0.00006	0.00117
5	E	1.0000	0.00574	0.00092	0.07739	0.00016	0.05180	0.00001	0.00002	0.00006	0.00367
6	F	0.60916	0.00478	0.00077	0.06447	0.00004	0.02059	0.00001	0.00002	0.00008	0.00029
7	G	1.0000	0.00455	0.00275	0.00226	0.00004	0.01055	0.00001	0.00001	0.00009	0.00267
8	H	0.64992	0.00541	0.00087	0.00259	0.00004	0.00570	0.00000	0.00001	0.00002	0.00036
9	I	0.68543	0.00586	0.00094	0.00281	0.00005	0.00618	0.00000	0.00001	0.00002	0.00039
10	J	0.88897	0.00583	0.00352	0.00280	0.00010	0.01179	0.00001	0.00001	0.00004	0.00078
11	K	0.95899	0.00839	0.00135	0.00402	0.00004	0.00798	0.00001	0.00000	0.00002	0.00033
12	L	0.53920	0.00497	0.00080	0.00238	0.00000	0.00000	0.00000	0.00000	0.00000	0.00000
13	M	0.26935	0.00127	0.00021	0.01716	0.00006	0.03320	0.00000	0.00001	0.00002	0.00687
14	N	0.53373	0.00387	0.00062	0.00593	0.00005	0.01518	0.00000	0.00001	0.00002	0.00037
15	O	0.50356	0.00464	0.00075	0.00222	0.00000	0.00000	0.00000	0.00001	0.00000	0.00000
16	P	0.38918	0.00118	0.00019	0.00057	0.00006	0.03213	0.00001	0.00001	0.00002	0.01108
17	Q	1.0000	0.00589	0.00355	0.00282	0.00010	0.01311	0.00001	0.00001	0.00013	0.00083
18	R	1.0000	0.00715	0.00142	0.01632	0.00005	0.02673	0.00001	0.00001	0.00011	0.00041
19	S	1.0000	0.00845	0.00136	0.01349	0.00006	0.03515	0.00001	0.00002	0.00002	0.00050
20	T	0.50985	0.00450	0.00072	0.00449	0.00002	0.00939	0.00000	0.00002	0.00001	0.00013
21	U	0.74453	0.00393	0.00063	0.05300	0.00010	0.02241	0.00001	0.00001	0.00004	0.00083
22	V	0.34916	0.00314	0.00051	0.00151	0.00002	0.00299	0.00000	0.00000	0.00001	0.00012
23	W	0.72833	0.00662	0.00107	0.00317	0.00005	0.00698	0.00000	0.00000	0.00001	0.00044
24	X	0.97854	0.00287	0.00046	0.03873	0.00010	0.01174	0.00001	0.00000	0.00004	0.00170
25	Y	1.00000	0.00269	0.00043	0.00129	0.00006	0.01296	0.00001	0.00001	0.00003	0.00051

(b)

μ_4	$\mu_3 y_3/\mu_1 y_1$	$\mu_4 y_4/\mu_1 y_1$	$\mu_5 y_5/\mu_1 y_1$	$\mu_6 y_6/\mu_1 y_1$
0.85072	1.07755	1.84022	0.62178	2.41701
0.93365	1.51189	4.11433	0.91195	4.95515
0.41077	0.25861	0.31923	0.19344	0.16113
0.61053	6.72957	10.40263	3.28335	5.34453
0.32271	0.02478	0.03499	0.01180	0.04014
0.55185	4.31021	4.88141	1.65809	3.22267
0.48095	2.28186	3.45489	0.28529	0.29942
0.55979	0.73909	0.97919	0.17272	0.52368
0.60698	0.10423	0.23198	0.08853	0.21710
0.69593	0.01354	0.02152	0.01129	0.03071
0.87780	3.31554	0.04029	0.03316	1.23536
0.53920	0.20722	1.16224	0.12436	0.80567
-0.38485	0.43620	1.12447	0.22281	0.57404
0.37217	0.07904	0.00233	0.02635	0.07683
0.50356	0.15293	0.24917	0.15296	0.14865
-0.71510	6.55121	7.60740	4.14523	6.51859
0.65165	0.15232	0.45321	0.16933	0.28032
0.76225	1.38977	1.50898	1.55446	0.87281
0.81806	0.08289	0.27119	0.20726	0.26656
0.48077	0.22580	0.52100	0.18582	0.22225
0.34511	0.03830	0.03759	0.02736	0.03723
0.32913	2.17150	1.64291	0.10973	1.63508
0.68547	0.04773	0.06246	0.02626	0.13918
0.13346	0.04046	0.06807	0.02890	0.04045
0.16556	12.84276	17.35459	11.49333	1.07422

표 4.7. ES 민감도분석 요약

No.	DMU ID	(a) 식(4.2) ES¹	$\alpha = 0.10$ ES²	$\alpha = 0.20$ ES³	$\alpha = 0.25$ ES⁴	$\alpha = 0.30$ ES⁵	$\alpha = 0.40$ ES⁶	$\alpha = 0.50$ ES⁷	(b) $\psi_r = 10.0$ ES⁸	$\psi_r = 7.5$ ES⁹	$\psi_r = 5.0$ ES¹⁰	$\psi_r = 2.5$ ES¹¹
1	V	0.36331	0.35996	0.35550	0.34916	0.34470	0.33462	0.31647	0.33928	0.33727	0.33509	0.33275
2	T	0.52839	0.51896	0.51558	0.50985	0.50570	0.48450	0.44761	0.49870	0.49849	0.49826	0.49802
3	O	0.54688	0.53106	0.52047	0.50356	0.49124	0.46921	0.42923	0.42446	0.42446	0.42446	0.42446
4	N	0.61244	0.59172	0.55106	0.53373	0.52332	0.47169	0.42044	0.58296	0.58196	0.58483	0.57981
5	L	0.64317	0.59749	0.57633	0.53920	0.52420	0.49842	0.44097	0.56888	0.56888	0.56888	0.56888
6	H	0.71631	0.67679	0.65534	0.64992	0.64231	0.62793	0.60460	0.67661	0.67323	0.66134	0.63348
7	W	0.81722	0.75789	0.73999	0.72833	0.71589	0.68464	0.64636	0.65903	0.65903	0.65903	0.65903
8	C	0.90637	0.65196	0.56766	0.50037	0.46966	0.42088	0.33911	0.63587	0.63261	0.62875	0.62466
9	U	0.91936	0.87596	0.82605	0.74453	0.68756	0.55407	0.45641	0.88718	0.88718	0.88718	0.88718
10	F	0.94020	0.75334	0.64800	0.60916	0.59079	0.56043	0.51731	0.65377	0.64834	0.64273	0.63694
11	A	1.00000	1.00000	0.99949	0.96680	0.94655	0.88398	0.83227	0.99608	0.99579	0.99491	0.99491
12	B	1.00000	1.00000	1.00000	1.00000	1.00000	1.00000	1.00000	1.00000	1.00000	1.00000	1.00000
13	D	1.00000	1.00000	1.00000	1.00000	1.00000	1.00000	1.00000	1.00000	1.00000	0.99820	0.93153
14	E	1.00000	1.00000	1.00000	1.00000	1.00000	0.89513	0.76385	1.00000	1.00000	1.00000	1.00000
15	G	1.00000	1.00000	1.00000	1.00000	1.00000	1.00000	0.99260	1.00000	1.00000	1.00000	0.84570
16	I	1.00000	0.83056	0.74664	0.68543	0.65275	0.59400	0.49627	0.68622	0.68594	0.68541	0.68010
17	J	1.00000	1.00000	0.96323	0.88697	0.81025	0.71531	0.63509	1.00000	1.00000	1.00000	1.00000
18	K	1.00000	1.00000	0.97090	0.95869	0.94732	0.91170	0.85897	0.96115	0.94258	0.92901	0.91500
19	M	1.00000	1.00000	0.38786	0.26935	0.23018	0.17942	0.13544	0.28493	0.27860	0.26622	0.25321
20	P	1.00000	1.00000	1.00000	0.38918	0.25573	0.16401	0.14171	0.14481	0.13940	0.13524	0.12559
21	Q	1.00000	1.00000	1.00000	1.00000	1.00000	1.00000	0.84340	1.00000	1.00000	1.00000	1.00000
22	R	1.00000	1.00000	1.00000	1.00000	1.00000	1.00000	0.87992	0.82024	0.81365	0.80724	0.80100
23	S	1.00000	1.00000	1.00000	1.00000	1.00000	0.92295	0.80410	1.00000	1.00000	1.00000	1.00000
24	X	1.00000	1.00000	1.00000	0.97854	0.87503	0.63854	0.45345	1.00000	1.00000	1.00000	1.00000
25	Y	1.00000	1.00000	1.00000	1.00000	1.00000	1.00000	1.00000	1.00000	1.00000	1.00000	1.00000

ESⁱ 기준 오름차순 정렬

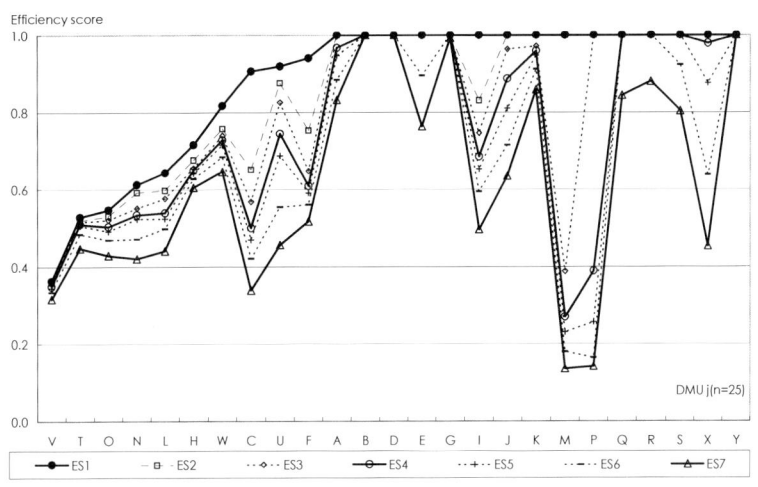

그림 4.3. ES 민감도분석[1]: AR-I제약식 조정

한편, AR-I제약식 조정에 기인한 ES변화를 검토하기 위해 ES계열간 상관계수와 상관계수의 $p-value$를 표 4.8에 정리한다. ES^1-ES^7 7개 계열간 상관분석 결과를 보면 21개 상관계수 모두 양(+)의 상관성을 갖고, 상관계수 아래에 병기된 $p-value$최대값 0.027로서 상관계수의 유의성이 있는 것으로 판정되며, α값이 증가할수록 상관계수가 점진적으로 단조감소한다. 표 4.8 상관분석결과를 시각화한 그림 4.4에서 전술된 내용이 재확인되며 AR-I제약식 조정에 따른 ES의 급격한 진동·역전은 발생하지 않는 것이 확인된다.

표 4.8. ESs 상관계수 요약

	α=0.10 ES$_2$	α=0.20 ES$_3$	α=0.25 ES$_4$	α=0.30 ES$_5$	α=0.40 ES$_6$	α=0.50 ES$_7$	ψ$_r$=10.0 ES$_8$	ψ$_r$=7.5 ES$_9$	ψ$_r$=5.0 ES$_{10}$	ψ$_r$=2.5 ES$_{11}$
식(4.2) ES$_1$	0.94280 0.000	0.76886 0.000	0.61954 0.001	0.56166 0.003	0.49523 0.012	0.44269 0.027	0.57630 0.003	0.57242 0.003	0.56768 0.003	0.52813 0.007
α=0.10 ES$_2$		0.84486 0.000	0.69338 0.000	0.63526 0.001	0.58811 0.003	0.52289 0.007	0.60946 0.001	0.60584 0.001	0.60145 0.001	0.55098 0.004
α=0.20 ES$_3$			0.87412 0.000	0.82009 0.000	0.75603 0.000	0.71100 0.000	0.75647 0.000	0.75478 0.000	0.75429 0.000	0.70253 0.000
α=0.25 ES$_4$				0.99162 0.000	0.95113 0.000	0.89966 0.000	0.95159 0.000	0.95078 0.000	0.95032 0.000	0.89618 0.000
α=0.30 ES$_5$					0.97936 0.000	0.93635 0.000	0.94811 0.000	0.94736 0.000	0.94681 0.000	0.88775 0.000
α=0.40 ES$_6$						0.98219 0.000	0.89700 0.000	0.89599 0.000	0.89503 0.000	0.81881 0.000
α=0.50 ES$_7$							0.84160 0.000	0.84051 0.000	0.83933 0.000	0.73769 0.000
ψ=10.0 ES$_8$								0.99989 0.000	0.99957 0.000	0.95427 0.000
ψ=7.5 ES$_9$									0.99988 0.000	0.95427 0.000
ψ=5.0 ES$_{10}$										0.95429 0.000

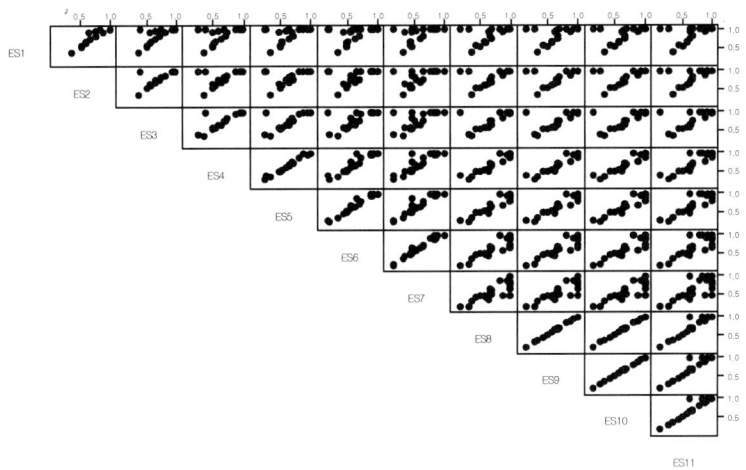

그림 4.4. ESs 산점도행렬

4.5.4 민감도 분석[2]: AR-I제약식, ARGM제약식 조정

표 4.7.(a), 그림 4.3처럼 AR-I제약식 조정에 의해 DEA 성과평가의 변별력이 성취가능하다. 한편, x_1 대비 x_2, x_3, y_1 대비 y_2의 multiplier 비율은 가격·비용 정보(prices and/or cost information)에 기초해서도 설정가능하다고 가정할 때, 일례로서 아래와 같은 AR-I제약식 식(4.9)를 고려할 수 있다. 식(4.9) AR-I제약식 상하한 parameter 조합은 표 4.5 및 성과조사·평가에 참여한 전문가의견 등이 반영된 대표값들로 구성된 것이다.

$$10(=L^{2/1}) \leq \mu_2/\mu_1 \leq 200(=U^{2/1}) \qquad (4.9.1)$$

$$0.1(=l_{2/1}) \leq \nu_2/\nu_1 \leq 0.9(=u_{2/1}) \qquad (4.9.2)$$

$$5(=l_{3/1}) \leq \nu_3/\nu_1 \leq 25(=u_{3/1}) \qquad (4.9.3)$$

반면, y_1 대비 $y_r (r=3,...,6)$의 multiplier 비율을 설정하는 것은 상대적으로 용이하지 않다고 판단된다. 또한, 표 4.6.(b)에 제시된 밑줄 친 계산결과처럼 $\alpha=0.25$ AR-I제약식 조정의 경우에서도 식(4.10)과 같은 가상출력비율 '2.5' 초과값이 존재한다. 만약, DEA 성과평가시 경제・사회적파급효과 출력요소 $y_r (r=3,...,6)$ 4개에 대한 영향을 상대적으로 보다 중요하다고 간주할 수 있는 출력요소 y_1, y_2 2개와 비교해 일정수준 이하로 제어할 필요가 있다면, 이를 위한 일례로서 식(4.10)이 고려될 수 있다. 더욱이 본 연구에서의 DMU가 수혜기업이 아닌 개별 관리과제라는 점에서 경제・사회적파급효과 출력요소 $y_r (r=3,...,6)$의 적절한 제약은 사후적 분석(post-optimal analysis) 단계에서 추가적으로 고려할 만한 충분한 필요성이 있다.

$$\mu_r y_{jr} / \mu_1 y_{j1} \leq \psi_r, \forall j, r = 3,...,6 \tag{4.10}$$

식(4.9), 식(4.10) AR제약식을 갖는 식(4.7) 최적해 계산결과로서, 단 4개 $r=3,...,6$값에 동일하게 설정된 ψ_r을 갖는 ARGM제약식 조정에 순서대로 대응하는 4개 ES계열 $ES^8 - ES^{11}$이 ES^1기준 오름차순 정렬되어 표 4.7.(b)에 제시된다. 그림 4.5에 ES^1과 표 4.7.(b) 4개 ES계열이 함께 시각화된다. $ES^8(\psi=10.0)$의 효율적 DMU B, D, E, G, J, Q, S, X, Y 9개에서, $ES^{11}(\psi=2.5)$의 효율적 DMU B, E, J, Q, S, X 6개로 감소한다.

결국, 중간적 실험조건에 대응하는 $ES^4(\alpha=0.25), ES^{10}(\psi=5.0)$ 2개 ES계열 공통으로 효율적 DMU는 B, E, G, Q, S, Y 6개가 확인된다. 표 4.8 4개 ES계열 $ES^8 - ES^{11}$간 상관분석 역시 $ES^1 - ES^7$ 7개 계열간 상관분석과 유사한 해석이 가능하다. 특히, ES^4와 $ES^8 - ES^{11}$ 4개 계열간 상관계수가 큰 값을 갖고, 이와 같은 현상은 그림 4.3, 그림 4.5에서도 확인되며, 표 4.9에 ES¹을 기준으로 계산된 ES 감소량이 정리된다.

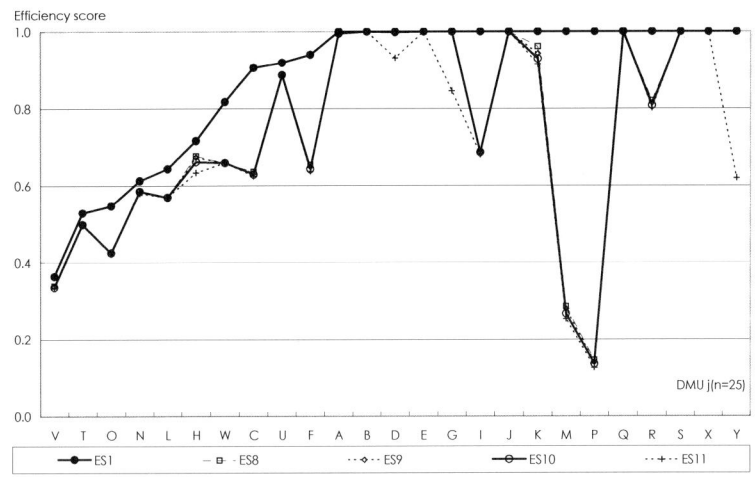

그림 4.5. ES 민감도분석²: AR-I, ARGM제약식 조정

표 4.9. ES¹기준 ES 감소량 계산결과

<table>
<tr><th rowspan="2">No.</th><th rowspan="2">DMUID</th><th>식(4.2)</th><th>α=0.10</th><th>α=0.20</th><th>α=0.25</th><th>α=0.30</th><th>α=0.40</th><th>α=0.50</th><th>$\psi_r=10.0$</th><th>$\psi_r=7.5$</th><th>$\psi_r=5.0$</th><th>$\psi_r=2.5$</th></tr>
<tr><th>ES¹</th><th>ES²</th><th>ES³</th><th>ES⁴</th><th>ES⁵</th><th>ES⁶</th><th>ES⁷</th><th>ES⁸</th><th>ES⁹</th><th>ES¹⁰</th><th>ES¹¹</th></tr>
<tr><td>1</td><td>V</td><td>0.00%</td><td>0.92%</td><td>2.15%</td><td>3.89%</td><td>5.12%</td><td>7.90%</td><td>12.89%</td><td>6.61%</td><td>7.17%</td><td>7.77%</td><td>8.41%</td></tr>
<tr><td>2</td><td>T</td><td>0.00%</td><td>1.78%</td><td>2.42%</td><td>3.51%</td><td>4.29%</td><td>8.31%</td><td>15.29%</td><td>5.62%</td><td>5.66%</td><td>5.70%</td><td>5.75%</td></tr>
<tr><td>3</td><td>O</td><td>0.00%</td><td>2.89%</td><td>4.83%</td><td>7.92%</td><td>10.17%</td><td>14.20%</td><td>21.51%</td><td>22.39%</td><td>22.39%</td><td>22.39%</td><td>22.39%</td></tr>
<tr><td>4</td><td>N</td><td>0.00%</td><td>3.38%</td><td>10.02%</td><td>12.85%</td><td>14.55%</td><td>22.98%</td><td>31.35%</td><td>4.81%</td><td>4.98%</td><td>4.51%</td><td>5.33%</td></tr>
<tr><td>5</td><td>L</td><td>0.00%</td><td>7.10%</td><td>10.39%</td><td>16.17%</td><td>18.50%</td><td>22.50%</td><td>31.44%</td><td>11.55%</td><td>11.55%</td><td>11.55%</td><td>11.55%</td></tr>
<tr><td>6</td><td>H</td><td>0.00%</td><td>5.52%</td><td>8.51%</td><td>9.27%</td><td>10.33%</td><td>12.34%</td><td>15.59%</td><td>5.54%</td><td>6.01%</td><td>7.67%</td><td>11.56%</td></tr>
<tr><td>7</td><td>W</td><td>0.00%</td><td>7.26%</td><td>9.45%</td><td>10.88%</td><td>12.40%</td><td>16.22%</td><td>20.91%</td><td>19.36%</td><td>19.36%</td><td>19.36%</td><td>19.36%</td></tr>
<tr><td>8</td><td>C</td><td>0.00%</td><td>28.07%</td><td>37.37%</td><td>44.79%</td><td>48.18%</td><td>53.56%</td><td>62.59%</td><td>29.84%</td><td>30.20%</td><td>30.63%</td><td>31.08%</td></tr>
<tr><td>9</td><td>U</td><td>0.00%</td><td>4.72%</td><td>10.15%</td><td>19.02%</td><td>25.21%</td><td>39.73%</td><td>50.36%</td><td>3.50%</td><td>3.50%</td><td>3.50%</td><td>3.50%</td></tr>
<tr><td>10</td><td>F</td><td>0.00%</td><td>19.87%</td><td>31.08%</td><td>35.21%</td><td>37.16%</td><td>40.39%</td><td>44.98%</td><td>30.46%</td><td>31.04%</td><td>31.64%</td><td>32.26%</td></tr>
<tr><td>11</td><td>A</td><td>0.00%</td><td>0.00%</td><td>0.05%</td><td>3.32%</td><td>5.35%</td><td>11.60%</td><td>16.77%</td><td>0.39%</td><td>0.42%</td><td>0.51%</td><td>0.51%</td></tr>
<tr><td>12</td><td>B</td><td>0.00%</td><td>0.00%</td><td>0.00%</td><td>0.00%</td><td>0.00%</td><td>0.00%</td><td>0.00%</td><td>0.00%</td><td>0.00%</td><td>0.00%</td><td>0.00%</td></tr>
<tr><td>13</td><td>D</td><td>0.00%</td><td>0.00%</td><td>0.00%</td><td>0.00%</td><td>0.00%</td><td>0.00%</td><td>0.00%</td><td>0.00%</td><td>0.00%</td><td>0.18%</td><td>6.85%</td></tr>
<tr><td>14</td><td>E</td><td>0.00%</td><td>0.00%</td><td>0.00%</td><td>0.00%</td><td>0.00%</td><td>10.49%</td><td>23.61%</td><td>0.00%</td><td>0.00%</td><td>0.00%</td><td>0.00%</td></tr>
<tr><td>15</td><td>G</td><td>0.00%</td><td>0.00%</td><td>0.00%</td><td>0.00%</td><td>0.00%</td><td>0.00%</td><td>0.74%</td><td>0.00%</td><td>0.00%</td><td>0.00%</td><td>15.43%</td></tr>
<tr><td>16</td><td>I</td><td>0.00%</td><td>16.94%</td><td>25.34%</td><td>31.46%</td><td>34.73%</td><td>40.60%</td><td>50.37%</td><td>31.38%</td><td>31.41%</td><td>31.46%</td><td>31.99%</td></tr>
<tr><td>17</td><td>J</td><td>0.00%</td><td>0.00%</td><td>3.68%</td><td>11.30%</td><td>18.97%</td><td>28.47%</td><td>36.49%</td><td>0.00%</td><td>0.00%</td><td>0.00%</td><td>0.00%</td></tr>
<tr><td>18</td><td>K</td><td>0.00%</td><td>0.00%</td><td>2.91%</td><td>4.13%</td><td>5.27%</td><td>8.83%</td><td>14.10%</td><td>3.88%</td><td>5.74%</td><td>7.10%</td><td>8.50%</td></tr>
<tr><td>19</td><td>M</td><td>0.00%</td><td>0.00%</td><td>61.21%</td><td>73.06%</td><td>76.98%</td><td>82.06%</td><td>86.46%</td><td>71.51%</td><td>72.14%</td><td>73.38%</td><td>74.68%</td></tr>
<tr><td>20</td><td>P</td><td>0.00%</td><td>0.00%</td><td>0.00%</td><td>61.08%</td><td>74.43%</td><td>83.60%</td><td>85.83%</td><td>85.52%</td><td>86.06%</td><td>86.48%</td><td>87.44%</td></tr>
<tr><td>21</td><td>Q</td><td>0.00%</td><td>0.00%</td><td>0.00%</td><td>0.00%</td><td>0.00%</td><td>0.00%</td><td>15.66%</td><td>0.00%</td><td>0.00%</td><td>0.00%</td><td>0.00%</td></tr>
<tr><td>22</td><td>R</td><td>0.00%</td><td>0.00%</td><td>0.00%</td><td>0.00%</td><td>0.00%</td><td>0.00%</td><td>12.01%</td><td>17.98%</td><td>18.63%</td><td>19.28%</td><td>19.90%</td></tr>
<tr><td>23</td><td>S</td><td>0.00%</td><td>0.00%</td><td>0.00%</td><td>0.00%</td><td>0.00%</td><td>7.70%</td><td>19.59%</td><td>0.00%</td><td>0.00%</td><td>0.00%</td><td>0.00%</td></tr>
<tr><td>24</td><td>X</td><td>0.00%</td><td>0.00%</td><td>0.00%</td><td>2.15%</td><td>12.50%</td><td>36.15%</td><td>54.66%</td><td>0.00%</td><td>0.00%</td><td>0.00%</td><td>0.00%</td></tr>
<tr><td>25</td><td>Y</td><td>0.00%</td><td>0.00%</td><td>0.00%</td><td>0.00%</td><td>0.00%</td><td>0.00%</td><td>0.00%</td><td>0.00%</td><td>0.00%</td><td>0.00%</td><td>38.08%</td></tr>
</table>

(a)

(b)

ES¹기준 오름차순 정렬

4.6 종합

현재까지는, IT중소기업 정부자금지원정책 성과자료 조사를 위해 전문가 실사, 설문지 배포·회수, 콜센터 운영, 인터넷 성과자료 입력 시스템 등 다양한 경로가 활용·시도되었다. 반면, 성과평가를 위한 과학적·정량적 의사결정 체계 수립은 상대적으로 미진하기에 수집·확보된 자료를 이용한 성과평가에서의 활용이 충분히 실행되지 못하고 있는 실정으로 파악된다. 더욱이, 정확성·신뢰성·적시성을 겸비한 성과평가 의사결정 체계의 부재로 인해 성과 자료조사 현장실무자는 조사활동에 대한 올바른 피드백을 받지 못하기에 성과평가에 꼭 필요한 핵심자료보다는 지원정책 수혜기업의 단순한 프로파일만을 파악할 수 있는 기업소개 자료만을 수집·관리하는 악순환이 되풀이되는 상황으로 판단된다.

본 연구는, IT중소기업 정부자금지원정책 성과지표체계와 성과조사·평가에 참여한 전문가의견을 종합해 IT중소기업 정부자금지원정책을 위한 DEA 성과평가 자료구조를 정립하였다. 출력요소 측정시점·수집기간 정의는 출력요소 실현주기와 관련된 선행연구결과에 근거해 제시하였다. 특히, 본 연구에서 제안된 자료구조의 출력-입력요소에 맞춰 AR-I제약식 생성절차를 구체화하였다. 또한, 자료구조의 출력-입력요소 사이의 관계에 대한 해석과 DEA기본모형의 초기 최적해로부터 미리 생성한 AR-I제약식을 통합해 이에 대응하는 DEA/(AR-I,ARGM)모형을 체계화하였다. 특히, ARGM제약식을 도입·활용함으로써 개별 관리과제를 DMU로 설정하였으되 적절하게 기업성장과 관련된 다수의 출력요소를 성과평가에 포함하고 제약할 수 있었다. 제안된 IT중소기업 정부자금지원정책 성과평가를 위한 DEA 성과평가 자료구조와 이에 맞춰 설계된 DEA/(AR-I,AGRM)모형, 그리고 연속적인 AR제약식 조정 사니리오에 따른 최적해 민감도분석을 설명하였다. 사례분석에서는 일정수준 이상의 양(+)의 상관성을 갖는 ES계열의 민감도분석 결과가 확인되었고, 결국 AR제약식 조정에 따른 multiplier 제약에 강건한 효율적 DMU 성과판정의 변별력을 높여 성과평가의 신뢰도를 제고할 수 있었다고 판단된다.

만약, 경제·사회적파급효과의 4개 출력요소의 증감분 또는 증감률이 사용되었다면, 본 DEA 성과평가의 정확성은 좀 더 개선될 수 있었다고 판단되며, 이에 대한 고려가 후속 연구에서는 더 논의될 가치가 있다고 판단된다. 아울러, 수혜기업의 기업내부의 정량적 지표에만 경제·사회적파급효과의 출력요소를 한정짓지 말고 기업외적인 정성적 지표를 계발·포함하는 새로운 연구의 접근도 필요할 수 있다.

이와 같이 DMU 효율성 판정의 변별력이 확보된 후 DEA 성과평가를 통해 상대적으로 효율성을 발휘하는 소수 benchmark DMU를 수행한 기업의 강점·특징 등이 구체적으로 무엇인지를 파악함으로써 다수의 상대적으로 비효율적인 DMU를 수행한 기업에게로 전파·공유시킴으로써 전체 정부자금지원정책의 전반적 효율성 향상을 도모할 기회를 제공할 수 있다고 판단된다는 점에서도 정책적 함의(implication)를 찾을 수 있다고 생각된다. 아울러, DEA 성과평가 대상 DMU 개수를 늘려 충분한 표본크기가 확보된다면 DMU 효율성지수를 순위등급으로 변환한 후 통계적 검정 등을 활용한 지원사업간 평가, 관리과제의 기술 분야간 평가(통신, 전파방송, 정보, 부품) 및 성장동력 분야간 평가(차세대 이동통신, 디지털 TV, 홈네트워크, ITSoC, 차세대 PC, 임베디드 S/W, 디지털 콘텐츠, 텔레매틱스) 등도 현실적 측면에서 해당 정책입안자에게 유용한 정보를 줄 수 있다고 판단된다. 향후, 대규모 표본을 수집·확보하여 실증분석을 실시해 정책적 시사점을 도출하는 연구가 진행될 필요가 있으며, 더불어 본 연구에서 논의된 다수 출력-입력요소중 DEA 성과평가에 상대적으로 큰 영향력을 갖는 주요 요소의 판정, 우선순위 부여 등도 후속 연구로 고려된다.

부록 4.A

$\Psi, \Phi, M(n \times [(s-1) \times n])$; $Y_1, Y_2([(s-1) \times n] \times (s-1))$ 행렬

$$\Psi = \begin{bmatrix} \psi_2 \ \psi_3 \cdots \psi_s & & & \\ & \ddots & & \\ & & \psi_2 \ \psi_3 \cdots \psi_s & \\ & & & \ddots & \\ & & & & \psi_2 \ \psi_3 \cdots \psi_s \end{bmatrix} \qquad (4.A.1)$$

$$\Phi = \begin{bmatrix} \phi_2 \ \phi_3 \cdots \phi_s & & & \\ & \ddots & & \\ & & \phi_2 \ \phi_3 \cdots \phi_s & \\ & & & \ddots & \\ & & & & \phi_2 \ \phi_3 \cdots \phi_s \end{bmatrix} \qquad (4.A.2)$$

$$M = \begin{bmatrix} \mu_2 \ \mu_3 \cdots \mu_s & & & \\ & \ddots & & \\ & & \mu_2 \ \mu_3 \cdots \mu_s & \\ & & & \ddots & \\ & & & & \mu_2 \ \mu_3 \cdots \mu_s \end{bmatrix} \qquad (4.A.3)$$

$$\mathbf{Y_1} = \begin{bmatrix} y_{11} & & & \\ & y_{11} & & \\ & & \vdots & \\ & & & y_{11} \\ y_{21} & & & \\ & y_{21} & & \\ & & \vdots & \\ & & & y_{21} \\ & & \vdots & \\ y_{n1} & & & \\ & y_{n1} & & \\ & & \vdots & \\ & & & y_{n1} \end{bmatrix} \qquad (4.A.4)$$

$$\mathbf{Y_2} = \begin{bmatrix} y_{12} & & & \\ & y_{13} & & \\ & & \vdots & \\ & & & y_{1s} \\ y_{22} & & & \\ & y_{23} & & \\ & & \vdots & \\ & & & y_{2s} \\ & & \vdots & \\ y_{n2} & & & \\ & y_{n3} & & \\ & & \vdots & \\ & & & y_{ns} \end{bmatrix} \qquad (4.A.5)$$

감사의 글

제 4장 내용은 대한산업공학회(Korean Institute of Industrial Engineers, KIIE) 'KIIE-2010-113' 승인을 받아 「박성민†, 김헌, 백동현, "IT중소기업 정부자금지원정책 성과평가를 위한 DEA/(AR-I,ARGM) 모형설계 및 민 감도분석", 대한산업공학회지, 34권, 2호, pp.190-204, 2008년 6월호」를 편집·수록한 것임을 밝힙니다.

[Chapter 4] 참고문헌

[1] Allen, R., Athanassopoulos, A., Dyson, R. G. and Thanassoulis, E., "Weights restrictions and value judgements in data envelopment analysis", *Annals of Operations Research*, Vol.73, pp.13-34, 1997.

[2] Bae, Y., Kim, J. and Kim, S., "Assessment of ammunition companies using the IDEA model", *IE Interfaces*, Vol.19, No.4, pp.291-299, 2006.

[3] Banker, R. D., Bardhan, I. and Cooper, W. W., "A note on returns to scale in DEA", *European Journal of Operational Research*, Vol.88, No.3, pp.583-585, 1996.

[4] Banker, R. D., Charnes, A. and Cooper, W. W., "Some models for estimating technical and scale inefficiencies in data envelopment analysis", *Management Science*, Vol.30, No.9, pp.1078-1092, 1984.

[5] Banker, R. D., Conrad, R. F. and Strauss, R. P., "A comparative application of data envelopment analysis and Translog methods: an illustrative study of hospital production", *Management Science*, Vol.31, No.1, pp.30-44, 1986.

[6] Bessent, A., Bessent, W., Kennington, J. and Reagan, B., "An application of mathematical programming to assess productivity in the Houston independent school district", *Management Science*, Vol.28, No.12, pp.1355-1367, 1982.

[7] Callen, J. L., "Data envelopment analysis: partial survey and applications for management accounting", *Journal of Management Accounting Research*, Vol.3,

No.Fall, pp.35-56, 1991.

[8] Charnes, A. and Cooper, W. W., "Auditing and accounting for program efficiency and management efficiency in not-for-profit entities", *Accounting, Organizations and Society*, Vol.5, No.1, pp.87-107, 1980.

[9] Charnes, A., Cooper, W. W., Huang, Z. M. and Sun, D. B., "Polyhedral cone-ratio DEA models with an illustrative application to large commercial banks", *Journal of Econometrics*, Vol.46, No.1-2, pp.73-91, 1990.

[10] Charnes, A., Cooper, W. W. and Rhodes, E., "Measuring the efficiency of decision making units", *European Journal of Operational Research*, Vol.2, No.6, pp.429-444, 1978.

[11] Charnes, A., Cooper, W. W. and Rhodes, E., "Evaluating program and managerial efficiency: an application of data envelopment analysis to program follow through", *Management Science*, Vol.27, No.6, pp.668-697, 1981.

[12] Cooper, W. W., Seiford, L. M. and Tone, K., *Data Envelopment Analysis: A Comprehensive Text With Models, Applications, References and DEA-Solver Software*, 2nd ed., New York: Springer, 2007.

[13] Cooper, W. W., Seiford, L. M. and Zhu, J., *Handbook on Data Envelopment Analysis*, Boston: Springer(Kluwer Academic Publishers), 2004.

[14] Frontline Systems, Inc., *Premium Solver Platform Version 7.1 for Microsoft Excel*, http://www.solver.com/Default.htm, U.S.A., 2007.

[15] Gi, Y., Mun, T. and Sohn, S., "Efficiency analysis on loan projects for information literacy promotion using DEA and Logistic regression analysis", *Technology Innovation Study*, Vol.12, No.1, pp.25-48, 2004.

[16] Gregoriou, G. N. and Zhu, J., *Evaluating Hedge Fund and CTA Performance*, New Jersey: John Wiley & Sons, 2005.

[17] Hwang, S., *STEPI Policy Study 2006-12, Methodology of Economic Assessment for Classified R&D Programs*, Science & Technology Policy Institute(STEPI), Korea, 2006.

[18] Hwang, Y. and Hwang, S., *STEPI Policy Study 2004-20, An Assessment of the Performance Evaluation System for Government R&D*, Science & Technology Policy Institute(STEPI), Korea, 2005.

[19] Kim, G., *Information Literacy of Regional Government Administration with DEA*, Korean Studies Information(KSI), Korea, 2006.

[20] Kim, S., *Introduction to Management Science*, Younggimunhwasa, Korea, 2006.

[21] Kim, J. and Kim, S., "A real estate price appraisal model based on the data

envelopment analysis-assurance region(DEA-AR)", *Housing Studies Review*, Vol.15, No.1, pp.29-61, 2007.

[22] Korea National Statistical Office(KNSO), *Korean Statistical Information Service (KOSIS) National Statistics Portal*, http://www.kosis.kr/, KNSO, Korea, 2007.

[23] Lee, D. and Yang, W., "Performance evaluations of professional baseball players using DEA/OERA", *IE Interfaces*, Vol17, No.4, pp.440-449, 2004.

[24] Ministry of Information and Communication(MIC)[1], *2006 Annual State Report of Small and Medium-sized Enterprises Funding Projects of MIC*, MIC, Korea, 2006.

[25] Ministry of Information and Communication(MIC)[2], *Final Revision on IT SMERP 2010 Plan for Promoting a Sound Ecosystem of IT Small and Medium-sized Enterprises and Venture Business*, MIC, Korea, 2006.

[26] Ministry of Information and Communication(MIC)[3], *IT839 Strategy*, http://www.mic.go.kr/, MIC, Korea, 2006.

[27] Ministry of Information and Communication(MIC) · Institute for Information Technology Advancement(IITA)[1], *Performance Analysis on Information and Communication Promotion Fund(Technology Development Investment Projects)*, MIC · IITA, Korea, 2006.

[28] Ministry of Information and Communication(MIC) · Institute for Information Technology Advancement(IITA)[2], *Performance Analysis on Information and Communication Promotion Fund(VIII)(Technology Development Investment Projects)*, SI Media, Inc., Korea, 2006.

[29] Ministry of Information and Communication(MIC) · Institute for Information Technology Advancement(IITA)[1], *A Guideline for Performance Evaluation on Information and Communication Promotion Fund Projects in 2006*, Advisory Committee of Information and Communication Promotion Fund, Korea, 2007.

[30] Ministry of Information and Communication(MIC) · Institute for Information Technology Advancement(IITA)[2], *Performance Analysis on Information and Communication Promotion Fund(IT Small and Medium-sized Enterprises Technology Development Projects)*, MIC · IITA, Korea, 2007.

[31] Park, K., Kim, Y. and Jung, H., "Assessing hospital efficiency and profit dynamics using DEA and DEA window analysis", *Korean Management Review*, Vol.34, No.1, pp.267-287, 2005.

[32] Parks, R. B., "Technical efficiency of public decision making units", *Policy Studies Journal*, Vol.12, No.2, pp.337-346, 1983.

[33] Pedraja-Chaparro, F., Salinas-Jimenez, J. and Smith, P., "On the role of weight restrictions in data envelopment analysis", *Journal of Productivity Analysis*, Vol.8, pp.215-230, 1997.

[34] Rhim, H., Yoo, S. and Kim, Y., "A DEA/AHP hybrid model for evaluation & selection of R&D projects", *Journal of the Korean Operations Research and Management Science Society*, Vol.24, No.4, pp.1-12, 1999.

[35] Roll, Y., Cook, W. D. and Golany, B., "Controlling factor weights in data envelopment analysis", *IIE Transactions*, Vol.23, No.1, pp.2-9, 1991.

[36] Roll, Y. and Golany, B., "Alternate methods of treating factor weights in DEA", *Omega, The International Journal of Management Science*, Vol.21, No.1, pp.99-109, 1993.

[37] Science, Technology, Information and Communication Committee (STICC), *Investigation Report on the Management Plan for 2007 Information and Communication Promotion Fund*, STICC, Korea, 2006.

[38] Seiford, L. M. and Thrall, R. M., "Recent development in DEA: the mathematical programming approach to frontier analysis", *Journal of Econometrics*, Vol.46, No.1-2, pp.7-38, 1990.

[39] Sherman, H. D. and Gold, F., "Bank branch operating efficiency: evaluation with data envelopment analysis", *Journal of Banking and Finance*, Vol.9, No.2, pp.297-315, 1985.

[40] Sohn, S. and Joo, Y., "Data envelopment analysis and Logistic model for BRAIN KOREA 21", *IE Interfaces*, Vol.17, No.3, pp.249-260, 2004.

[41] Thompson, R. G., Langemeier, L. N., Lee, C. T., Lee, E. and Thrall, R. M., "The role of multiplier bounds in efficiency analysis with application to Kansas farming", *Journal of Econometrics*, Vol.46, No.1-2, pp.93-108, 1990.

[42] Winston, W. L., *Operations Research: Applications and Algorithms*, 4th ed., Belmont California: Thomson Brooks/Cole, 2004.

[43] Wong, Y-H. B. and Beasley, E., "Restricting weight flexibility in data envelopment analysis", *Journal of Operational Research Society*, Vol.41, No.9, pp.829-835, 1990.

[44] Zhu, J., *Quantitative Models for Performance Evaluation and Benchmarking: Data Envelopment Analysis With Spreadsheets and DEA Excel Solver*, Boston: Springer(Kluwer Academic Publishers), 2003.

☐ End of Chapter 4 ☐

Chapter 5 효율성(IV) _ Efficiency(IV)

R&D 프로젝트 효율성 상관분석 및
사업포지셔닝 조사를 위한 2단계
DEA/AR-I 성과평가모형

박성민

Two-Staged DEA/AR-I Performance Evaluation Model for R&D Projects Efficiency Correlation Analysis and Programs Positioning Investigation

Sungmin Park

요약

최근 정부 R&D 성과관리를 위한 객관적·정량적 체계의 필요성이 더욱 강조되고 있다. 본 연구는 R&D 프로젝트 효율성 상관분석 및 사업포지셔닝 조사를 위한 2단계 DEA/AR-I 성과평가모형을 제안하고, 대한민국 정부에 의해 입안·집행된 '09년도 성과활용현황조사시 수집·제공된 대규모 실증자료의 사례분석을 다음과 같이 예시한다. 첫째, R&D 프로젝트의 제1단계 기술적 산출 및 제2단계 사업화 결과와 관련된 2개 DEA/AR-I 효율성지수간 상관성을 분석한다. 특히, DEA효율성지수 신뢰도 제고를 위해 Acceptance Region Type I(AR-I) 제약식을 갖는

DEA/AR-I 성과평가모형을 수립·활용한다. 둘째, 비모수적 단일인자 분산분석법 Kruskal-Wallis 검정을 실시하여 기술분야별·주관기관별로 분류된 R&D 사업간 효율성지수의 통계적 유의차를 확인하고, 이에 기초한 R&D 사업포지셔닝 매트릭스를 작성한다. 지식경제부·K기관이 각각 R&D 정부지원자금 주무·관리부서인 '09년도 '산업기술개발사업' 2,393개 R&D 프로젝트의 77.89%, 1,864개 R&D 프로젝트 사례분석 결과(이 가운데 '전기·전자' 및 '정보통신' 2개 기술분야에 속한 R&D 프로젝트 비율은 전체의 29.7%를 차지함); 1)R&D 프로젝트 제1단계 기술적 산출 효율성지수 DEA/AR-I(1)과 제2단계 사업화 결과 효율성지수 DEA/AR-I(2)간 표본상관계수 $r≒0.05$로서 절대적 크기가 작고; 2)Kruskal-Wallis 검정 표준화 통계량에 기초한 R&D 사업포지셔닝 매트릭스로부터, ①기술분야별 분류에서는 '바이오·의료'는 우등, '기계·소재'는 열등, ②주관기관별 분류에서는 '벤처기업', '중소기업'은 우등, '대기업'은 열등한 상대적 효율성을 갖는 것이 확인되었다.

주제어: 가중치제약, 성과평가, 자료포락분석, 포지셔닝 매트릭스,
　　　　효율성지수, IT, R&D

Abstract

Recently, R&D program suppliers including the government are strongly seeking for a performance management scheme where performance evaluation can be implemented objectively and quantitatively. This study aims to propose a two-staged DEA/AR-I performance evaluation model for R&D projects efficiency correlation analysis as well as R&D programs positioning investigation according to the stepwise performance creation process relating to government-funded R&D projects. Using this proposed model, an empirical case is analyzed with a massive dataset collected and provided by Korean government in the year of 2009. First, it is examined whether a statistically significant correlation exists between the first stage 'technical output' and the second stage 'business outcome' DEA/AR-I efficiency score. Especially, in order to enhance the reliability of DEA optimal solutions, a DEA/AR-I revised model is developed by adding Acceptance Region Type I(*i.e.* AR-I) constraints into the DEA basic model. Second, R&D programs(*i.e.* R&D project groups classified by technology and organization types) are tested so as to verify significant differences in their DEA/AR-I efficiency scores in terms of Kruskal-Wallis test of hypothesis that is a nonparametric single-factor analysis of variance method. Additionally, two R&D programs positioning matrices are generated by the test statistic. The empirical dataset is composed of 1,864 R&D projects which is 77.89% of the total of 2,393 R&D projects deployed in 'Industry Technology Development Program' supervised by Ministry of Knowledge Economy(MKE) and administered by an R&D performance evaluation institute in the year of 2009. Especially, the proportion of R&D projects associated with 'electricity·electronics' and 'IT' technology area is 29.7% among the total of 1,864 R&D projects. Results show that; 1)the sample correlation coefficient $r \fallingdotseq 0.05$ that is statistically significant but its absolute magnitude is very small between the first stage 'technical output' DEA efficiency score DEA/AR-I(1) and the second stage 'business outcome' DEA efficiency score DEA/AR-I(2); 2)R&D programs positioning matrices locate, ①'biological · medical' in superior, 'mechanical · material' in inferior position regarding the technology types classification, ②'venture business', 'small and medium-sized business' in superior, 'large enterprise' in inferior position regarding the organization types classification,

Keywords: data envelopment analysis, efficiency score, IT, multipliers restriction, performance evaluation, positioning matrix, R&D

5.1 서론

5.1.1 연구배경

'09년 대한민국 정부 예산총액 209.2조원중 R&D 분야에 대한 재원이 전체의 약 5.88%인 12.3조원에 달했던 것처럼 대규모 정부지원기금이 조성 · 투입되는 R&D 사업에 대한 객관적 · 정량적 성과관리체계의 필요성이 더욱 강조되고 있는 상황이다[3,4]. 이미, 미국은 '93년 정부성과결과법(Government Performance and Results Act, GPRA)을 제정하여 매년 모든 정부업무에 대한 성과평가 · 관리를 실시하고 있다[21,22]. 우리나라의 경우 산업기술연구회에 의해 정부지원기금하에 수행되는 '국가연구개발사업' 평가유형을 연구개발사업평가, 연구개발과제평가, 출연연구기관평가 3가지로 분류한 바 있고[11], 과학기술부 · 한국과학기술기획평가원에 의해 '06년도 종료사업부터는 성과 추적·평가·관리를 시범실시중이며, '12년부터는 모든 국가연구개발사업을 대상으로 성과 추적·평가·관리를 실시하기로 계획된 상태이다[2].

정부 R&D 성과관리는 그림 5.1과 같이 (자원)투입(input)과 함께 산출(output)→결과(outcome)→(파급)효과 또는 영향(impact) 등과 같이 단계적으로 창출되는 다양한 개념으로 표현되는 성과(performance)의 여러 측면을 명확히 정의·구분하는 것에서부터 출발한다[22-24]. 한편, 현재까지는 상위의 정부 R&D 사업(program)보다는 이를 구성하는 하위 정부 R&D 과제(project)에 대한 성과평가에 대한 연구가 보다 활발히 전개된 것으로 파악된다. 정부 R&D 프로젝트 성과는 세부적으로는 5가지 관점, 효율성(efficiency), 효과성(effectiveness or efficacy), 적절성(relevance), 지속성(sustainability), 효용성(utility)을 중심으로 평가가능하다[1].

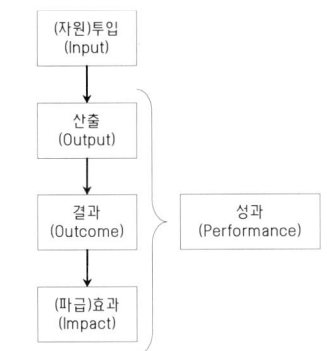

그림 5.1. 정부 R&D 성과창출 과정

한편, 일반적인 R&D 성과평과와 관련된 대표적 연구문헌으로, Oral et al.[41]은 self-evaluation model, cross-evaluation model, selection model 3가지 R&D 프로젝트 성과평가·선택모형을 제시한 후 철강산업 응용사례를 발표하였다. McLaughlin and Jordan[39]은 R&D 프로젝트의 사전수립·사후평가를 위한 순서도(flow chart) 형식을 취하는 '논리모형'(logic model)을 제시하였다. Henriksen and Traynor[36]는 R&D 프로젝트 성과평가·선택을 위한 문헌고찰과 8가지 R&D 프로젝트 성과평가·선택방법을 분류하였고, 그들 고유의 4가지 판정기준을 갖는 새로운 평점모형(scoring model)을 개발하였다. Bitman and Sharif[28]는 R&D 프로젝트 성과평가를 위한 개념적 체계를 도식화하였고, 대표적인 5가지 R&D 프로젝트 성과평가·선택방법, 평점모형, 계층분석법(Analytic Hierarchy Process, AHP), Boston Consulting Group(BCG) 매트릭스(matrix) 또는 '성장-점유'(growth-share) 매트릭스, 균형성과표(Balanced ScoreCard, BSC), 자료포락분석(Data Envelopment Analysis, DEA) 특징을 자세히 정리하였다. 본 논문에서는 앞으로 특별한 언급이 없는 한 '정부 R&D 사업'은 'R&D 사업'으로, '정부 R&D 프로젝트'는 'R&D 프로젝트'로 지칭하고자 한다.

R&D 사업별 동태성은 '사업포트폴리오분석'(Business Portfolio Analysis, BPA)으로, R&D 사업간 연관성은 '사회연결망분석'(Social Network Analysis, SNA)의 공동참여연결망, 연관성, 상이성을 표현하는 3가지 행렬(matrix)로 분석된 바 있다[14,16]. 박성민 외[10]는 IT중소기업 기술혁신지원 R&D 사업간 연관성 분석에 '다차원척도법'(MultiDimensional Scaling method, MDS)을 적용하여 R&D 사업간 연관성의 통계적 유의성을 확인하고자 하였다.

R&D 프로젝트 효율성 분석과 같이 다수출력요소/다수입력요소 자료구조를 갖는 경우 DEA 성과평가모형이 활용가능하다. Farris *et al.*[34]은 군용차량에 장착되는 정보통신시스템의 설계·설치와 관련된 'engineering design project'를 평가하는 DEA 성과평가사례를 보고하였는데, 총 15개 프로젝트를 대상으로 다수출력요소/다수입력요소를 초기 23개에서 최종 5개로 축약하는 과정을 자세히 논의하였다. DEA를 타방법과 결합하여 R&D 프로젝트 효율성을 분석한 일련의 연구문헌도 확인되는데, 임호순 외[13]는 AHP를, 지유나 외[18]는 Logistic 회귀분석을, 손소영, 주용규[12]는 분류모형을 DEA와 결합하여 R&D 프로젝트 성과평가를 시도한 바 있다. Hsu and Hsueh[37]도 정부지원 110개 R&D 프로젝트 성과평가를 위한 3단계 절차로서, 1단계 DEA, 2단계 외부변수통제를 위한 Tobit 회 귀분석, 3단계 '조정자료'를 이용한 R&D 프로젝트 비교를 통해 수혜기 업의 정부지원금액 비율의 적정 상한선의 필요성을 강조하였다. 이외에 도, R&D 프로젝트 효과성 분석을 위한 평점모형 개발[9,15], R&D 프로젝 트 성과창출 과정에서의 시차(time-lag)를 고려한 지속성 분석시 비선형 회귀분석에 기초한 성장곡선모형 추정 등이 보고된 바 있다[7]. 또한, R&D 프로젝트 적절성을 목표부합도, 요구충족도 2가지 하위 항목으로 세분하고, 이중 목표부합도를 점검하기 위해 재무비율(financial ratios)로써 회귀모형에서 이용될 대리변수(proxy variables)를 정의한 후, 대리변수 정의시 불가피하게 수반되는 선형회귀분석에서의 다중공선성(multicollinearity) 문제를 극복하기 위해 '회귀변수선택절차'(regression variable selection procedures)를 채택하여 통계적 유의성을 갖는 회귀자(regressors)와 목표부합도를 연계하 고자 한 연구시도가 확인된다[17].

5.1.2 연구주제·구성

기존 R&D 프로젝트 효율성 성과평가를 위해 제시된 DEA 자료구조 를 살펴보면, 전반적으로 성과창출 과정에서의 3가지 단계적 성과, ①기 술적 산출(technical output), ②사업화 결과(business outcome), ③사회·

경제적 (파급)효과(socio-economic impact)를 명시적으로 독립·분리하고 있지만, R&D 프로젝트별 단일 DEA 효율성지수가 산정됨에 따라 R&D 프로젝트마다의 고유한 목표를 고려한 보다 정확한 성과평가를 위한 추가적 연구보완의 여지는 남아 있는 것으로 판단된다[5,6,8]. 즉, R&D 프로젝트마다 지향하는 목표가 혁신적 신기술 개발인지, 기개발된 기술의 광의적 사업화 혹은 협의적 상용화인지 등이 각각 상이할 것이므로[9,15,16], 이를 감안한 이질적 목표를 갖는 다수 R&D 프로젝트들의 성과평가체계의 필요성이 있다. 이미, 황석원[23], 황용수, 황석원[24]은 정부 R&D 프로젝트 생산성(productivity)을 2단계로 구분하고, 1단계는 (자원)투입 규모 대비 기술적 산출(예: 논문, 특허 등) 비율을 나타낸 효율성과 2단계는 기술적 산출 대비 경제적 사업화 결과(예: 매출액, 기술료 등) 비율을 나타낸 효과성 개념을 분리·서술한 바 있다. 박성민 외[9]는 전력산업 R&D 프로젝트별 1개 DEA 효율성지수와 후속성과활용, 사업화 2개 효과성지수 그리고 전술된 3개 성과평가지수의 무차원적(dimensionless) 비교를 위한 정규화(normalization) 과정이 조합된 통합성과평가지수 산정 체계를 제안하고 실증사례분석을 실시하였다.

본 연구에서는 첫째, R&D 프로젝트의 효율성 분석을 위해 '(자원)투입→기술적 산출→사업화 결과' 2단계 성과창출 과정에 부합된 DEA 자료구조를 설계한다. 특히, 현실적으로 R&D 사업 정책입안자 및 기존사업관리·신규사업발굴 실무책임자가 갖는 DEA효율성지수의 신뢰도 제고를 위해 Acceptance Region Type I(AR-I) 제약식을 갖는 2단계 DEA/AR-I 성과평가모형을 제안한다. 둘째, 대규모 실증자료를 이용한 사례분석을 실시하여; 1)R&D 프로젝트의 제1단계 기술적 산출과 제2단계 사업화 결과 DEA/AR-I 효율성지수간 상관성을 분석하고; 2)기술분야별·주관기관별로 분류된 R&D 사업(즉, R&D 프로젝트 집단)간 효율성지수의 통계적 유의차를 비모수적 단일인자 분산분석법(nonparametric single-factor analysis of variance) Kruskal-Wallis 검정으로 확인하고; 3) 전술된 검정 표준화 통계량에 기초한 R&D 사업포지셔닝(program positioning) 매트릭스를 작성하여 관련 현장실무자를 위한 정책적 함의 (implication)를 도출한다. §5.2 배경이론·모형선택, §5.3 2단계 DEA/AR-I 성과평가모형, §5.4 실증사례분석, 그리고 §5.5에서 연구내용이 종합된다. 한편, §5.4에서 자세히 논의될 최종 분석자료 1,864개 R&D 프로젝트 가 운데 '전기·전자' 및 '정보통신' 2개 기술분야에 속한 R&D 프로젝트 비 율은 전체의 29.7%에 달하는 것으로 조사된다.

5.2 배경이론·모형선택

5.2.1 배경이론

'78년 CCR모형을 시작으로 '84년 BCC모형을 포함한 관련논문 발표이 후, DEA를 활용한 효율성 평가가 광범위한 분야에 적용되고 있다[27,31]. DEA는 동일한 목적을 가지고 운영되는 동일한 다수출력요소/다수입력 요소 자료구조를 갖는 '집합경쟁개체군'(a set of peer entities)을 대상으 로 각 개체, 즉, Decision Making Unit(DMU)의 상대적 효율성을 [0,1] 범위를 갖는 효율성지수(efficiency score, rating or index)로써 산정·평 가하는 방법이다. Charnes *et al.*[31]이 언급한 바와 같이, 'firms' 혹은 'industries'와 같은 용어대신 DMU라는 용어를 정의하게 된 직접적 이 유는 경제학적 의미로서의 시장가격 및 비용(market price and cost)으 로써 자료 가중치·중요성 여부를 명확히 파악하기 어려운 비영리 (not-for-profit) 개체에 대한 효율성을 계량화하는 것에 본래 DEA 개발의 초점이 맞추어졌기 때문이다.

회귀분석과 같은 전형적인 통계분석 방법론들이 자료의 '중심적 경향'(central tendency)을 탐색하는 것과는 달리, DEA는 자료의 '외곽적 표면'(extremal surface)을 탐색하는 것으로 이해될 수 있다. DEA에서 자료의 외곽적 표면을 지칭하는 동의어로는 production function, transformation function, frontier, envelope 등이 있다. 즉, 통계분석은 자료의 중심으로부터 각 자료의 상대적 위치를 파악하는 것이 초점인 반면, DEA는 자료의 표면으로부터 각 자료의 상대적 위치를 파악하는 것이 초점인 'extreme point technique'이므로 측정오차(measurement error) 같은 잡음(noise) 등이 유의한 문제를 초래할 수 있다. 그러므로, DEA효율성지수의 신뢰성 제고, 비모수적 통계분석 등의 추가적 조치가 가능한 수반되는 것이 바람직하다[29,32,33,47]. Seiford and Thrall[44]은 실제 DEA 성과평가시 가장 큰 난점으로서 DEA 출력-입력요소 정의·측정, 모형선택, multiplier 제약 등을 지적하였다.

특히, multiplier가 '0'에 근접한 값 또는 상대적으로 큰 값을 취해 비효율적(inefficient) DMU가 효율적(efficient)으로 평가될 수 있는 방법상 문제점을 방지할 필요성이 있다. DEA효율성지수의 신뢰도 제고를 위해 Charnes et al.[30]은 Cone-Ratio model, Thompson et al.[45]은 AR method를 제안하였다. DEA multiplier 제약은 3가지, absolute Weights Restrictions(WRs), relative WRs 또는 AR Type I(AR-I), Output-Input WRs 또는 AR Type II로 구분가능하다[33]. 또한, multiplier가 아닌 가상출력/가상입력(virtual outputs/virtual inputs)을 제약하는 AR Global Model(ARGM)도 제안된 바 있다[25,42,46]. Cone-Ratio model과 관련된 multiplier 제약에 대한 실험결과는 Asmild et al.[26]에 의해 제시된 바 있고, AR method와 ARGM을 포괄하는 DEA/(AR-I,ARGM) 모형개발

과 민감도분석 실험결과는 박성민 외[8]에 의해 연구된 바 있다. Lee *et al.*[38]은 이질적(heterogeneous) 사업목적을 갖는 6개 정부지원 R&D 사업에서의 자료 가중치·중요성을 고려한 DEA/AR과 'output integration' 계산결과를 R&D 사업간 비교를 위한 Mann-Whitney U 검정과 Kruskal-Wallis 검정에 활용한 바 있다.

5.2.2 모형선택

식(5.1)은 n개 DMU 집합에서 DMUk 효율성지수 $h_k(u_r, v_i)$를 계산하는 CCR ratio model이다[32,33,47]. 식(5.1)에서 임의의 DMUj의 r^{th}출력요소 y_{rj}, i^{th}입력요소 x_{ij}이고, 의사결정변수는 출력요소 multiplier $u_r(r=1,...,s)$, 입력요소 multiplier $v_i(i=1,...,m)$이다.

$$max_{u_r, v_i} \quad h_k(u_r, v_i) = \sum_{r=1}^{s} u_r y_{rk} / \sum_{i=1}^{m} v_i x_{ik}$$

$$s.t. \qquad \sum_{r=1}^{s} u_r y_{rj} / \sum_{i=1}^{m} v_i x_{ij} \leq 1 \quad \forall \ j \qquad (5.1)$$

$$u_r \geq 0 \quad \forall \ r$$

$$v_i \geq 0 \quad \forall \ i$$

CCR모형의 2가지 주요 연구업적은; 1)다수출력요소/다수입력요소 자료구조를 식(5.1)과 같이 단일가상출력/단일가상입력 수식으로 정리(reduction); 2)nonlinear fractional programming model 식(5.1)에 Charnes and Cooper transformation, $t^{-1} = \sum_{i=1}^{m} v_i x_{ik}$, $\mu_r = t u_r$, $\nu_i = t v_i$를 적용하여 linear programming model 식(5.2), 즉, DMUk 효율성지수 $z_k(\mu_r)$을 계산하는 CCR multiplier model(DI_0)로 변환한 것이라고 할 수 있다[44]. 식(5.2)에서 의사결정변수는 출력요소 multiplier $\mu_r(r=1,...,s)$,

입력요소 multiplier $\nu_i(i=1,...,m)$ 이다.

$$max_{\mu_r, \nu_i} \quad z_k(\mu_r) = \sum_{r=1}^{s} \mu_r y_{rk}$$

$$s.t. \quad \sum_{r=1}^{s} \mu_r y_{rj} - \sum_{i=1}^{m} \nu_i x_{ij} \leq 0 \quad \forall \ j$$

$$\sum_{i=1}^{m} \nu_i x_{ik} = 1 \qquad\qquad\qquad (5.2)$$

$$\mu_r \geq 0 \quad \forall \ r$$

$$\nu_i \geq 0 \quad \forall \ i$$

4가지 Returns To Scale(RTS)중 입력요소 증가에 따른 출력요소 증가 비율이 일정치 않음을 나타내는 Variable Returns to Scale(VRS)을 가정하면, 식(5.2)는 식(5.3)과 같이 DMUk 효율성지수 $z_k(\mu*, \mu_r)$을 계산하는 DI$_3$모형으로 수정되고 추가된 의사결정변수 $\mu*$는 VRS scalar이다. 더불어, 경제학적 의미로서의 'implicit price and cost'가 반드시 '0' 초과값을 취하도록 식(5.3)에서는 $\mu_r(r=1,...,s)$, $\nu_i(i=1,...,m)$이 무한소(infinitesimal or non-Archimedean) 'ϵ' 이상의 값을 취하도록 제약식이 변경된다. 만일, '0' 값을 인정하여 'free good' 개념을 허용할 경우에는 'efficiency'와 'weak efficiency' 구별이 불가능하다.

$$max_{\mu*, \mu_r, \nu_i} \quad z_k(\mu*, \mu_r) = \sum_{r=1}^{s} \mu_r y_{rk} + \mu*$$

$$s.t. \quad \sum_{r=1}^{s} \mu_r y_{rj} - \sum_{i=1}^{m} \nu_i x_{ij} + \mu* \leq 0 \quad \forall \ j$$

$$\sum_{i=1}^{m} \nu_i x_{ik} = 1 \qquad\qquad\qquad (5.3)$$

$$\mu_r \geq \epsilon \quad \forall \ r$$

$$\nu_i \geq \epsilon \quad \forall \ i$$

$$\mu* \ free \ in \ sign$$

식(5.3) $\mu_r(r=1,...,s)$, $\nu_i(i=1,...,m)$에 대한 AR-I제약식 식(5.4)를 식(5.3)에 추가할 수 있다. 식(5.4.1)은 $\mu_r(r=2,...,s)$ 상하한 제약식, 식(5.4.2)는 $\nu_i(i=2,...,m)$ 상하한 제약식이다. $U^{r/1}$, $L^{r/1}$은 r^{th}출력요소 multiplier의 1^{st}출력요소 multiplier에 대한 비율 AR-I제약식 상하한 parameter, $u_{i/1}$, $l_{i/1}$은 i^{th}입력요소 multiplier의 1^{st}입력요소 multiplier에 대한 비율 AR-I제약식 상하한 parameter를 각각 나타낸다.

$$L^{r/1} \leq \mu_r/\mu_1 \leq U^{r/1} \ (r=2,3,...,s) \tag{5.4.1}$$

$$l_{i/1} \leq \nu_i/\nu_1 \leq u_{i/1} \ (i=2,3,...,m) \tag{5.4.2}$$

식(5.5.1)로 정의된 $\mathbf{X}$는 $(n \times m)$ 입력요소행렬, 식(5.5.2)로 정의된 $\mathbf{Y}$는 $(n \times s)$ 출력요소행렬이며, $\mathbf{X}$의 j^{th} 행벡터 $\boldsymbol{x_j}=(x_{j1},x_{j2},...,x_{jm})$은 DMU$j$의 입력요소벡터, $\mathbf{Y}$의 j^{th} 행벡터 $\boldsymbol{y_j}=(y_{j1},y_{j2},...,y_{js})$는 DMU$j$ 출력요소벡터로 정의하자. 그리고 $\boldsymbol{\mu}$, $\boldsymbol{\nu}$를 순서대로 출력요소 multiplier, 입력요소 multiplier 열벡터로서 $\boldsymbol{\mu'}=(\mu_1,\mu_2,...,\mu_s)$, $\boldsymbol{\nu'}=(\nu_1,\nu_2,...,\nu_m)$으로 정의하면, 식(5.3)에 식(5.4)가 추가된 DMUk 효율성지수 $z_k(\mu_*,\boldsymbol{\mu})$를 계산하는 DEA/AR-I모형 식(5.6)이 완성된다.

$$\mathbf{X} = \begin{bmatrix} x_{11} & x_{12} & \cdots & x_{1m} \\ x_{21} & x_{22} & \cdots & x_{2m} \\ \vdots & \vdots & & \vdots \\ x_{n1} & x_{n2} & \cdots & x_{nm} \end{bmatrix} \tag{5.5.1}$$

$$\mathbf{Y} = \begin{bmatrix} y_{11} & y_{12} & \cdots & y_{1s} \\ y_{21} & y_{22} & \cdots & y_{2s} \\ \vdots & \vdots & & \vdots \\ y_{n1} & y_{n2} & \cdots & y_{ns} \end{bmatrix} \tag{5.5.2}$$

식(5.6)에서 $e_{(n \times 1)}$는 모든 값이 '1'인 $(n \times 1)$ 열벡터, $0_{(n \times 1)}$는 $(n \times 1)$ null 열벡터, $\epsilon_{(s \times 1)}$, $\epsilon_{(m \times 1)}$은 순서대로 모든 값이 ϵ인 $(s \times 1)$, $(m \times 1)$ 열벡터이다.

$$
max_{\mu_*, \mu, \nu} \; z_k(\mu_*, \mu) = y_k \mu + \mu_*
$$
$$
s.t.
$$
$$
Y\mu - X\nu + \mu_* e_{(n \times 1)} \leq 0_{(n \times 1)}
$$
$$
x_k \nu = 1
$$
$$
F w \geq 0_{(p \times 1)} \tag{5.6}
$$
$$
\mu \geq \epsilon_{(s \times 1)}
$$
$$
\nu \geq \epsilon_{(m \times 1)}
$$
$$
\mu_* \; free \; in \; sign
$$

특히, 식(5.4)에 대응하는 AR-I 행렬제약식 $Fw \geq 0_{(p \times 1)}$에서, $0_{(p \times 1)}$는 $((p_1 + p_2) \times 1)$ null 열벡터, $p = p_1 + p_2$, $p_1 = 2(s-1)$, $p_2 = 2(m-1)$이다. 식(5.7)로 정의된 F는 $((p_1 + p_2) \times (s+m))$ 행렬, w는 $((s+m) \times 1)$ 열벡터이고, F는 다시 4개 하위행렬(submatrix), D_{11} $(p_1 \times s)$, 0_{12} $(p_1 \times m)$ null, 0_{21} $(p_2 \times s)$ null, C_{22} $(p_2 \times m)$으로 분할된다[32,45]. §5.4에서 D_{11}, C_{22}을 구체적으로 예시한다.

$$
F = \begin{bmatrix} D_{11} & 0_{12} \\ 0_{21} & C_{22} \end{bmatrix} \tag{5.7.1}
$$

$$
w = \begin{bmatrix} \mu \\ \nu \end{bmatrix} \tag{5.7.2}
$$

5.3 2단계 DEA/AR-I 성과평가모형

5.3.1 자료구조·변수정의

그림 5.2와 같이 DMU(즉, R&D 프로젝트) 성과창출 과정에서의 2단계 효율성을 명시적으로 분리·정의한다. 상위 R&D 사업의 전략적 지향점이 상이함으로써 이에 속한 하위 DMU별 고유한 목표가 설정가능하기에 (자원)투입을 통해 창출된 기술적 산출 관련 효율성과 기개발된 기술적 산출을 통해 창출된 사업화 결과 관련 효율성을 분리하여 산정하고자 한다. 그러므로 예를 들어 혁신적인 기술개발을 지향하는 R&D 사업에 속한 DMU의 경우에는 낮은 사업화 결과에 따른, 반면 이미 발표·등록이 완료된 논문·특허 등의 기술적 산출을 활용한 사업화 결과에 초점을 맞춘 R&D 사업에 속한 DMU의 경우에는 낮은 추가적 신규 기술적 산출에 따른 성과평가 부분을 고려한 각각 차별화된 성과평가가 가능하다고 판단된다.

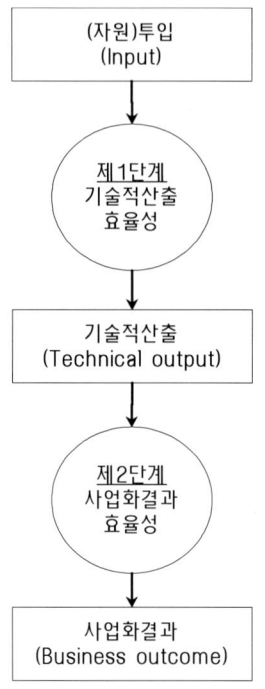

```
        (자원)투입
        (Input)
           │
           ▼
        제1단계
       기술적산출
        효율성
           │
           ▼
       기술적산출
     (Technical output)
           │
           ▼
        제2단계
       사업화결과
        효율성
           │
           ▼
       사업화결과
     (Business outcome)
```

그림 5.2. R&D 성과창출 과정에서의 2단계 효율성

그림 5.2에 기초하여 효율성지수 산정을 위한 2단계 DEA/AR-I 성과
평가모형을 위한 자료구조를 그림 5.3과 같이 제안한다. 그림 5.3은 전술
된 관련 문헌고찰을 통해 (투입)자원, 기술적 산출, 사업화 결과를 구성
하는 대표적 요소들에 대한 검토내용을 기초로 하였으며, 이와 더불어
본 연구 실증사례분석에 공동참여한 산·학·연 전문가 그룹의 의견이
최종적으로 종합되어 설계된 것임을 밝힌다. 한편, 상기 문헌고찰로부터
특히 현장실무자들은 R&D 프로젝트 성과평가시 분석자료의 검증가능
성과 사용편의성 이 두 가지를 중요하게 언급하고 있는 것으로 조사된
다[14-17,20-22].

제1단계 기술적 산출 DEA/AR-I 효율성지수 산정을 위한 (투입)자원 4개 다수입력요소는 정부자금지원금액(I_{11}, 단위: 백만원), 민간부담사업기금(I_{12}, 백만원), 참여연구기관수(I_{13}, 개), 연구기간(I_{14}, 월)이다. 기술적 산출은 4개 다수출력요소로 구성되며 기술수준(O_{11}, %, 성과평가 주무·관리기관의 자체평가점수), 기술수준개선(O_{12}, %, 자체평가점수), 특허성과(O_{13}, 점, 국내·해외 및 출원·등록 가중치 적용 자체평가점수), 논문성과(O_{14}, 점, 국내·해외 가중치 적용 자체평가점수)이다. 제2단계 사업화 결과 DEA/AR-I 효율성지수 산정을 위한 다수입력요소로서 제1단계에서의 4개 다수출력요소 즉, 기술수준(I_{21}), 기술수준개선(I_{22}), 특허성과(I_{23}), 논문성과(I_{24})와 함께 추가로 기업규모(I_{25}, 점, 매출액·종업원수 가중치 적용 자체평가점수), 성과활용기간(I_{26}, 월, R&D 프로젝트 종료후 성과조사시점까지의 시간) 2개를 추가로 포함한 총 6개로 구성된다. 사업화 결과는 총 5개 다수출력요소로 파악되며 사업화단계(O_{21}, 점, 자체평가점수), 국내매출액(O_{22}, 백만원), 해외매출액(O_{23}, 백만원), 비용절감액(O_{24}, 백만원), 신규고용창출(O_{25}, 명, R&D 프로젝트 착수후 성과조사시점까지의 신규고용인원)을 포함한다.

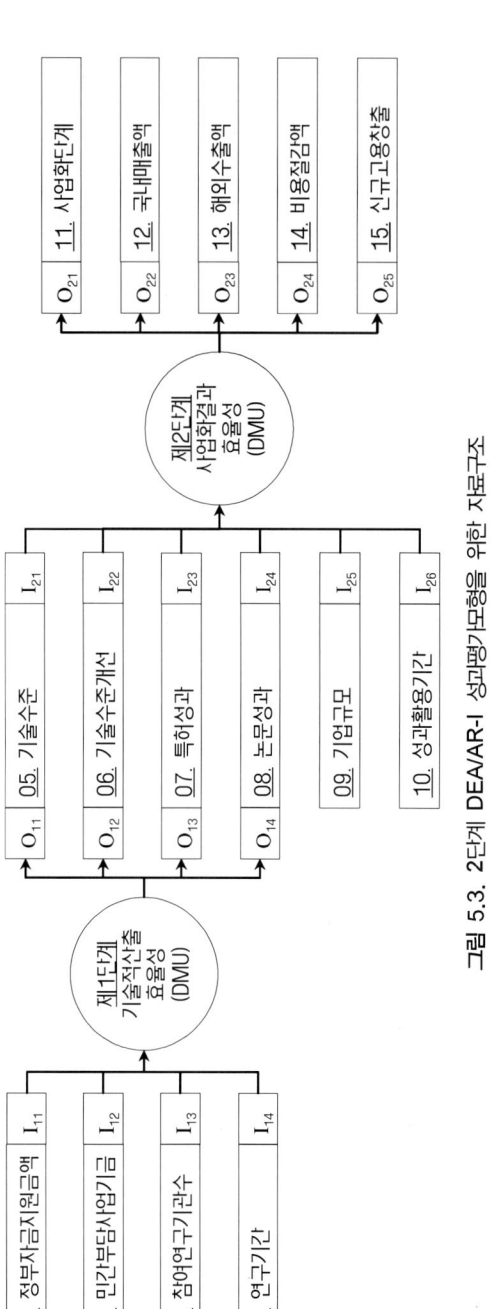

그림 5.3. 2단계 DEA/AR-I 성과평가모형을 위한 자료구조

5.3.2 R&D 사업포지셔닝 매트릭스

기업성장에 따라 자연적으로 수반되는 다수 '전략사업단위'(Strategic Business Unit, SBU)에 대해 평가등급을 부여하고 기업자원 배분을 결정하는 BPA의 전형적 매트릭스중 하나인 BCG 매트릭스, 즉, '성장-점유'(growth-share) 매트릭스에 대응시켜 그림 5.4의 제1사분면부터 제4사분면까지 순서대로 Cash cow→Question mark→Dog→Star를 대응시킨 해석을 시도하고자 한다[10,19,43]. 그림 5.4에 제시된 R&D 사업포지셔닝 매트릭스를 살펴보면 2개 DEA/AR-I 효율성지수를 활용·배치시켜 상위 R&D 사업별 1차적인 성과평가뿐만 아니라 향후 전개될 해당 R&D 사업의 후속 성과제고를 위한 실행계획 수립 등에도 연계될 수 있다고 판단된다. 그림 5.4에 기초한 자세한 분석 및 설명은 §5.4.5에서 자세히 논의된다.

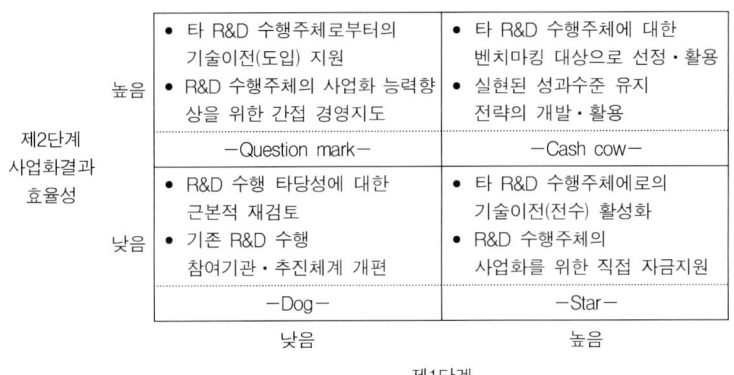

그림 5.4. R&D 사업포지셔닝 매트릭스

5.4 실증사례분석

5.4.1 분석자료

정부산하 K기관의 '09년도 산업기술개발사업 성과활용현황조사 R&D 프로젝트를 분석대상으로 정한다[20]. DEA효율성지수 산정은 Frontline Systems, Inc.의 Premium Solver Platform Version 7.1[35], 통계분석은 Minitab^R Release 14.20을 활용한다[40]. 표 5.1의 실증사례분석 R&D 프로젝트 현황을 보면 총 n^p=2,393개 R&D 프로젝트중 분석자료가 완비된 77.89%, n=1,864개 R&D 프로젝트가 분석표본이며, 기술분야별·주관기관별 R&D 프로젝트수(n_i^p), 분석표본 R&D 프로젝트수(n_i), 분석표본비율(n_i/n_i^p)이 정리된다. 주관기관별 '기타'로 분류된 R&D 사업의 분석표본이 '0'인 것을 고려하여 제외하면 기술분야별·주관기관별 각각 6개 수준(Level)으로 분류된다.

표 5.1. 실증사례분석 R&D 프로젝트 현황; (a)기술분야별; (b)주관기관별

(a) 기술분야별				
Level	i	n_i^p	n_i	n_i/n_i^p
기계 · 소재	1	738	598	81.03%
바이오 · 의료	2	352	268	76.14%
전기 · 전자	3	402	316	78.61%
정보통신	4	301	238	79.07%
화학	5	584	433	74.14%
기타	6	16	11	68.75%
총합계		$n^p = 2,393$	$n = 1,864$	77.89%

(b) 주관기관별				
Level	i	n_i^p	n_i	n_i/n_i^p
대기업	1	177	145	81.92%
대학	2	187	103	55.08%
벤처기업	3	1,068	888	83.15%
연구소	4	180	135	75.00%
중소기업	5	761	578	75.95%
협회 · 조합	6	19	15	78.95%
기타	7	1	0	0.00%
총합계		$n^p = 2,393$	$n = 1,864$	77.89%

5.4.2 2단계 DEA/AR-I 효율성지수 산정

표 5.1 분석표본 $n = 1,864$ DMU(즉, R&D 프로젝트)에 대한 식(5.3)으로 산정된 제1단계 기술적 산출 DEA 효율성지수 'DEA(1)', 제2단계 사업화 결과 DEA 효율성지수 'DEA(2)'를 그림 5.5의 2개 패널(panel)에 '-•-' plots로 요약한다. 그림 5.5에서 가로축은 DMU 식별번호를, 세로축은 효율성지수를 나타낸다. 또한, 식(5.6)으로 산정된 제1단계 기술적 산출 DEA/AR-I 효율성지수 'DEA/AR-I(1)', 제2단계 사업화 결과 DEA/AR-I 효율성지수 'DEA/AR-I(2)'는 그림 5.5의 2개 패널에 '·•·'

plots로 요약한다. 그림 5.5의 2개 패널 모두 '─•─' plot이 '·•·' plot 이상 값을 갖기에 $\mathbf{F}w \geq \mathbf{0}_{(p \times 1)}$ 추가에 따른 컴퓨터 구현상 '표면적 타당성'(face validity)은 확인된다. 더불어 그림 5.6의 2개 산점도(scatter diagram)에서 DEA(1) vs. DEA/AR-I(1) 표본상관계수(sample correlation coefficient) $r=0.96586$, DEA(2) vs. DEA/AR-I(2) $r=0.85792$로서 $\mathbf{F}w \geq \mathbf{0}_{(p \times 1)}$ 추가에 따른 DEA 효율성지수의 극단적 변화는 유도되지 않은 것으로 판단된다.

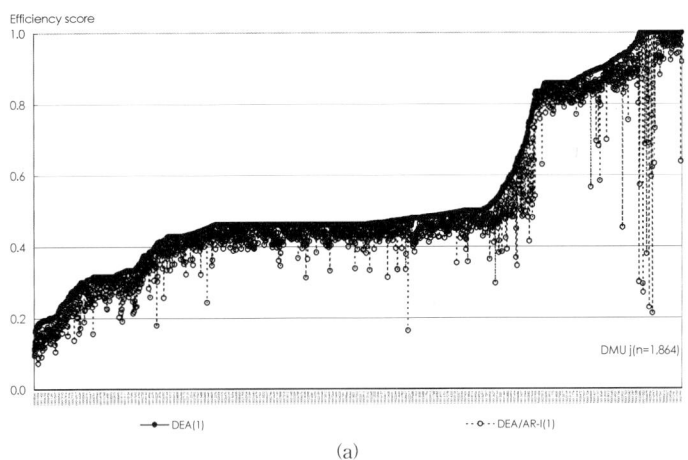

(a)

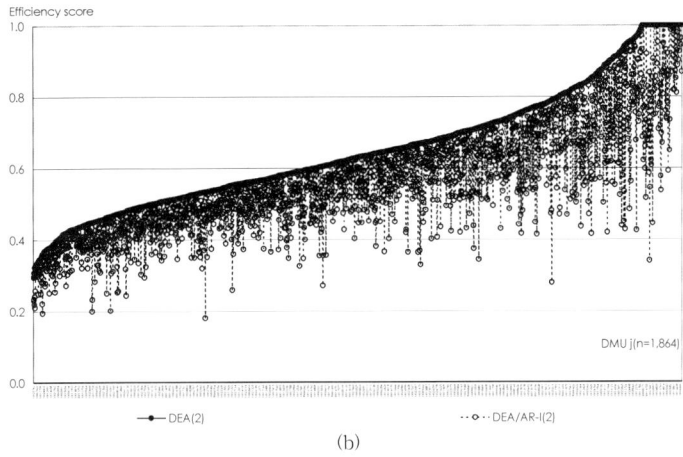

(b)

그림 5.5. 점그림(plots); (a)DEA(1) vs. DEA/AR-I(1);
(b)DEA(2) vs. DEA/AR-I(2)

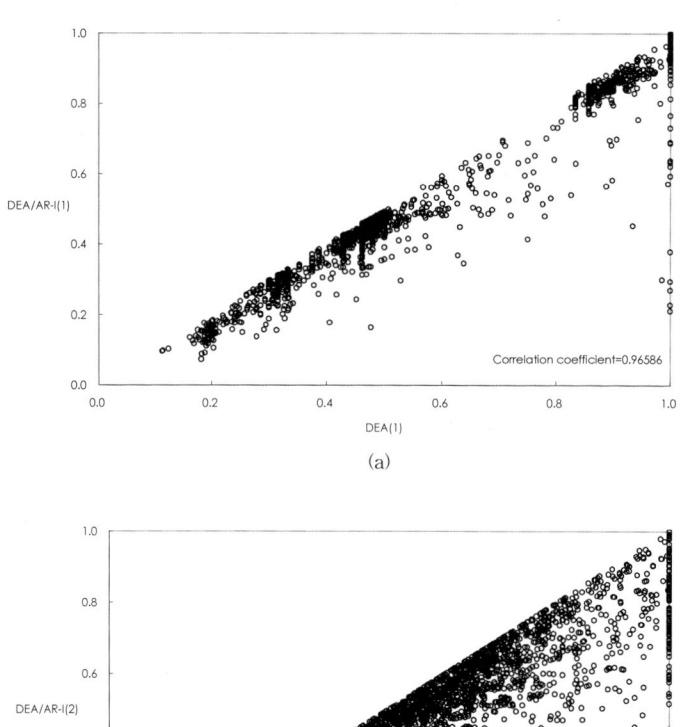

(a)

(b)

그림 5.6. 산점도(scatter diagrams)[1]; (a)DEA(1) vs. DEA/AR-I(1); (b)DEA(2) vs. DEA/AR-I(2)

F를 구성하는 2개 하위행렬 D_{11}, C_{22}을 DEA/AR-I(1) 관련 D_{11}^1, C_{22}^1, DEA/AR-I(1) 관련 D_{11}^2, C_{22}^2로 표기할 때 식(5.8), (5.9)와 같이 계

산되며, D_{11}^1 생성과정은 다음과 같다; 1)식(5.3) DI_3모형 최적해에서 DEA 효율성지수 '1'인 frontier DMU 추출; 2)출력요소별 '0'을 초과하는 optimal multiplier μ_1^*, μ_2^*, μ_3^*, μ_4^*를 각각 nr_1, nr_2, nr_3, nr_4개 추출; 3) μ_2^*/μ_1^*, μ_3^*/μ_1^*, μ_4^*/μ_1^*를 각각 $nr_1 \times nr_2$, $nr_1 \times nr_3$, $nr_1 \times nr_4$개씩 계산; 4) 각 비율별 $100\alpha_{AR-I}\%$, $100(1-\alpha_{AR-I})\%$ 백분위수로 $L^{r/1}$, $U^{r/1}(r=2,3,4)$ 를 설정한다[5.8.33]. 본 연구에서는 α_{AR-I}=0.25 사분위범위(InterQuartileRange, IQR) 경계값으로 AR-I제약식을 설정한다. C_{22}^1 에서의 $u_{i/1}$, $l_{i/1}(i=2,3,4)$ 은 출력요소 multiplier를 입력요소 multiplier로 대체한 후 동일한 절차 에 의해 생성된다. D_{11}^2, C_{22}^2 역시 전술된 절차를 따라 생성된다.

$$
D_{11}^1 = \begin{bmatrix} -L^{2/1} & 1 & 0 & 0 \\ U^{2/1} & -1 & 0 & 0 \\ -L^{3/1} & 0 & 1 & 0 \\ U^{3/1} & 0 & -1 & 0 \\ -L^{4/1} & 0 & 0 & 1 \\ U^{4/1} & 0 & 0 & -1 \end{bmatrix} = \begin{bmatrix} -0.21704 & 1 & 0 & 0 \\ 4.59958 & -1 & 0 & 0 \\ -2.81866 & 0 & 1 & 0 \\ 23.90979 & 0 & -1 & 0 \\ -2.53516 & 0 & 0 & 1 \\ 30.09852 & 0 & 0 & -1 \end{bmatrix} \tag{5.8.1}
$$

$$
C_{22}^1 = \begin{bmatrix} -l_{2/1} & 1 & 0 & 0 \\ u_{2/1} & -1 & 0 & 0 \\ -l_{3/1} & 0 & 1 & 0 \\ u_{3/1} & 0 & -1 & 0 \\ -l_{4/1} & 0 & 0 & 1 \\ u_{4/1} & 0 & 0 & -1 \end{bmatrix} = \begin{bmatrix} -0.38305 & 1 & 0 & 0 \\ 11.05564 & -1 & 0 & 0 \\ -12.73253 & 0 & 1 & 0 \\ 285.15806 & 0 & -1 & 0 \\ -6.36627 & 0 & 0 & 1 \\ 102.57116 & 0 & 0 & -1 \end{bmatrix} \tag{5.8.2}
$$

$$
D_{11}^2 = \begin{bmatrix} -L^{2/1} & 1 & 0 & 0 & 0 \\ U^{2/1} & -1 & 0 & 0 & 0 \\ -L^{3/1} & 0 & 1 & 0 & 0 \\ U^{3/1} & 0 & -1 & 0 & 0 \\ -L^{4/1} & 0 & 0 & 1 & 0 \\ U^{4/1} & 0 & 0 & -1 & 0 \\ -L^{5/1} & 0 & 0 & 0 & 1 \\ U^{5/1} & 0 & 0 & 0 & -1 \end{bmatrix} = \begin{bmatrix} -0.00009 & 1 & 0 & 0 & 0 \\ 0.00043 & -1 & 0 & 0 & 0 \\ -0.00008 & 0 & 1 & 0 & 0 \\ 0.00052 & 0 & -1 & 0 & 0 \\ -0.00020 & 0 & 0 & 1 & 0 \\ 0.00223 & 0 & 0 & -1 & 0 \\ -0.02563 & 0 & 0 & 0 & 1 \\ 0.22301 & 0 & 0 & 0 & -1 \end{bmatrix} \tag{5.9.1}
$$

$$
C_{22}^2 = \begin{bmatrix}
-l_{2/1} & 1 & 0 & 0 & 0 & 0 \\
u_{2/1} & -1 & 0 & 0 & 0 & 0 \\
-l_{3/1} & 0 & 1 & 0 & 0 & 0 \\
u_{3/1} & 0 & -1 & 0 & 0 & 0 \\
-l_{4/1} & 0 & 0 & 1 & 0 & 0 \\
u_{4/1} & 0 & 0 & -1 & 0 & 0 \\
-l_{5/1} & 0 & 0 & 0 & 1 & 0 \\
u_{5/1} & 0 & 0 & 0 & -1 & 0 \\
-l_{6/1} & 0 & 0 & 0 & 0 & 1 \\
u_{6/1} & 0 & 0 & 0 & 0 & -1
\end{bmatrix} = \begin{bmatrix}
-0.83440 & 1 & 0 & 0 & 0 & 0 \\
20.67093 & -1 & 0 & 0 & 0 & 0 \\
-18.58538 & 0 & 1 & 0 & 0 & 0 \\
277.69607 & 0 & -1 & 0 & 0 & 0 \\
-11.07205 & 0 & 0 & 1 & 0 & 0 \\
133.41378 & 0 & 0 & -1 & 0 & 0 \\
-5.23957 & 0 & 0 & 0 & 1 & 0 \\
29.65062 & 0 & 0 & 0 & -1 & 0 \\
-1.88121 & 0 & 0 & 0 & 0 & 1 \\
20.30846 & 0 & 0 & 0 & 0 & -1
\end{bmatrix} \quad (5.9.2)
$$

5.4.3 2단계 DEA/AR-I 효율성지수간 상관분석

그림 5.7은 제1단계 기술적 산출 vs. 제2단계 사업화 결과 DEA효율성지수간 상관성을 보여주는 산점도이다. 그림 5.7.(a) DEA(1) vs. DEA(2)의 경우 $r=-0.01969$, 유의확률(significance probability) $p-$value $=0.396$, 그림 5.7.(b) DEA/AR-I(1) vs. DEA/AR-I(2)의 경우 $r=0.05012$, $p-$value$=0.030$이다. 모상관계수(population correlation coefficient) ρ에 대한 귀무가설 $H_0 : \rho = 0$ vs. 대립가설 $H_1 : \rho \neq 0$에 대해 유의수준 (significance level) $\alpha=0.05$ 기준 그림 5.7.(b)에서 통계적 유의성을 갖고 $H_0 : \rho = 0$을 기각할 때 양(+) 상관성은 존재하나 절대적 크기는 매우 작은 것이 확인된다.

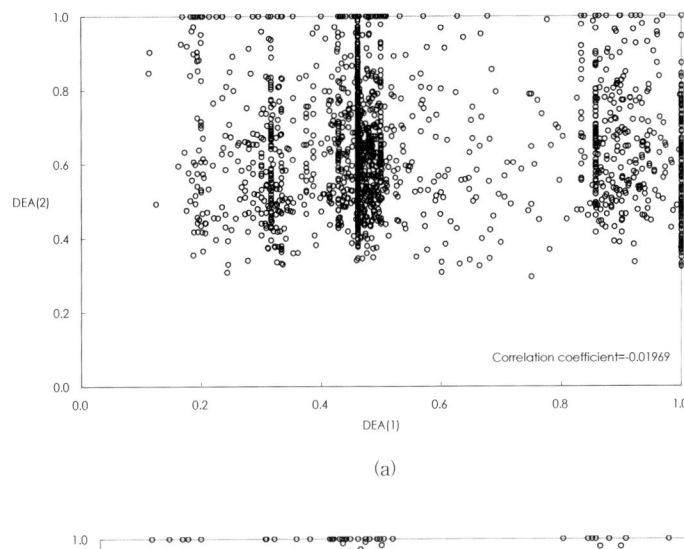

(a)

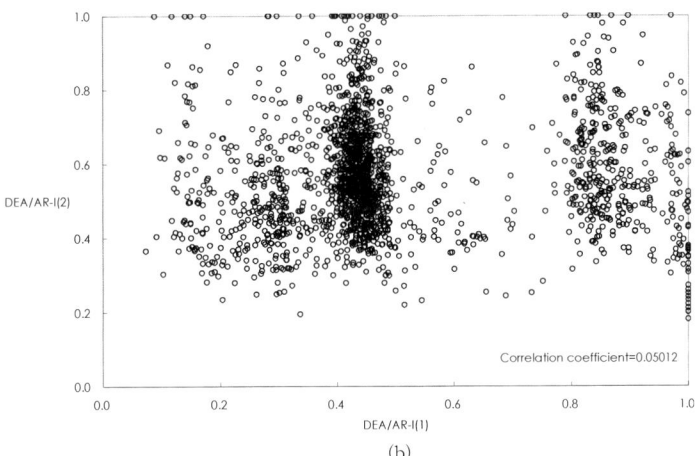

(b)

그림 5.7. 산점도(scatter diagrams)[2]; (a)DEA(1) vs. DEA(2);
(b)DEA/AR-I(1) vs. DEA/AR-I(2)

5.4.4 R&D 사업간 Kruskal-Wallis 검정

그림 5.5 DEA효율성지수 모집단에 대해 특정분포를 가정하기에는 무리가 있다. 정규성(Normality) 검정결과; 1)DEA/AR-I(1)은 ①Anderson-Darling 검정통계량(test statistic) AD=117.834, $p-$value<0.005, ②Kolmogorov-Smirnov 검정통계량 KS=0.253, $p-$value<0.010; 2)DEA/AR-I(2)는 ①AD =12.695, $p-$value<0.005, ②KS=0.060, $p-$value<0.010으로 정규성 확보에는 미흡한 경우이다. 연속확률분포 가정만이 요구되는 Kruskal- Wallis 검정의 동순위조정 검정통계량 h에 기초한 Kruskal-Wallis 검정을 실시하여 기술분야별·주관기관별로 분류된 R&D 사업간 DEA/AR-I 효율성지수의 통계적 유의차를 확인한다[40].

표 5.2.(a) 기술분야별, 표 5.2.(b) 주관기관별 각각 제1단계, 제2단계 6개 수준($a=6>3$) 모두에서 표본크기가 충분하므로($n_i \geq 5(i=1,2,...,a)$) $H_0 : \eta_1 = \eta_2 = \eta_3 = \eta_4 = \eta_5 = \eta_6$에 대한 $h \geq \chi^2_{\alpha,a-1}$ 기각역을 갖는다. 단, η_i는 i^{th} 수준에서의 DEA/AR-I 효율성지수 모집단 중위수를 나타낸다. α=0.05 기준 $h \geq \chi^2_{0.05,5} \fallingdotseq 11.071$로써 표 5.2의 4개 검정 모두에서 통계적 유의차가 확인된다. 표 5.2에 전체 및 수준별 순위평균 $\overline{R}$, $\overline{R_{i.}}$ 그리고 $\overline{R_{i.}}$의 표준화 통계량 식(5.10) z_i 계산값을 함께 정리한다.

표 5.2. Kruskal-Wallis 검정결과; **(a)**기술분야별; **(b)**주관기관별

(a)기술분야별

Level	i	n_i	$\widetilde{x_i}$	$\overline{R_{i.}}$	z_i	n_i	$\widetilde{x_i}$	$\overline{R_{i.}}$	z_i
		DEA/AR-I(1)				DEA/AR-I(2)			

Level	i	n_i	$\widetilde{x_i}$	$\overline{R_{i.}}$	z_i	n_i	$\widetilde{x_i}$	$\overline{R_{i.}}$	z_i
기계ㆍ소재	1	598	0.4366	873.3	-3.27	598	0.5368	893.8	-2.13
바이오ㆍ의료	2	268	0.4505	987.0	1.79	268	0.5953	1,087.1	5.08
전기ㆍ전자	3	316	0.4326	858.3	-2.69	316	0.5386	933.2	0.02
정보통신	4	238	0.4298	816.6	-3.56	238	0.5541	949.7	0.53
화학	5	433	0.4591	1,094.4	7.15	433	0.5302	884.1	-2.14
기타	6	11	0.4713	1,087.6	0.96	11	0.5072	782.8	-0.93

$n=1{,}864 \quad \overline{R}=932.5 \qquad n=1{,}864 \quad \overline{R}=932.5$

$h=67.14,\ \text{d.f.}=5,\ p-\text{value}=0.000 \qquad h=29.79,\ \text{d.f.}=5,\ p-\text{value}=0.000$

(b)주관기관별

Level	i	n_i	$\widetilde{x_i}$	$\overline{R_{i.}}$	z_i	n_i	$\widetilde{x_i}$	$\overline{R_{i.}}$	z_i
		DEA/AR-I(1)				DEA/AR-I(2)			

Level	i	n_i	$\widetilde{x_i}$	$\overline{R_{i.}}$	z_i	n_i	$\widetilde{x_i}$	$\overline{R_{i.}}$	z_i
대기업	1	145	0.3068	533.3	-9.30	145	0.4203	523.8	-9.52
대학	2	103	0.4754	1,155.2	4.32	103	0.4374	590.5	-6.63
벤처기업	3	888	0.4408	934.0	0.11	888	0.5623	1,018.1	6.55
연구소	4	135	0.4591	1,059.1	2.84	135	0.5150	832.4	-2.24
중소기업	5	578	0.4427	952.6	1.08	578	0.5555	987.6	2.96
협회ㆍ조합	6	15	0.4648	1,258.3	2.35	15	0.5149	946.3	0.10

$n=1{,}864 \quad \overline{R}=932.5 \qquad n=1{,}864 \quad \overline{R}=932.5$

$h=111.19,\ \text{d.f.}=5,\ p-\text{value}=0.000 \qquad h=158.37,\ \text{d.f.}=5,\ p-\text{value}=0.000$

$$z_i = \frac{\overline{R_{i.}} - \overline{R}}{\sqrt{\dfrac{(n+1)(\dfrac{n}{n_i}-1)}{12}}} \tag{5.10}$$

5.4.5 R&D 사업포지셔닝 매트릭스 분석

그림 5.8은 표 5.2의 수준별 z_i를 이용하여 작성된 R&D 사업포지셔닝 매트릭스이다. 그림 5.8.(a) 범례를 살펴보면; 1)□(L2,바이오·의료)는 제1사분면 Cash cow; 2)◇(L3,전기·전자), +(L4,정보통신)은 제2사분면 Question mark; 3)○(L1,기계·소재)는 제3사분면 Dog; 4)×(L5,화학), *(L6,기타)는 제4사분면 Star에서의 R&D 사업포지셔닝이 확인된다. 특히, ○(L1,기계·소재)는 그림 5.3에서의 정부자금지원금액 I_{11} 총액이 가장 높은 것으로 확인된 반면 열등한 R&D 사업포지셔닝을 갖기에 성과제고를 위한 향후 R&D 사업 수행 타당성에 대한 재검토 및 기존 R&D 참여기관·추진체계 개편 등에 대한 논의가 필요하다.

그림 5.8.(b) 범례를 살펴보면; 1)◇(L3,벤처기업), ×(L5,중소기업), *(L6,협회·조합)은 제1사분면 Cash cow; 2)제2사분면 Question mark에 위치하는 R&D 사업은 없음; 3)○(L1,대기업)은 제3사분면 Dog; 4)□(L2,대학), +(L4,연구소)는 제4사분면 Star에서의 R&D 사업포지셔닝이 확인된다. 전반적으로, ◇(L3,벤처기업), ×(L5,중소기업)은 우등한, 이와는 반대로 ○(L1,대기업)은 열등한 R&D 사업포지셔닝을 취하는 것이 확인되는데, ○(L1,대기업)의 절대적인 성과정도는 높을 수 있으나 (자원)투입 대비 성과창출의 상대적 효율성은 낮은 것으로 해석될 수 있다고 판단된다. 또한, □(L2,대학), +(L4,연구소)는 향후 타 R&D 수행 주체에게로의 기술이전(전수)를 활성화하거나 혹은 그들 자체에 의한 제2단계 사업화 결과 성과창출에 보다 많은 R&D 역량을 집중할 것이 요구된다고 판단된다.

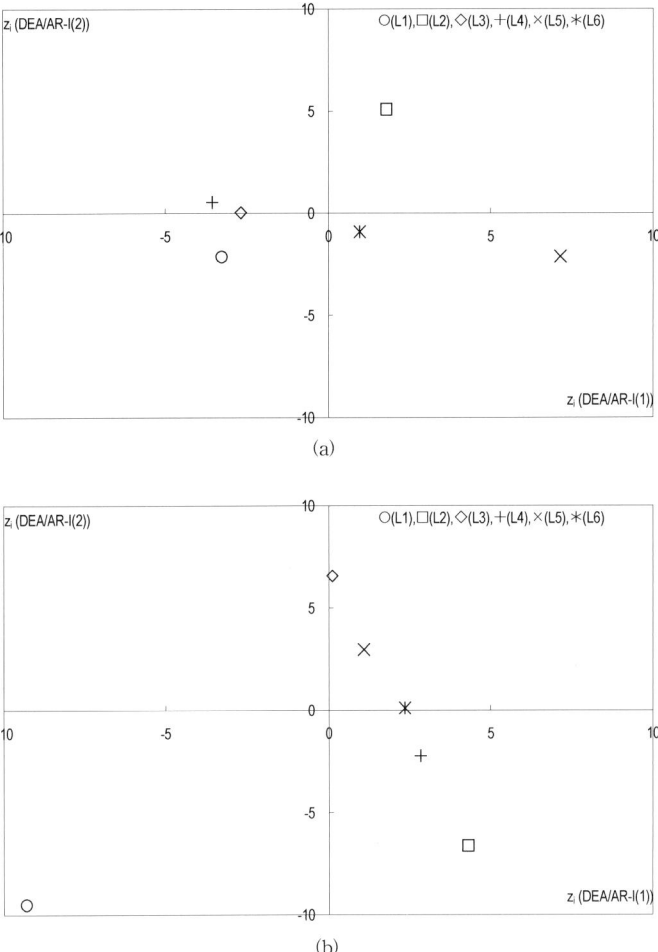

그림 5.8. R&D 사업포지셔닝 매트릭스; **(a)**기술분야별; **(b)**주관기관별

5.5 종합

산출→결과→(파급)효과와 같은 단계적 성과의 다수출력요소뿐만 아니라 (자원)투입과 관련된 다수입력요소가 필연적으로 동시에 고려되어야만 하는 R&D 프로젝트의 효율성을 정확하게 측정하기 위해서는 단계적 성과창출 과정에 부합된 맞춤형 성과평가체계가 바람직하다. 본 연구에서는 R&D 프로젝트별 2단계 성과창출 과정과 이에 맞춰 설계·정의된 자료구조로써 제1단계 기술적 산출, 제2단계 사업화 결과 관련 2개 DEA/AR-I 효율성지수를 분리·산정하였다. 최근 조사·수집된 대규모 R&D 프로젝트를 대상으로 한 실증사례분석 결과, R&D 프로젝트별 제1단계 기술적 산출, 제2단계 사업화 결과 DEA/AR-I 효율성지수간 양(+) 상관성은 통계적 유의성을 갖고 확인되나 그 절대적 크기가 매우 작다는 점에서, 단순하게 통합된 자료구조보다는 본 연구와 같이 가능한 단계적으로 분리된 자료구조하에 산정된 2개 DEA/AR-I 효율성지수로써 성과평가를 수행하는 것이 특히, DEA 효율성지수의 신뢰도 및 정확성 제고 측면에서 선호될 수 있다고 판단된다. 세부적으로는, R&D 프로젝트의 기술적 효율성이 좋다고 경제적 효율성이 좋다고 말할 수 없음; R&D 프로젝트마다 기술적, 경제적 성과의 초점을 달리 하여 활동하고 있는 것으로 판단됨; R&D 프로젝트 성과평가시 기술적, 경제적 성과를 모두 확인할 필요가 있음 등이 지적될 수 있다. 또한, Kruskal-Wallis 검정 표준화 통계량을 계산한 후 기술분야별·주관기관별로 분류된 R&D 사업포지셔닝 매트릭스를 작성한 결과; 1)기술분야별 분류에서는 '바이오·의료'는 우등, '기계·소재'는 열등; 2)주관기관별 분류에서는 '벤처기업', '중소기업'은 우등, '대기업'은 열등한 상대적 효율성을 갖는 것이 확인되었다. R&D 정부지원자금 주무·관리부서와 같이 전략적

R&D 사업구조로의 개선을 도모하고자 하는 R&D 사업공급자측에게 상기 분석결과가 유용한 정책적 함의를 제공할 수 있다고 생각된다.

향후, 현실적으로 성과조사 원자료(raw data) 특성상 측정오차 등의 잡음이 불가피하게 개재될 수 있기 때문에, 가능한 원자료를 공분산(covariance) 행렬로 요약한 후 이를 구조방정식모형(Structural Equation Model, SEM)으로 분석함으로써 단계적 성과창출 과정의 이해에 유용한 계량적 경로 분석결과가 뒷받침될 필요가 있다. 더불어, 본 연구에서의 효율성뿐만 아니라 전술된 나머지 4개 성과평가 관점 각각에 대하여 활용가능한 성과평가 관점별 고유의 성과지표 탐색시에도 SEM은 유용한 방법으로 활용될 수 있다고 판단된다.

감사의 글

제 5장 내용은 대한경영학회(DAEHAN Association of Business Administration, DABA) 'DABA-2010-262' 승인을 받아 「박성민, "R&D 프로젝트 효율성 상관분석 및 사업포지셔닝 조사를 위한 2단계 DEA/AR-I 성과평가모형", 대한경영학회지, 23권, 6호, pp.3285-3303, 2010년 12월호」를 편집·수록한 것임을 밝힙니다.

[Chapter 5] 참고문헌

[1] 고영선, 윤희숙, 이주호, KDI 연구보고서 2004-02: 공공부문의 성과관리, 한국개발연구원(KDI), 2004.
[2] 과학기술부(MST)·한국과학기술기획평가원(KISTEP), 국가연구개발사업

에 대한 추적평가 실시방안 연구, 2007.

[3] 기획재정부(MSF)[1], '09년 주요 분야별 재원배분 방향, 2008.

[4] 기획재정부(MSF)[2], 일자리 창출을 위한 경제 재도약 예산2009년 예산·기금안 주요내용-, 2008.

[5] 박성민, 김헌, "DEA/AR-I을 활용한 IT중소·벤처기업 정부자금지원정책 성과평가", 한국통신학회논문지, 32권, 12호, pp.815-825, 2007.

[6] 박성민, 김헌[1], "기업역량을 고려한 외생고정변수를 갖는 IT중소기업 정부 자금지원정책 성과평가를 위한 DEA모형 및 활용절차", 한국통신학회 논문지, 33권, 5호, pp.364-378, 2008.

[7] 박성민, 김헌[2], "정부자금지원하의 IT중소기업 매출액의 성장곡선모형 추정", Telecommunications Review, 18권, 6호, pp.1060-1071, 2008.

[8] 박성민, 김헌, 백동현[1], "IT중소기업 정부자금지원정책 성과평가를 위한 DEA(AR-I,ARGM)모형설계 및 민감도분석", 대한산업공학회지, 34권, 2호, pp.190-204, 2008.

[9] 박성민, 김헌, 백동현[2], "전력산업 R&D 프로젝트의 효율성 및 효과성 평가", IE Interfaces, 22권, 3호, pp.192-204, 2009.

[10] 박성민, 김헌, 설원식, "IT중소기업 기술혁신 지원사업의 타당성 연구: 동태적 특성 및 연관성을 중심으로", 한국통신학회논문지, 33권, 10호, pp.946-961, 2008.

[11] 산업기술연구회(ISTK), 용역과제 최종보고서: 연구개발성과 추적·평가·관리시스템 정립방안에 관한 연구, 2007.

[12] 손소영, 주용규, "분류모형과 DEA를 이용한 두뇌한국(BK)21 사업단 효율성 분석", IE Interfaces, 17권, 3호, pp.249-260, 2004.

[13] 임호순, 유석천, 김연성, "연구개발사업의 평가 및 선정을 위한 DEA/AHP 통합모형에 관한 연구", 한국경영과학회지, 24권, 4호, pp.1-12, 1999.

[14] 정보통신부(MIC)·IT벤처기업연합회(KOIVA), IT중소기업 맞춤형 지원을 위한 지원사업 효율화 연구, 2007.

[15] 지식경제부(MKE), 전력산업연구개발사업 사업화율 제고방안 수립(최종보고서), 2008.

[16] 지식경제부(MKE)·정보통신연구진흥원(IITA)[1], 정보통신진흥기금 성과평가(III)(중소기업기술개발사업), 2008.

[17] 지식경제부(MKE)·정보통신연구진흥원(IITA)[2], 정보통신진흥기금 성과평가(VII)(융자사업), 2009.

[18] 지유나, 문태희, 손소영, "DEA와 로지스틱회귀분석을 이용한 정보화촉진

기금 융자사업의 효율성 분석", *기술혁신연구*, 12권, 1호, pp.25-48, 2004.

[19] 채서일, *Marketing*, 4th ed., Seoul: B&M Books, 2006.

[20] 한국산업기술평가관리원(KEIT), *2009년도 산업기술개발사업 성과활용현황조사 결과보고서*, 2009.

[21] 한국정보통신산업협회(KAIT), *IT중소·벤처 생태계 조성 정책지원 사업 보고서*, 2007.

[22] 한국정보통신산업협회(KAIT)·정보통신부(MIC), *IT중소·벤처기업 지원 정책 성과평가 방법론 연구*, 2007.

[23] 황석원, *STEPI 정책연구보고서 2006-12: R&D 프로그램의 유형별 경제성 평가방법론 구축: 이론 및 실물옵션을 이용한 경제적 가치 선정의 사례 연구*, 과학기술정책연구원(STEPI), 2006.

[24] 황용수, 황석원, *STEPI 정책연구보고서 2004-20: 정부 R&D 성과평가시스템의 진단 및 발전방향*, 과학기술정책연구원(STEPI), 2005.

[25] Allen, R., Athanassopoulos, A., Dyson, R. G. and Thanassoulis, E., "Weights restrictions and value judgements in data envelopment analysis", *Annals of Operations Research*, Vol.73, pp.13-34, 1997.

[26] Asmild, M., Paradib, J. C., Reesec, D. N. and Tamb, F., "Measuring overall efficiency and effectiveness using DEA", *European Journal of Operational Research*, Vol.178, No.1, pp.305-321, 2007.

[27] Banker, R. D., Charnes, A. and Cooper, W. W., "Some models for estimating technical and scale inefficiencies in data envelopment analysis", *Management Science*, Vol.30, No.9, pp.1078-1092, 1984.

[28] Bitman, W. R. and Sharif, N., "A conceptual framework for ranking R&D projects", *IEEE Transactions on Engineering Management*, Vol.55, No.2, pp.267-278, 2008.

[29] Callen, J. L., "Data envelopment analysis: partial survey and applications for management accounting", *Journal of Management Accounting Research, Vol.3, No.Fall*, pp.35-56, 1991.

[30] Charnes, A., Cooper, W. W., Huang, Z. M. and Sun, D. B., "Polyhedral cone-ratio DEA models with an illustrative application to large commercial banks", *Journal of Econometrics*, Vol.46, No.1-2, pp.73-91, 1990.

[31] Charnes, A., Cooper, W. W. and Rhodes, E., "Measuring the efficiency of decision making units", European *Journal of Operational Research*, Vol.2, No.6,

pp.429-444, 1978.

[32] Cooper, W. W., Seiford, L. M. and Tone, K., *Data Envelopment Analysis: A Comprehensive Text With Models, Applications, References and DEA-Solver Software*, 2nd ed., New York: Springer, 2007.

[33] Cooper, W. W., Seiford, L. M. and Zhu, J., *Handbook on Data Envelopment Analysis*, Boston: Springer, 2004.

[34] Farris, J. A., Groesbeck, R. L., Aken, E. M. V. and Letens, G., "Evaluating the relative performance of engineering design projects: a case study using data envelopment analysis", *IEEE Transactions on Engineering Management*, Vol.53, No.3, pp.471-482, 2006.

[35] Frontline Systems, Inc., *Premium Solver Platform Version 7.1 for Microsoft Excel*, http://www.solver.com/Default.htm, 2007.

[36] Henriksen, A. D. and Traynor, A. J., "A practical R&D project- selection scoring tool", *IEEE Transactions on Engineering Management*, Vol.46, No.2, pp.158-170, 1999.

[37] Hsu, F. M. and Hsueh, C. C., "Measuring relative efficiency of government-sponsored R&D projects: A three-stage approach", *Evaluation and Program Planning*, Vol.32, No.2, pp.178-186, 2009.

[38] Lee, H., Park, Y. and Choi, H., "Comparative evaluation of performance of national R&D programs with heterogeneous objectives: a DEA approach", *European Journal of Operational Research*, Vol.196, No.3, pp.847-855, 2009.

[39] McLaughlin, J. A. and Jordan, G. B., "Logic models: a tool for telling your program's performance story," *Evaluation and Program Planning*, Vol.22, No.1, pp.65-72, 1999.

[40] Minitab Inc., *Minitab^R Release 14.20 StatGuide*, State College: Minitab Inc., 2005.

[41] Oral, M., Kettani, O. and Lang, P., "A methodology for collective evaluation and selection of industrial R&D projects", *Management Science*, Vol.37, No.7, pp.871-885, 1991.

[42] Pedraja-Chaparro, F., Salinas-Jimenez, J. and Smith, P., "On the role of weight restrictions in data envelopment analysis", *Journal of Productivity Analysis*, Vol.8, pp.215-230, 1997.

[43] Rosa, J. A., Celly, K. S., Coronel, F. and Bagozzi, R. P., *Marketing Management*, New York: Prentice Hall, 1998.

[44] Seiford, L. M. and Thrall, R. M., "Recent development in DEA: the mathematical

programming approach to frontier analysis", *Journal of Econometrics*, Vol.46, No.1-2, pp.7-38, 1990.

[45] Thompson, R. G., Langemeier, L. N., Lee, C. T., Lee, E. and Thrall, R. M., "The role of multiplier bounds in efficiency analysis with application to Kansas farming", *Journal of Econometrics*, Vol.46, No.1-2, pp.93-108, 1990.

[46] Wong, Y-H. B. and Beasley, E., "Restricting weight flexibility in data envelopment analysis", *Journal of Operational Research Society*, Vol.41, No.9, pp.829-835, 1990.

[47] Zhu, J., *Quantitative Models for Performance Evaluation and Benchmarking: Data Envelopment Analysis With Spreadsheets and DEA Excel Solver*, Boston: Springer, 2003.

□ End of Chapter 5 □

전력산업 R&D 프로젝트의 효율성 및 효과성 평가

박성민[†], 김헌, 백동현

Evaluation of R&D Projects in Electric Power Industry With Efficiency and Effectiveness

Sungmin Park[†], Heon Kim, Donghyun Baek

요약

본 연구는 대한민국 전력산업 R&D 사업의 특성을 고려한, R&D 과제를 위한 성과평가 체계를 제안한다. 전력산업 R&D 사업은 하위 R&D 과제의 효율성뿐만 아니라 특히 사업목적 달성과 관련된 효과성을 강조하고 있는 것이 특징이다. 그러므로 이와 같은 특징이 고려된 성과평가 절차와 그에 대응하는 수학적 모형이 수립된다. 본 수학적 모형은 평가 대상 R&D 과제 집단에 속한 개별 R&D 과제의 효율성과 효과성의 통합 성과평가지수를 산정한다. 실증자료를 이용한 사례분석에서는 기관·사업유형별 R&D 과제의 통합성과평가지수의 통계적 유의성이 검정된다.

주제어: 성과평가, 전력산업, 효과성, 효율성, R&D

Abstract

Based on the characteristics of 'Korean electric power industry R&D programs', this study proposes a new performance evaluation framework where electric power industry related R&D projects are scrutinized. The abovementioned R&D programs have their own goals and especially they emphasize the effectiveness as well as the efficiency of each subordinate R&D project. Hence, in this framework, a performance evaluation procedure is established and then a mathematical model is developed according to the procedure. The model calculates performance evaluation indices for a set of R&D projects integrating the effectiveness with the efficiency of each R&D project. In a case study with an empirical dataset, statistical significance is tested on the integrated performance evaluation indices of R&D projects regarding organizational types and program categories considered.

Keywords: effectiveness, efficiency, electric power industry,
        performance evaluation, R&D

6.1 서론

6.1.1 연구배경·주제

최근 우리나라 기획재정부의 '09년 예산안에 따르면 총예산 209.2조원 중 R&D 분야에 대한 재원배분은 '08년 11.1조원에서 '09년 12.3조원으로 증가율이 10.8%에 달한다. 이는 12개 주요 분야중 전년대비 증가율이 가장 높은 것임과 동시에 두 자리 수 증가율을 갖는 유일한 분야임을 알 수 있다[33]. Song[43]은 '03년부터 '08년까지 최근 우리나라 정부 R&D 예산에 대한 분석을 통해 R&D 예산편성 측면에서 R&D 투자규모 확대와 더불어 성과창출을 극대화하도록 투자효율의 제고가 꾸준히 강조되는 있음을 언급한 바 있다. 구체적으로; 1)정부 부처간 중복·과잉투자 조정; 2)사업성과와 예산편성을 연계한 성과중심 예산배분 시스템 정착; 3)R&D 사업의 기술성, 경제성, 정책적 타당성 사전검증 확산 등을 논의했다. 이러한 상황에 신속히 대처한 정보통신진흥기금의 주무부서인 정보통신부는 R&D 사업(programs) 및 하위 과제(projects)의 투입·성과 지표 개발, 효율성 분석을 위한 모형 수립 등을 선도적으로 시도한 것으로 파악된 반면, 상대적으로 전력산업 R&D 분야에서의 체계적인 성과 관리에 대한 연구는 미흡한 실정으로 판단된다[28,29,37]. 한편, '정부 R&D 예산'이란 새로운 지식을 축적하거나 창조적인 기술개발활동을 촉진하기 위해 지원되는 예산으로서 일반회계, 특별회계, 기금으로 구성되며, 특히 R&D 관련 대표적 정부기금으로는 과학기술진흥기금, 원자력연구개발기금, 전력산업기금, 정보통신진흥기금 등이 있다[33,20].

정부 R&D 성과관리의 핵심은 투입(input)과 함께 산출(output), 결과(outcome), 영향(impact) 등과 같은 다양한 개념으로 표현되는 성과(performance)의 여러 측면을 명확히 정의·구분하고, 집행된 예산으로 창출된 성과달성 규모 또는 여부를 적합하게 반영할 수 있는 지표를 개발·조사하고, 수집된 지표의 정량적, 정성적 자료를 분석·평가하여, 최종적으로는 이를 후속 예산편성에 연계하는 것이라고 판단된다. 이와 같은 맥락에서, 우리나라는 '05년 12월 '국가연구개발사업 등의 성과평가 및 성과관리에 관한 법률'을 공포하였으며, '06년 3월부터 국가연구개발사업에 대한 조사·분석·평가를 시행중이다.[7,19]. STEPI[40]연구에서도 성과를 특정 사업주체가 수행한 활동(activity)의 산출, 결과 및 직·간접적으로 파생된 모든 영향을 포괄적으로 추상화 한 것이라고 정의한 바 있는데, 단 모든 성과를 측정할 수 있는 것은 아니며, 측정가능한 성과는 전체성과의 극히 일부분이고, 성과평가의 요점은 가능한 한 전체성과를 포괄하여 대표할 수 있는 핵심 성과지표를 도출·활용하는 것이라고 보고한 바 있다. 한층 더 나아가, MST·KISTEP[31]은 국가연구개발사업이 종료된 후 일정기간동안 성과의 추적·관리 시스템의 필요성을 강조하였고, 이와 관련 '06년도 종료사업을 대상으로 성과의 추적평가를 시범실시하고, '12년부터는 모든 국가연구개발사업에 대한 추적·관리의 실시를 계획한 바 있다. 한편, ISTK[21]에 의하면, 국가연구개발사업의 평가유형은; 1)연구개발사업평가; 2)연구개발과제평가; 3)출연연구기관평가 등 3가지로 분류되어 실시된다.

§6.2에서 자세히 고찰될 연구개발사업의 고유성으로 인해 최근 '전력산업연구개발사업'에 속한 하위 개별 연구개발과제 즉, '전력산업 R&D 프로젝트'는 일반적인 R&D 프로젝트가 갖는 기술적 산출의 효율성과 함께 기술지원·이전 및 타과제응용 등을 통한 사업화 결과를 반영하는 효과성이 강조된다. 본 연구에서는 효율성과 효과성이 통합된 체계화된 성과평가 절차와 모형을 개발한다. 정량적 지표로의 수집이 현실적으로 가능한 투입자원 대비 기술적 산출의 규모는 자료포락분석(Data Envelopment

Analysis, DEA)모형의 효율성지수로, 반면 기술지원·이전 및 타과제응용 등의 후속성과활용을 통한 경제적 사업화 '여부'는 전력산업 R&D 프로젝트의 경우 달성하기 힘든 희귀한 결과이므로 2개 0-1 이진(binary) 변수 형식의 효과성지수로 표현하고자 한다. DEA효율성지수, 후속성과활용과 사업화 관련 2개 효과성지수의 무차원적(dimensionless) 비교를 위한 정규화(normalization) 과정을 거친후 최종적인 통합성과평가지수의 산정을 시도한다.

한편, '전력산업연구개발사업'의 경우도 일반적인 정부 R&D 사업과 마찬가지로 사업전담기관은 상위 예산집행 부서인 지식경제부로부터 매년 정기적인 사업유형별 평가를 받는데, '매우 우수', '우수', '보통', '미흡' 등과 같은 종합등급 평가결과를 부여받기에 이에 대한 사전 대비가 요구된다. 또한, 사업전담기관 내부적으로는 R&D 프로젝트를 수행한 기관유형별 평가를 실시해 차년도 R&D 예산배분 조정에 그 결과를 환류(feedback)시킨다. 이러한 맥락하에 사례분석에서는 기관·사업유형별 전력산업 R&D 프로젝트의 통합성과평가지수를 이용한 비모수적 단일인자 분산분석법(nonparametric single-factor ANOVA)인 Kruskal-Wallis 검정을 통한 통계적 유의차를 확인하고자 한다.

6.1.2 문헌고찰

정부 R&D 프로젝트 성과는 아래 5가지 관점을 중심으로 평가될 수 있다[18,29]. 세부적으로, 효율성(efficiency)이란 자원의 투입 관점에서 바라본 산출의 규모를 파악하는 개념으로서, 효과성(effectiveness 또는 efficacy)은 결과의 창출 관점에서 궁극적으로 추구하고자 했던 사업목표를 달성했는지 여부를 파악하는 개념으로서 이해될 수 있다[40]. 한편, 정부 R&D 프로젝트의 생산성(productivity)을 2단계로 구분하고, 1단계는 투입자원의 규모 대비 기술적 산출(예: 논문, 특허 등) 비율을 나타낸 효율성과 2단계는 기술적 산출 대비 경제적 사업화 결과(예: 매출액, 기술료 등) 비율을 나타낸 효과성 개념이 제시된 바 있다[14,15].

- 효율성(efficiency): 투입자원의 규모 대비 산출량이 높은가?
- 효과성(effectiveness 또는 efficacy): 사전 설정된 사업목표를 달성하고 있는가?
- 적절성(relevance): 지원정책에 부합되는 사업목표를 설정하고 있는가?
- 지속성(sustainability): 사업이 중단된 후 사업성과가 얼마나 오랫동안 지속될 수 있는가?
- 효용성(utility): 사업성과가 실제 사업수요를 얼마나 충족시키고 있는가?

R&D 프로젝트의 성과평가에 대한 최근 연구로서, Bitman and Sharif[4]는 R&D 프로젝트의 성과평가를 위한 개념적 체계를 도식화하고, 성과평가에 활용가능한 5가지 모형인 평점모형(scoring model), 계층분석법(Analytic Hierarchy Process, AHP), Boston Consulting Group(BCG) 매트릭스 혹은 '성장-점유'(growth-share) 매트릭스, 균형성과표(Balanced ScoreCard, BSC), DEA 등의 특징을 정리한 바 있다. McLaughlin and Jordan[24]은 R&D 프로젝트의 사전수립과 사후평가를 위한 순서도(flow chart) 형식의 '논리모형'(logic model)을 제시한 바 있다. Henriksen and Traynor[12]는 R&D 프로젝트의 성과평가와 선정을 위한 기존문헌을 고찰하고, 8개 R&D 프로젝트 성과평가와 선정을 위한 방법론을 분류한 바 있고, 그들 역시 고유의 4가지 판정기준을 갖는 새로운 평점모형을 제안하였다. 모형 활용과 관련해서, Wang *et al.*[44]은 학제적 성격을 갖는 중국 정부 R&D 프로젝트의 AHP 기반 성과평가 모형을 활용했고,

Farris *et al.*[10]은 군용차량에 장착되는 정보통신시스템의 설계·설치와 관련된 'engineering design project'를 평가하는 DEA 기반 성과평가 사례를 보고하였는데, 총 15개 프로젝트(11개 기존방식+4개 신규방식)를 대상으로 초기 23개에서 최종 5개로 DEA출력·입력요소를 축약하는 과정을 자세히 논의하였다. Rhim *et al.*[39]은 연구개발사업의 성과평가와 선정을 위한 DEA/AHP 통합모형을 제시하여 DEA효율성지수의 변별력을 개선하고자 시도하였고, Park *et al.*[37]은 IT중소기업의 정부자금지원 정책의 성과평가를 위한 DEA/(AR-I,ARGM)모형을 수립한 후, 사례분석을 통해 DEA효율성지수에 대한 민감도분석을 논의하였다.

추가적 DEA 관련 주요 연구로서, Lee *et al.*[23]은 이질적(heterogeneous) 사업목적을 갖는 6개 정부지원 R&D 사업에 대한 DEA 성과평가에서 변수중요도를 고려한 acceptance region model과 output integration을 실시했고, 사업간 비교를 위한 Mann-Whitney U 검정과 Kruskal-Wallis 검정을 함께 채택한 바 있다. Hsu and Hsueh[13]는 정부지원 110개 R&D 프로젝트를 대상으로 한 성과평가를 위해 3단계 절차를 제시하였는데, 1단계 DEA 모형화, 2단계 외부변수 통제를 위한 Tobit 회귀분석, 3단계 조정된 자료를 이용한 R&D 프로젝트 비교 등을 실시하고 수혜기업의 정부지원 금액 비율의 적정 상한선이 필요함을 강조하였다. Yu and Lin[45]은 승객·화물운송을 담당하는 다중활동·단계 철도노선의 Multi-activity Network DEA(MNDEA)모형을 개발하여 20개 철도노선과 관련된 PTE(passenger technical efficiency), FTE(freight technical efficiency), SV(service effectiveness), TV(technical effectiveness) 4개 효율성·효과성지수를 함께 추정하였다. Asmild *et al.*[1]은 cone-ratio DEA 가중치 제약에 대한 실험결과를 제시하였고, Garcia-Sanchez[11]는 경찰서 운영 관련 효과성 측정을 위해 계량경제학(econometrics) 방법에 의해 추정된

변수를 이용한 DEA 모형을 논의했다. Karlaftis[16]는 256개 도시 운송시스템에 대한 평가와 각 운송시스템별 규모의 경제(economies of scale)를 DEA모형 returns to scale 분석을 통해 논의한 바 있다. 보다 고전적 연구로서, Oral *et al.*[36]은 self-evaluation model, cross-evaluation model, selection model 3개 R&D 프로젝트 평가·선택 모형을 제시한 후 철강산업 응용사례를 발표하였다. 또한 초기 DEA의 활발한 적용분야로서는 병원운영[2], 교육내용과 학교운영[3,5,6], 은행지점[42], 도시지역 경찰서운영[38] 등의 효율성 평가를 위한 DEA 활용사례가 보고된 바 있다.

6.2 전력산업연구개발사업

6.2.1 추진배경·규모

'01년 4월 한국전력공사 발전부문을 5개 화력, 1개 원자력, 총 6개 발전 자회사로 분리하고, 전력시장과 전력계통의 운영을 담당하는 전력거래소와 이와 관련된 심의·재정·조사 기능을 담당하는 규제기관인 전기위원회를 설립한 것을 필두로 우리나라 전력산업은 경쟁체제로 전환되었다. 이로써 이전까지 한국전력공사가 자체적으로 수행하던 공익기능을 정부로 이관해 '전력산업기반조성계획'이 수립·시행되었고, 전력산업의 지속적 발전과 전력수급의 안정을 도모하기 위해 전력산업기반조성계획의 일환으로 전력산업연구개발사업이 '01년부터 추진되고 있다.

이에 필요한 재원확보는 '전력산업기반기금' 설치(전기사업법 개정, 제48조, 2000.12.13.), 재원사용(동법 제49조), 재원조성(동법 제51조)은 부담금, 가산금(전기판매수익의 1000분의 45.91), 기금운용으로부터 발생하는 수익금, 기타 기술료 등으로 이루어지는 법적 근거를 확보하였다. 최근 전력산업연구개발사업비 규모는, '05년 1,450억원(기금조성사업비 1조 1,951억원의 12.1%), '06년 1,446억원(기반조성사업비 1조3,675억원의 10.6%) 등으로 집계되었다. 표 6.1에 정리된 전력산업연구개발사업의 재 정투자 결산액 기준, '01년부터 '06년까지 6년동안 5,951억원이 투자되었 고, '07년부터 '11년까지 5년동안 9,596억원의 투자가 계획되어 전년대비 증가율 평균 9.25%가 확인된다[22,26,27].

표 6.1. 전력산업연구개발사업 재정투자 추이 및 중기계획(단위: 억원, %)

연 도	2001	2002	2003	2004	2005	2006	2007	2008	2009	2010	2011
구분	결산	결산	결산	결산	결산	결산	예산	전망	전망	전망	전망
투자액	226	725	984	1,120	1,450	1,446	1,633	1,755	1,908	2,051	2,249
전년대비 증가율(%)	–	220.80	35.72	13.82	29.46	–0.28	12.93	7.47	8.72	7.49	9.65

출처: MIR · ETEP[24]

6.2.2 사업구조 · 특징

'01년부터 '06년까지 전력시장경쟁력강화사업, 전력공급안정화사업, 환 경친화전력기술개발사업, 미래혁신전력기술개발사업 등 기능별 4개 사업 으로 구분되어 추진된 전력산업연구개발사업은, '07년부터 '국가에너지 · 자원기술개발기본계획('06-'15)('06.03.)'을 근간으로 수화력발전기술개발 사업, 원자력발전기술개발사업, 전력계통기술개발사업, 전력기반기술개발 사업 등 기술개발과 '사업화성공률'을 지향하는 4개 사업구조로 재편되 어 추진중이다. 단, 사업화성공률은 성과평가 체계마다 다양하게 정의되 는 것을 전제하에, 식(6.1)과 같이 정의할 수 있다. '사업화'란 새롭게 개 발된 기술을 이용해 제품을 제작하거나, 기존 제품의 생산공정, 품질 등 을 개선하여 제품화한 건수로써 그 정도가 측정된다[30,32].

$$사업화성공률 = \frac{사업화가\ 이루어진\ 과제수}{전체지원과제수} \tag{6.1}$$

한편, 같은 자료출처로부터 사업화성공률과 유사한 '상용화성공률' 식 (6.2)를 확인할 수 있는데, 식(6.2)는 식(6.1)보다 좀 더 구체화된 개념으로 인식된다.

$$상용화성공률 = \frac{매출액이\ 창출된\ 과제수}{전체지원과제수} \tag{6.2}$$

전술된 사업의 추진배경에서도 알 수 있듯이, 전력산업연구개발사업은 사회간접자본(SOC) 성격을 띤 기술적 특성상 타사업과 비교해 볼 때 정부 주도형의 사업방식을 취하며, 하위 연구개발과제 규모가 상대적으로 매우 크다. 이러한 이유로 하위 개별 연구개발과제는 다시 대과제→소과제→위탁과제 및 단위과제 등으로 세분화되어 과제수행구조가 다양하고 복잡하게 형성됨으로써, 최하위 과제가 곧바로 하나의 제품·서비스로 사업화되기가 매우 어려운 구조적 특징을 갖는다.

또한, MIR[26]에 의하면 전력산업연구개발사업의 4개 주요 수행기관인 대학(32.0%)→정부출연연구소(29.3%)→한전전력연구원(23.4%)→민간기업(15.4%) 등의 순서대로 수행기관의 비중이 낮아짐으로써, 최근 국가연구개발사업의 주요 사업목표인 후속성과활용을 통한 사업화 촉진에 어려움이 있는 수행기관 구성이 확인된다. 하지만, 최근 국가연구개발사업의 성과에 대한 추적·관리 시스템은 특허 및 특허로 등록되지 않은 전문적 know-how의 기술지원→인력양성→기술이전 등을 중시하고 있으며, 결국 이러한 일련의 연계활동을 통해 중장기적으로는 사업화 및 기술료징수가 가능할 수 있다는 논리모형에 입각해 수립되고 있는 실정이다[21].

전력산업 R&D 성과평가 체계도 마찬가지로 투자의 효율성과 사업목표의 달성 여부와 관련된 효과성을 제고하는 방향으로 설계·보완될 필요성이 확산되고 있다. '06년부터 전력산업연구개발사업의 성과조사표에는 사업화 관련 각 과제별; 1)연구책임자가 판정한 사업화 수준인지 여부; 2)수익액(즉, 매출액+수출액); 3)비용절감액; 4)기술료징수액 등의 발생 여부를, 마찬가지로 후속성과활용 관련 각 과제별; 1)연구책임자가 판정한 후속성과활용 수준인지 여부; 2)기술지원; 3)기술이전; 4)타과제 응용 등의 발생 여부를 상세히 조사·분석·평가하고 있다. 1차적 사업 수요자인 연구책임자의 주관적 판정에 따른 사업화, 후속성과활용 수준을 함께 조사하고자 한 시도는 현실적 수집이 어려운 정량적 성과지표 자료에만 의존함에 따른 성과평가의 한계를 보완함과 동시에 사업의 효용성을 파악하고자 하는 양면적 측면이 존재한다고 판단된다.

한편, 기술지원 활동은 경제적 성과를 직접적으로는 지향하지 않고 개발된 기술을 활용하는 활동으로서 정의되며; 1)현장기술지도; 2)기술상담; 3)교육훈련 건수 합계로서, 기술이전 활동은; 1)수익액; 2)비용절감액; 3)기술료징수액 등 경제적 성과의 발생을 직접적으로 지향하고 개발된 기술의 사용을 타기관에 허락한 건수 합계로서 수치화될 수 있다.

6.3 성과평가 체계

6.3.1 성과평가 절차

그림 6.1은 전력산업연구개발사업의 구조·특징에 대한 고찰을 바탕으로, 본 연구에서 정의한 전력산업 R&D 프로젝트의 후속성과활용을 통한 사업화 전개 과정이다.

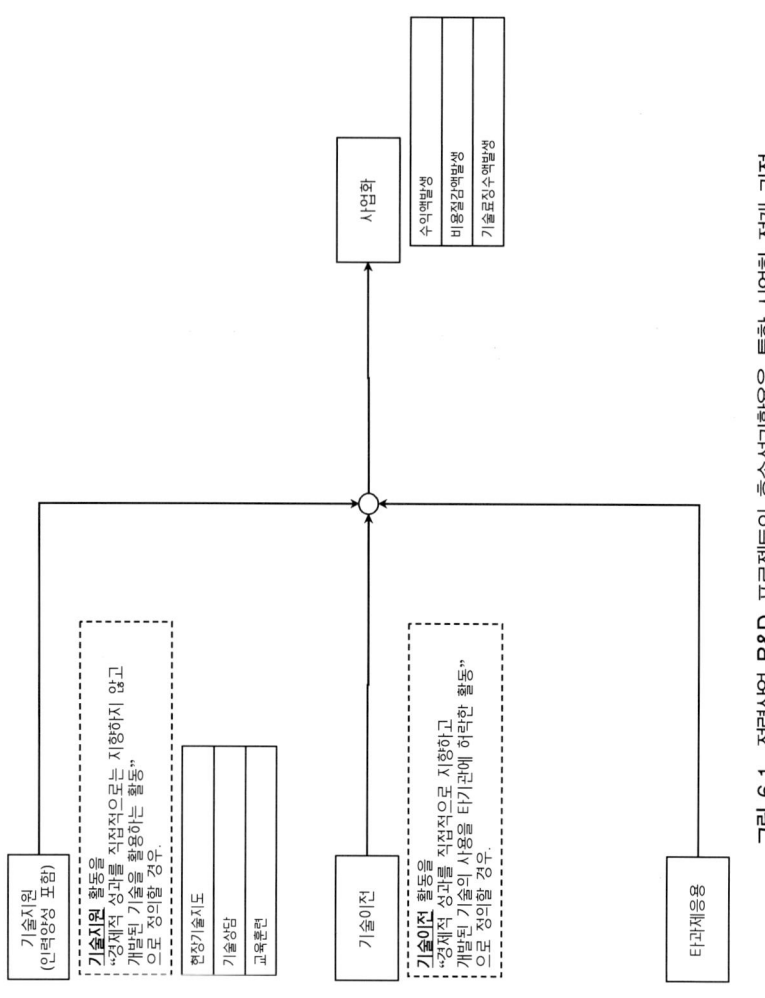

기술지원
(인력양성 포함)

기술지원 활동을
"경제적 성과를 직접적으로는 지향하지 않고
개발된 기술을 활용하는 활동"
으로 정의할 경우.

현장기술지도
기술상담
교육훈련

기술이전

기술이전 활동을
"경제적 성과를 직접적으로 지향하고
개발된 기술이 사용을 타기관에 허락하는 활동"
으로 정의할 경우.

타과제응용

사업화

수익예상성
비용절감예상성
기술료징수여부성

그림 6.1. 전략산업 **R&D** 프로젝트의 후속성과활용을 통한 사업화 전개 과정

본 연구에서는 최종적인 핵심 투입지표군(X)으로 과제별 지원금액(x_1), 수행기간(x_2), 투입인력(x_3), 기술적 산출지표군(Y)으로 논문(y_1), 지적재산권(y_2), 시제품·실험(y_3) 실적 요소 각각 3개씩을 추가해 그림 6.2와 같은 투입·성과지표의 계층적 구조에 맞춰 통합성과평가지수를 산정하고자 한다. 본 연구에서의 성과평가의 목표를 '상대적으로 우수한 사업목표에 부합된 성과를 창출한 전력산업 R&D 프로젝트 선정을 통해 그 성과와 후속 예산편성을 연계한 추적지원'으로 규정할 때, 상위 평가영역은 효율성, 효과성 2개 영역으로 구분되며 효과성 영역은 다시 1단계 후속성과활용과 2단계 사업화 2개 평가영역으로 분리됨으로써 결국 총 3개 하위 평가영역을 갖는 성과평가 체계이다. 정부 R&D 사업에 의해 창출된 주요 성과로서 국가과학기술지식정보서비스(NTIS, National Science & Technology Information Service)에 매년 정기적으로 등록·관리되는데 핵심 성과지표 6가지, '특허', '논문', '기술료', '사업화 여부', '인력양성', '학술·기술 연수성과' 및 이와는 별개로 조사되는 '장비·설비 구축정보' 총 7가지를 고려할 때, 그림 6.2는 '전력산업연구개발사업'과 관련이 있는 4개 핵심 성과지표를 포함한 것으로 보인다[19]. 특히, SCI논문에 대한 성과의 경우에는 반드시 증빙자료를 제출해야만 성과로서 인정되도록 NTIS 전산시스템이 구축·운영되고 있으므로, 본 연구에서도 논문종류에 대한 차이를 고려한 성과평가를 시도하고자 한다.

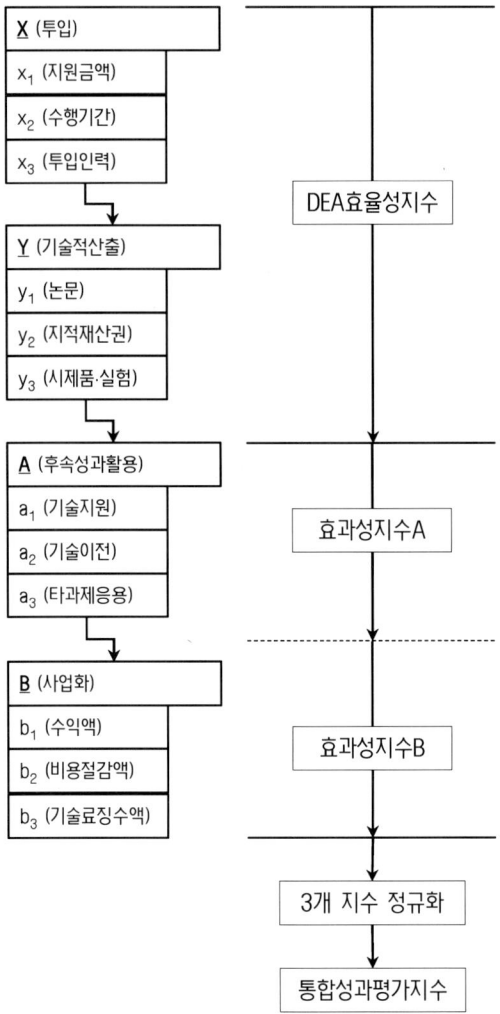

그림 6.2. 전력산업 R&D 프로젝트 투입·성과지표의 계층적 구조 및
통합성과평가지수 산정 절차

첫째, DEA효율성지수 산정에 이용될 DEA출력·입력요소를 표 6.2에 자세히 정리되어 있다. 즉, 효율성은 투입규모 대비 3개 기술적 산출을 고려해 DEA효율성지수로서 요약된다. DEA출력·입력요소로서 다양한 투입·산출지표를 고려할 수 있었지만, 본 연구와 병행된 관련 조사·분석·평가 활동에 직간접으로 참여한 산·학·연 전문가들의 의견수렴을 거쳐 전력산업 R&D 프로젝트의 경우 그림 6.2, 표 6.2와 같은 각각 3개 투입·산출지표를 DEA출력·입력요소로 선정됨을 밝힌다. 단, 표 6.2에서 가중치가 제공되지 않은 하위구성요소을 갖는 DEA출력·입력요소는 단순합계를, 가중치가 결부된 하위구성요소를 갖는 DEA출력·입력요소는 가중합계를 취한다. 표 6.2에서의 가중치는 본 논문저자들의 소속기관 업적평가기준과 '2단계 BK21사업' 연구업적평가기준 등을 참고해 설정되었음을 밝힌다.

표 6.2. DEA출력 · 입력요소

No.	DEA출력요소		하위구성요소		가중치	단위
1	논문게재실적	(y_1)	SCI/SCIE논문	(y_1^1)	$w_1^1 = 2.0$	건
			일반국제학술논문	(y_1^2)	$w_1^2 = 1.0$	건
			일반국내학술논문	(y_1^3)	$w_1^3 = 1.0$	건
			국제학술발표	(y_1^4)	$w_1^4 = 0.6$	건
			국내학술발표	(y_1^5)	$w_1^5 = 0.2$	건
2	지적재산권실적	(y_2)	국제특허출원	(y_2^1)	$w_2^1 = 1.5$	건
			국제특허등록	(y_2^2)	$w_2^2 = 3.0$	건
			국내특허출원	(y_2^3)	$w_2^3 = 0.5$	건
			국내특허등록	(y_2^4)	$w_2^4 = 1.0$	건
			실용신안출원	(y_2^5)	$w_2^5 = 0.3$	건
			실용신안등록	(y_2^6)	$w_2^6 = 0.6$	건
			프로그램(S/W)등록	(y_2^7)	$w_2^7 = 0.3$	건
3	시제품 · 실험실적	(y_3)	H/W(전기부품 · 장비등)	(y_3^1)		건
			S/W(프로그램)	(y_3^2)		건
			기타	(y_3^3)		건

No.	DEA입력요소		하위구성요소		단위
1	과제지원금액	(x_1)	직접지원금액	(x_1^1)	백만원
			매칭펀드	(x_1^2)	백만원
2	과제수행기간	(x_2)			개월
3	투입인력	(x_3)			명

둘째, 후속성과활용 관련 '효과성지수A'는 임의의 평가대상 전력산업 R&D 프로젝트에 대해 기술지원, 기술이전, 타과제응용 3개 설문항목을 통해 조사된 발생 건수가 3개 어느 경우에서라도 확인되면 '1' 아니면 '0'으로 변환된 이진변수로 표현된다. 유사하게 사업화 관련 '효과성지수 B'도 수익액, 비용절감액, 기술료징수액 3개 설문항목 조사에 의해 금액 발생이 확인되면 '1' 아니면 '0'으로 변환된 이진변수로 표현된다. 단, 그

림 6.2 A(후속성과활용)지표군을 구성하는 기술지원(a_1), 기술이전(a_2), 타과제응용(a_3) 각 발생건별 사업화로의 연계성은 기술이전→기술지원→타과제응용 순으로 저하되고, 동일액의 수익액, 비용절감액, 기술료징수액 또한 과제수행기관 혹은 사업전담기관이 취할 수 있는 순수 현금 유출입(cash flow)에서도 현실적 차이가 있다고 추정된다. 즉, 비용절감액→수익액 순으로 과제수행기관이 취하는 경제적 효과가 저하되고 기술료징수액은 사업전담기관이 취하는 경제적 효과로서 간주된다. 그렇지만, A(후속성과활용)지표군, B(사업화)지표군을 구성하는 각 3개 개별지표 발생건수 집계시 적용가능한 가중치 설정과 부여는 본 연구의 범위에서는 논의되지 않는다.

6.3.2 성과평가 모형

식(6.3)은 그림 6.2에 기초해 수립된 평점모형이다. S_k는 [0,1] 사이 값으로 k^{th} 평가대상 R&D 프로젝트의 통합성과평가지수, W_c는 c^{th} 하위 평가영역 정규화 가중치로서 [0,1] 사이 값이며 $\Sigma_{c=1}^{n_c} W_c = 1$로 정의된다. s_{ck}는 c^{th} 하위 평가영역에서 k^{th} 평가대상 R&D 프로젝트의 개별성과평가지수로서 [0,1] 사이 값이다. n_c는 하위 평가영역 개수로서 그림 6.2에서 $n_c = 3$이다. 즉, k^{th} 평가대상 R&D 프로젝트에서; 1)s_{1k}는 DEA효율성지수; 2)s_{2k}는 후속성과활용 효과성지수A; 3)s_{3k}는 사업화 효과성지수 B를 나타낸다.

$$S_k = \sum_{c=1}^{n_c} W_c s_{ck} \tag{6.3}$$

식(6.4.1)은 input-oriented envelopment infinitesimal VRS(Variable

Returns to Scale) model(PI_3)로서 본 연구 식(6.4.2) 유도를 위한 기본 모형이다[41]. n개 Decision Making Unit(DMU) 집합에서 DMUk의 효율성지수 θ_k를 계산하며, 임의의 DMUj의 가중치λ_j, r^{th}출력요소 y_{rj}, i^{th}입력요소 x_{ij}, DMUk의 r^{th}출력요소기준 출력요소부족 slack variable s_r^+, i^{th}입력요소기준 입력요소초과 slack variable s_i^-, infinitesimal 양수 ϵ이 정의된다. 식(6.4.1) 결정변수는 $\theta_k, s_r^+, s_i^-, \lambda_j$이며, ①efficient, ② weakly efficient, ③inefficient, ④DMU별 benchmark 및 그에 상응하는 가중치를 검토할 수 있다. 한편, 식(6.4.1)에서 제약식 $\sum_{j=1}^{n}\lambda_j = 1$을 제거 하면 PI_0 CRS(Constant Returns to Scale), $\sum_{j=1}^{n}\lambda_j \leq 1$로 대체하면 PI_1 DRS(Decreasing Returns to Scale), $\sum_{j=1}^{n}\lambda_j \geq 1$로 대체하면 PI_2 IRS(Increasing Returns to Scale) 모형이 된다.

식(6.4.2)는 식(6.4.1)의 쌍대(dual)모형으로서 k^{th} 평가대상 R&D 프로젝트의 DEA효율성지수 s_{1k} 계산모형으로 n개 평가대상 R&D 프로젝트가 DMU 집합이다. 특히, Acceptance Region(AR) Type I(AR-I) 제약식이 포함된 DEA/AR-I수정모형으로 DMUk의 DEA효율성지수 $s_{1k} = z_k(\mu_*, \mu_r)$을 최대화하며 결정변수는 $\mu_*, \mu_r (r=1,...,s), \nu_i (i=1,...,m)$ 이다. $\mu_r(r=1,...,s), \nu_i(i=1,...,m)$는 순서대로 출력-입력요소 multiplier, μ_*는 입력요소 증가에 따른 출력요소 증가의 비율이 일정치 않음을 나타내는 VRS 가정에 대응하는 scalar이다. $U^{r/1}, L^{r/1}$은 r^{th}출력요소 multiplier의 1^{st}출력요소 multiplier에 대한 비율의 AR-I제약식 상하한 parameter, $u_{i/1}, l_{i/1}$은 i^{th}입력요소 multiplier의 1^{st}입력요소 multiplier에 대한 비율의 AR-I제약식 상하한 parameter를 나타낸다. 식(6.4.2)의 DEA효율성지수 변별력 등의 논의는 Seiford and Thrall[41], Park et $al.$[37]에 설명되어 있다. 아울러, DEA에 대한 기본적 이해 등은 Cooper *et al.*[8,9]을 참고할 수 있다. 식(6.5), (6.6)은 순서대로 후속성과활용 효과성지수A s_{2k}, 사업화 효과성지수B s_{3k} 0-1 이진변수 정의식이다.

$$min_{\theta_k, s_r^+, s_i^-, \lambda_j} \quad z_k(\theta_k, s_r^+, s_i^-) = \theta_k - \epsilon\left(\sum_{r=1}^{s} s_r^+ + \sum_{i=1}^{m} s_i^-\right)$$

$$s.t. \quad \sum_{j=1}^{n} \lambda_j y_{rj} - s_r^+ = y_{rk} \quad \forall \ r$$

$$\theta_k x_{ik} - \sum_{j=1}^{n} \lambda_j x_{ij} - s_i^- = 0 \quad \forall \ i \tag{6.4.1}$$

$$\sum_{j=1}^{n} \lambda_j = 1$$

$$\theta_k \ free \ in \ sign; \ s_r^+, s_i^-, \lambda_j \ \geq 0 \quad \forall \ r,i,j$$

$$max_{\mu_*, \mu_r, \nu_i} \quad s_{1k} = z_k(\mu_*, \mu_r) = \sum_{r=1}^{s} \mu_r y_{rk} + \mu_*$$

$$s.t. \quad \sum_{r=1}^{s} \mu_r y_{rj} - \sum_{i=1}^{m} \nu_i x_{ij} + \mu_* \leq 0 \quad \forall \ j$$

$$\sum_{i=1}^{m} \nu_i x_{ik} = 1 \tag{6.4.2}$$

$$\mu_r \ \geq \epsilon \quad \forall \ r$$

$$\nu_i \ \geq \epsilon \quad \forall \ i$$

$$\mu_* \ free \ in \ sign$$

$$L^{r/1} \leq \mu_r/\mu_1 \leq U^{r/1}, \ r=2,3,...,s$$

$$l_{i/1} \leq \nu_i/\nu_1 \leq u_{i/1}, \ i=2,3,...,m$$

$$s_{2k} = \begin{cases} 1 & if \ '기술지원' \ 확인 \\ 1 & else \ if \ '기술이전' \ 확인 \\ 1 & else \ if \ '타과제응용' \ 확인 \\ 0 & otherwise \end{cases} \tag{6.5}$$

$$s_{3k} = \begin{cases} 1 & if \ '수익액' \ 확인 \\ 1 & else \ if \ '비용절감액' \ 확인 \\ 1 & else \ if \ '기술료징수액' \ 확인 \\ 0 & otherwise \end{cases} \tag{6.6}$$

6.4 사례분석

전력산업기반기금 전담기관인 전력기반조성사업센터(Electric Power Industry Technology Evaluation & Planning, ETEP)에서 실시한 '07년 말 기준 전력산업연구개발사업의 수혜를 받은 총 1,111개 전력산업 R&D 프로젝트중 본 연구를 위해 제공된 임의의 322개를 분석한다. 322 개 전력산업 R&D 프로젝트의 기관·사업유형별 구성은 표 6.3과 같다. 단, §6.2.2에 언급된 4개 기관유형을 IID01-IID04로, 4개 사업유형 역시 FID01-FID04로 임의의 순서대로 암호화해 설명하고자 한다. 표 6.3을 읽는 방법을 예시하면, IID01과 FID01 조합에 있는 9, 14.29, 15.00, 2.80 은 순서대로 해당 조합 전력산업 R&D 프로젝트 개수 및 이 개수의 행 합계 63개에 대한 %, 열 합계 60개에 대한 %, 전체 322개에 대한 %를 표시한다.

표 6.3. 사례분석 실증자료: 전력산업 R&D 프로젝트의 기관·사업유형별 구성

	FID01	FID02	FID03	FID04	행합계
IID01	9	14	21	19	63
	14.29	22.22	33.33	30.16	100.00
	15.00	20.90	24.71	17.27	19.57
	2.80	4.35	6.52	5.90	19.57
IID02	12	5	10	31	58
	20.69	8.62	17.24	53.45	100.00
	20.00	7.46	11.76	28.18	18.01
	3.73	1.55	3.11	9.63	18.01
IID03	16	34	15	48	113
	14.16	30.09	13.27	42.48	100.00
	26.67	50.75	17.65	43.64	35.09
	4.97	10.56	4.66	14.91	35.09
IID04	23	14	39	12	88
	26.14	15.91	44.32	13.64	100.00
	38.33	20.90	45.88	10.91	27.33
	7.14	4.35	12.11	3.73	27.33
열합계	60	67	85	110	322
	18.63	20.81	26.40	34.16	100.00
	100.00	100.00	100.00	100.00	100.00
	18.63	20.81	26.40	34.16	100.00
교차 셀 내용	개수				
	행의 %				
	열의 %				
	총계의 %				

식(6.4.2)로 322개 전력산업 R&D 프로젝트의 DEA효율성지수를 계산해 그림 6.3과 같이 표현한다. 그림 6.3에서 'DEA/AR-I(∘,점선)' 계열은 식(6.4.2)로 계산된 DEA효율성지수를, 'DEA(•,직선)' 계열은 식(6.4.2)에서 AR-I제약식 제거후 계산된 DEA효율성지수를 나타낸다. 단, 'DEA(•,직선)' 계열의 오름차순으로 정렬되었고 가로축 레이블은 평가대상 전력산업 R&D 프로젝트 식별번호이고 세로축은 DEA효율성지수를 나

타낸다. 앞으로 DEA효율성지수는 'DEA/AR-I(○,점선)' 계열 값을 지칭
한다.

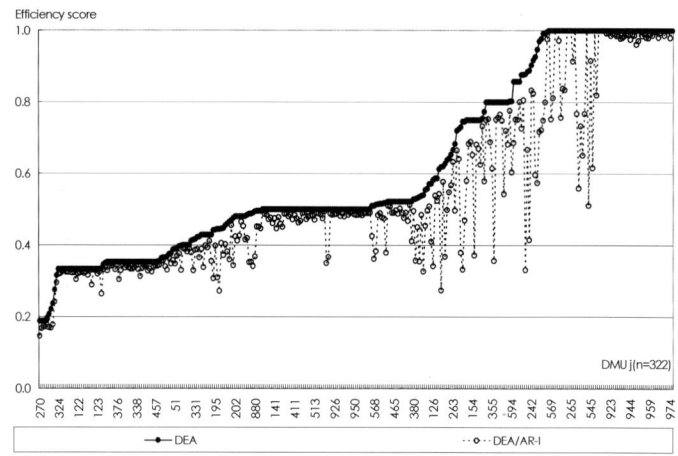

그림 6.3. DEA효율성지수 점그림(plot)

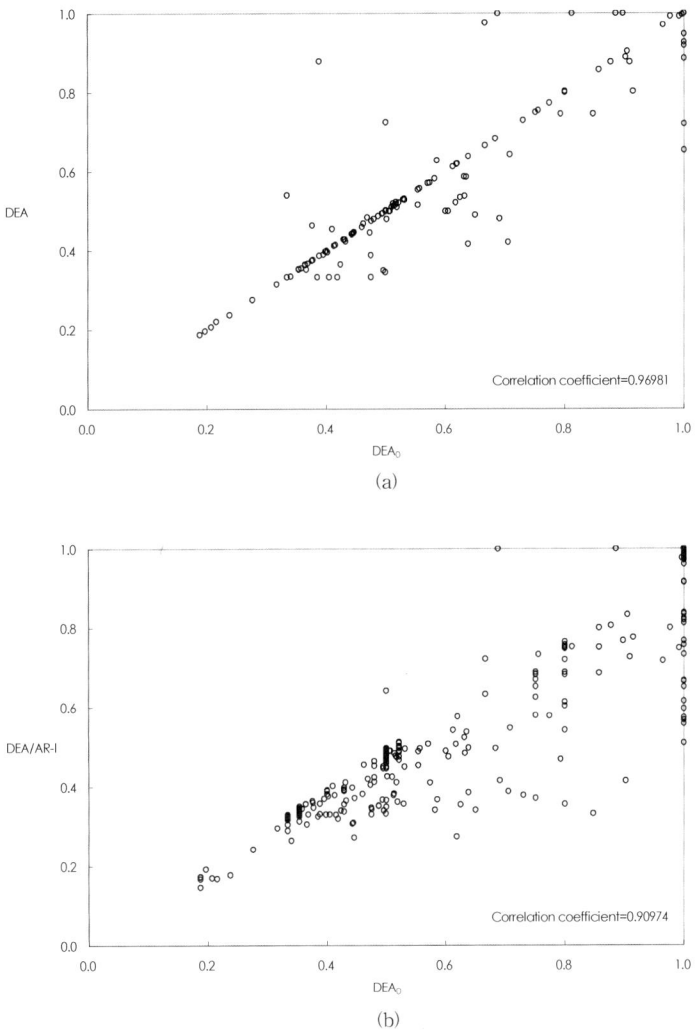

그림 6.4. 효율성지수 산점도(scatter diagrams);
(a)DEAo vs. DEA; (b)DEAo vs. DEA/AR-I

식(6.7)은 Park *et al.*[37]의 AR-I제약식 상하한 parameter 생성절차를 따라 $\alpha = 0.25$(단, α는 절사율)로 설정해 추출된 본 사례분석의 AR-I제약식이다. 그림 6.3에서 AR-I제약식 추가에 따른 DEA효율성지수 감소 양태가 확인되는데, 이는 출력-입력요소 multiplier가 0에 근접한 값 또는 상대적으로 큰 값을 취함으로써 비효율적 DMU가 효율적 DMU로 평가되는 경우를 방지한 것으로 판단된다. 그림 6.4는 2개 효율성지수의 산점도(scatter diagram)로서 DEA0는 표 6.2 2개 DEA출력요소 논문게재실적(y_1), 지적재산권실적(y_2)을 제시된 가중치를 사용하지 않고 산정된 자료를 이용해 구한 효율성지수이다. 그림 6.4.(a) DEA0 vs. DEA 효율성지수의 상관계수(correlation coefficient) 0.96981, 그림 6.4.(b) DEA0 vs. DEA/AR-I 효율성지수의 상관계수 0.90974로서 표 6.2 가중치 채택에 따른 DEA효율성지수의 심각한 인위적 왜곡은 없는 것으로 판단된다. 한편, DEA vs. DEA/AR-I 효율성지수의 상관계수는 0.92582이다.

$$1.86097 (= L^{2/1}) \le \mu_2/\mu_1 \le 7.96746 (= U^{2/1}) \qquad (6.7.1)$$

$$1.16808 (= L^{3/1}) \le \mu_3/\mu_1 \le 5.59982 (= U^{3/1}) \qquad (6.7.2)$$

$$19.99723 (= l_{2/1}) \le \nu_2/\nu_1 \le 297.72931 (= u_{2/1}) \qquad (6.7.3)$$

$$18.08872 (= l_{3/1}) \le \nu_3/\nu_1 \le 329.60676 (= u_{3/1}) \qquad (6.7.4)$$

한편, 후속성과활용과 사업화 조사결과 평가대상 R&D 프로젝트 322개중 $\sum_{j=1}^{n} s_{2k} = 58$개, $\sum_{j=1}^{n} s_{3k} = 29$개로서 $\sum_{j=1}^{n} s_{1k} = 174.79746$과 비교할 때, 현실적으로 고유의 사업목표 달성이 쉽지 않음이 확인된다. 더불어, 3개 지수를 단순 합산할 경우의 통합성과평가지수 S_k는 2개 효과성지수에 비해 DEA효율성지수가 지배적 크기를 갖는 [0,3] 사이 값을 취한다. 3개 지수간 무차원적 비교를 위해 Kim and Kim[17]의 역변환 정규화에 기초해 정규화 가중치 W_c를 식(6.8)과 같이 정의한다. W_c 계산과정 및 정규화 지수 평균을 표 6.4에 정리한다. 정규화 지수 평균이 모두 0.05406으로 평준화된 것을 확인할 수 있다.

$$W_c = \frac{\left(\frac{1}{n}\sum_{j=1}^{n}s_{ck}\right)^{-1}}{\left(\left(\frac{1}{n}\sum_{j=1}^{n}s_{1k}\right)^{-1}+\left(\frac{1}{n}\sum_{j=1}^{n}s_{2k}\right)^{-1}+\left(\frac{1}{n}\sum_{j=1}^{n}s_{3k}\right)^{-1}\right)} \tag{6.8}$$

표 6.4. 정규화 가중치 W_c 계산과정 및 정규화 지수 평균

지수 합계	지수 평균	지수 평균의 역수	정규화 가중치	정규화 지수 평균
$\sum_{j=1}^{n}s_{1k}=174.79746$	$\frac{1}{n}\sum_{j=1}^{n}s_{1k}=0.54285$	$\left(\frac{1}{n}\sum_{j=1}^{n}s_{1k}\right)^{-1}=1.84213$	$W_1=0.09959$	$\frac{1}{n}\sum_{j=1}^{n}W_1s_{1k}=0.05406$
$\sum_{j=1}^{n}s_{2k}=58$	$\frac{1}{n}\sum_{j=1}^{n}s_{2k}=0.18012$	$\left(\frac{1}{n}\sum_{j=1}^{n}s_{2k}\right)^{-1}=5.55172$	$W_2=0.30014$	$\frac{1}{n}\sum_{j=1}^{n}W_2s_{2k}=0.05406$
$\sum_{j=1}^{n}s_{3k}=29$	$\frac{1}{n}\sum_{j=1}^{n}s_{3k}=0.09006$	$\left(\frac{1}{n}\sum_{j=1}^{n}s_{3k}\right)^{-1}=11.10345$	$W_3=0.60027$	$\frac{1}{n}\sum_{j=1}^{n}W_3s_{3k}=0.05406$

식(6.3)-(6.8)에 의해 계산된 평가대상 R&D 프로젝트 322개의 통합성과평가지수를 그림 6.5처럼 정리한다. 그림 6.5에서 시각적으로 확인되는 것처럼 평가대상 R&D 프로젝트 322개는 아래와 같이 4개 그룹으로 분리됨을 알 수 있다.

- 제1그룹: 범위(0.01457, 0.09959), 개수(251), 비율(77.95%)
- 제2그룹: 범위(0.33205, 0.39973), 개수(42), 비율(13.04%)
- 제3그룹: 범위(0.61753, 0.69986), 개수(13), 비율(4.04%)
- 제4그룹: 범위(0.93263, 1.00000), 개수(16), 비율(4.97%)

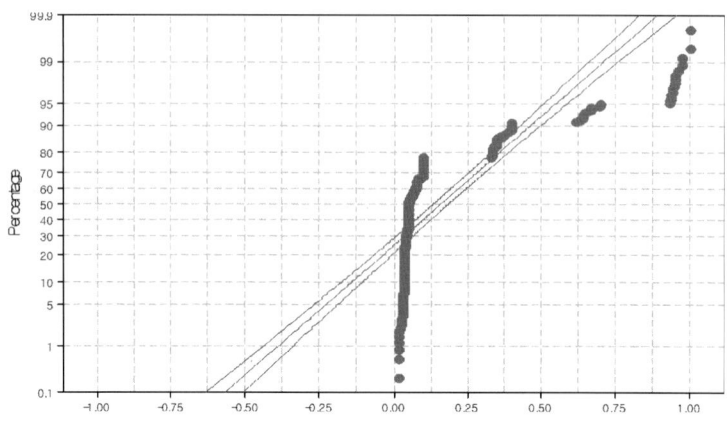

그림 6.5. 통합성과평가지수 정규확률도(Normal probability plot)

한편, 우변사향(skewed to the right) 분포가 확인되어 통합성과평가
지수 모집단에 대한 특정분포 가정은 무리이다. Anderson-Darling 검정
통계량(test statistic) $AD = 53.367$의 유의확률($p-$value) < 0.005로써 그
림 6.5 관련 정규성(normality)이 확보되지 않는다. 표 6.3 기관·사업유형
별 16개 조합별 정규성 검정결과에서도 IID02, FID02 조합에서의
$AD = 0.686$의 $p-$value $= 0.029$를 제외하곤 나머지 15개 조합에서의 AD
검정통계량의 $p-$value < 0.005가 확인되어 정규성을 가정할 수 없다.

그러므로 연속확률분포 가정만이 요구되는 Kruskal-Wallis 검정의 동
순위조정 검정통계량 식(6.9)를 활용해 기관·사업유형별 통합성과평과
지수의 통계적 유의차를 확인한다[34,35]. 표 6.5.(a)부터 표 6.5.(d)까지는
기관별 4개 사업유형간, 표 6.5.(e)부터 표 6.5.(h)까지는 사업별 4개 기
관유형간 검정결과이다. 단, 표 6.5 각 패널(panel) 4개 수준(Level)(즉,
$a = 4 > 3$)에 대해서 표본크기가 충분하므로(즉, $n_i \geq 5,\ i = 1,2,...,a$) 귀
무가설 $H_0 : \eta_1 = \eta_2 = \eta_3 = \eta_4$에 대한 유의수준(significance level) α에서
$h \geq \chi^2_{\alpha,a-1}$ 기각역을 갖는다(단, η_i는 i^{th} 수준에서의 통합성과평가지수

모집단 중위수). 표 6.5 각 패널에는 전체(단, 표본크기는 N), 수준별 순위평균 $\overline{R}$, $\overline{R_{i.}}$ 및 $\overline{R_{i.}}$ 표준화값 (z − value)이 함께 정리된다.

먼저, 사업유형간 검정결과 $\alpha = 0.1$, $h \geq \chi^2_{0.1.3} = 6.25$로써 표 6.5.(a), 표 6.5.(c)에서 통계적 유의차가 확인되며, 전반적으로 표 6.5.(a)부터 표 6.5.(d)까지 4개 패널에 기초할 때 사업유형 FID04 성과가 상대적으로 높은 것으로 추정된다. 한편, 기관유형간 검정결과 동일 유의수준에서 표 6.5.(e), 표 6.5.(h)에서 통계적 유의차가 확인되며, 전반적으로 표 6.5.(e)부터 표 6.5.(h)까지 4개 패널에 기초할 때 기관유형 IID02 성과가 상대적으로 높은 것으로 추정된다. 이와 같은 결과는 사업전담기관의 후속성과활용 측면에서의 기존 평가결과 즉, 후속성과활용 전체에서 IID02 가 33.2%, FID04가 32.1%로 가장 높았다는 점과 일치됨을 확인할 수 있었으므로, 성과평가 관련 3개 주체(즉, 정부, 사업전담기관, 사업수행기관)가 취하는 본 연구결과의 수용성이 기대된다고 판단된다.

$$h = \frac{1}{S^2} \left[\sum_{i=1}^{a} \frac{R_{i.}^2}{n_i} - \frac{N(N+1)^2}{4} \right] \tag{6.9.1}$$

$$S^2 = \frac{1}{N-1} \left[\sum_{i=1}^{a} \sum_{j=1}^{n_i} R_{ij}^2 - \frac{N(N+1)^2}{4} \right] \tag{6.9.2}$$

표 6.5 통합성과평과지수의 기관·사업유형별 Kruskal-Wallis 검정결과

(a) IID01

i	Level	n_i	$\overline{R}_{i.}$	z-value
1	FID01	9	17.7	-2.53
2	FID02	14	29.8	-0.50
3	FID03	21	35.4	1.04
4	FID04	19	36.6	1.32

$N=63$ $\overline{R}=32.0$

$h=7.64,\ d.f.=3,\ p-value=0.054$

(b) IID02

i	Level	n_i	$\overline{R}_{i.}$	z-value
1	FID01	12	32.5	0.69
2	FID02	5	28.0	-0.21
3	FID03	10	23.8	-1.17
4	FID04	31	30.4	0.44

$N=58$ $\overline{R}=29.5$

$h=1.65,\ d.f.=3,\ p-value=0.648$

(c) IID03

i	Level	n_i	$\overline{R}_{i.}$	z-value
1	FID01	16	62.4	0.71
2	FID02	34	45.8	-2.39
3	FID03	15	55.1	-0.25
4	FID04	48	63.8	1.88

$N=113$ $\overline{R}=57.0$

$h=6.50,\ d.f.=3,\ p-value=0.090$

(d) IID04

i	Level	n_i	$\overline{R}_{i.}$	z-value
1	FID01	23	42.4	-0.46
2	FID02	14	49.4	0.78
3	FID03	39	43.7	-0.26
4	FID04	12	45.5	0.15

$N=88$ $\overline{R}=44.5$

$h=0.72,\ d.f.=3,\ p-value=0.868$

(e) FID01

i	Level	n_i	$\overline{R}_{i.}$	z-value
1	IID01	9	20.8	-1.81
2	IID02	12	39.3	1.94
3	IID03	16	33.3	0.74
4	IID04	23	27.8	-0.94

$N=60$ $\overline{R}=30.5$

$h=6.74,\ d.f.=3,\ p-value=0.081$

(f) FID02

i	Level	n_i	$\overline{R}_{i.}$	z-value
1	IID01	14	35.4	0.31
2	IID02	5	44.2	1.22
3	IID03	34	30.3	-1.59
4	IID04	14	38.0	0.86

$N=67$ $\overline{R}=34.0$

$h=3.29,\ d.f.=3,\ p-value=0.350$

(g) FID03

i	Level	n_i	$\overline{R}_{i.}$	z-value
1	IID01	21	49.8	1.45
2	IID02	10	50.3	1.00
3	IID03	15	42.3	-0.12
4	IID04	39	37.7	-1.81

$N=85$ $\overline{R}=43.0$

$h=4.23,\ d.f.=3,\ p-value=0.238$

(h) FID04

i	Level	n_i	$\overline{R}_{i.}$	z-value
1	IID01	19	56.2	0.11
2	IID02	31	66.7	2.31
3	IID03	48	50.7	-1.38
4	IID04	12	44.5	-1.27

$N=110$ $\overline{R}=55.5$

$h=6.35,\ d.f.=3,\ p-value=0.096$

6.5 결론

현재까지 전력산업 R&D 프로젝트의 성과평가는, 투입·성과지표의 개발·조사 부문에 있어서는 전기된 우리나라 정부의 국가연구개발사업의 성과관리 방향에 부응해 전개된 것으로 판단된다. 하지만, 개별 성과지표를 기준으로 한 단편적인 성과관리에 대응해 오던 것을 보다 과학적이고 통합적인 접근을 통해 다중 성과지표를 포괄한 복합화지수에 기초해 체계적으로 대응할 필요성이 부각되고 있다. 본 연구에서는 첫째, 전력산업연구개발사업에 대한 올바른 이해를 바탕으로 효율성과 함께 최근 강조되고 있는 효과성이 통합된 전력산업 R&D 프로젝트의 성과평가 체계를 정립하고자 하였다. 둘째, 효율성, 효과성 평가영역을 정의·구분하고 이에 대응하는 투입·성과지표의 계층적 절차를 제시하였다. 셋째, 정량적 투입·성과지표는 DEA/AR-I모형으로, 사업목표가 반영된 2개 효과성 평가영역의 정성적 성과지표는 2개 0-1 이진변수로 정의하고 제시된 계층적 구조에 대응하는 평점모형을 개발하였다. 특히, DEA 효율성지수와 2개 효과성지수의 무차원적 비교를 위한 정규화 가중치 계산식을 정의·활용하였다. 넷째, 실증적 사례분석을 실시해 평가대상 전력산업 R&D 프로젝트 322개의 통합성과평가지수를 계산하고 이를 이용한 기관·사업유형별 통계적 유의차 검정결과를 논의하였다. 향후, 본 모형에 대한 성과관리 추진주체(즉, 정부, 사업 전담기관·수행기관)간 수용성 검증에 대한 체계적 실험이 보완될 필요가 있다. 이론적 측면에서는, 효율성지수와 효과성지수가 통합·계산되는 수리적 단일모형을 개발함으로써 정규화 가중치 활용에 따른 무차원적 비교의 단점이 완화될 필요가 있다. DEA출력·입력요소 자료 산정시 사용된 하위요소별 가중치의 설정·부여와 더불어 후속성과활용 및 사업화를 구성하는 하위 요소간 차등적 가중치를 설정·부여하는 방안에 대한 성과관리 추진주체들로부터의 의견수렴 및 이에 대한 연구가 추가적으로 논의될 수 있다고 판단된다.

감사의 글

제 6장 내용은 대한산업공학회(Korean Institute of Industrial Engineers, KIIE) 'KIIE-2010-113' 승인을 받아 「박성민*, 김헌, 백동현, "전력산업 R&D 프로젝트의 효율성 및 효과성 평가", IE Interfaces 산업공학, 22권, 3호, pp.192-204, 2009년 9월호」를 편집·수록한 것임을 밝힙니다.

[Chapter 6] 참고문헌

[1] Asmild, M., Paradib, J. C., Reesec, D. N. and Tamb, F., "Measuring overall efficiency and effectiveness using DEA", *European Journal of Operational Research*, Vol.178, No.1, pp.305-321, 2007.

[2] Banker, R. D., Conrad, R. F. and Strauss, R. P., "A comparative application of data envelopment analysis and Translog methods: an illustrative study of hospital production", *Management Science*, Vol.32, No.1, pp.30-44. 1986.

[3] Bessent, A., Bessent, W., Kennington, J. and Reagan, B., "An application of mathematical programming to assess productivity in the Houston independent school district", *Management Science*, Vol.28, No.12, pp.1355-1367, 1982.

[4] Bitman, W. R. and Sharif, N., "A conceptual framework for ranking R&D projects", *IEEE Transactions on Engineering Management*, Vol.55, No.2, pp.267-278, 2008.

[5] Charnes, A. and Cooper, W. W., "Auditing and accounting for program efficiency and management efficiency in not-for-profit entities", *Accounting, Organizations*

and Society, Vol.5, No.1, pp.87-107, 1980.

[6] Charnes, A., Cooper, W. W. and Rhodes, E., "Evaluating program and managerial efficiency: an application of data envelopment analysis to program follow through", *Management Science*, Vol.27, No.6, pp.668-697, 1981.

[7] Cho, Y., "Induction of performance-oriented evaluation system of national R&D programs", *Naragyungje*, December, pp.64-67, 2005.

[8] Cooper, W. W., Seiford, L. M. and Tone, K., *Data Envelopment Analysis: A Comprehensive Text With Models, Applications, References and DEA-Solver Software*, 2nd ed., New York: Springer, 2007.

[9] Cooper, W. W., Seiford, L. M. and Zhu, J., *Handbook on Data Envelopment Analysis*, Boston: Springer(Kluwer Academic Publishers), 2004.

[10] Farris, J. A., Groesbeck, R. L., Aken, E. M. V. and Letens, G., "Evaluating the relative performance of engineering design projects: a case study using data envelopment analysis", *IEEE Transactions on Engineering Management*, Vol.55, No.3, pp.471-482, 2006.

[11] Garcia-Sanchez, I. M., "Evaluating the effectiveness of the Spanish police force through data envelopment analysis", *European Journal of Law and Economics*, Vol.23, No.1, pp.43-57, 2007.

[12] Henriksen, A. D. and Traynor, A. J., "A practical R&D project-selection scoring tool", *IEEE Transactions on Engineering Management*, Vol.46, No.2, pp.158-170, 1999.

[13] Hsu, F. M. and Hsueh, C. C., "Measuring relative efficiency of government-sponsored R&D projects: A three-stage approach", *Evaluation and Program Planning*, Vol.32, No.2, pp.178-186, 2009.

[14] Hwang, S., STEPI Policy Study 2006-12, Methodology of Economic Assessment for Classified R&D Programs, STEPI, Korea, 2006.

[15] Hwang, Y. and Hwang, S., *STEPI Policy Study 2004-20, An Assessment of the Performance Evaluation System for Government R&D*, STEPI, Korea, 2005.

[16] Karlaftis, M. G., "A DEA approach for evaluating the efficiency and effectiveness of urban transit systems", *European Journal of Operational Research*, Vol.152, No.2, pp.354-364, 2004.

[17] Kim, S. and Kim, T., "Assessment framework for multicriteria comparison indicators in various electricity supply systems", *Journal of Energy Engineering*, Vol.15, No.1, pp.74-81, 2006.

[18] Ko, Y., Yoon, H. and Lee, J., KDI Research Report 2004-02: *Performance Management of Public Sector*, KDI, Korea, 2004.

[19] Korea Institute of Science and Technology Information(KISTI), *Law-Enforcement Ordinance-Enforcement Regulations*, http://www.ntis.go.kr/ThMain.do, NTIS, Korea, 2008.

[20] Korea National Statistical Office(NSO), *e-Narajipyo*, http://www.index.go.kr/egams/default.jsp, Korea, 2008.

[21] Korea Research Council for Industrial Science and Technology (ISTK), *A Study of Establishment of Follow-up Evaluation and Monitoring System for R&D Programs Performance*, Korea, 2007.

[22] Korean Electricity Commission(KOREC), *Competition Induction in Electric Power Industry*, http://www.korec.go.kr/, Korea, 2008.

[23] Lee, H., Park, Y. and Choi, H., "Comparative evaluation of performance of national R&D programs with heterogeneous objectives: a DEA approach", *European Journal of Operational Research*, Vol.196, No.3, pp.847-855, 2009.

[24] McLaughlin, J. A. and Jordan, G. B., "Logic models: a tool for telling your program's performance story", *Evaluation and Program Planning*, Vol.22, No.1, pp.65-72, 1999.

[25] Ministry of Industry and Resource(MIR)[1], *2006 National R&D Programs Investigation · Analysis · Evaluation-Electric Power Industry R&D Programs-*, Korea, 2006.

[26] Ministry of Industry and Resource(MIR)[2], *Final Report: 2006 Performance Analysis of Electric Power Industry R&D Programs*, Korea, 2007.

[27] Ministry of Industry and Resource(MIR) · Electric Power Technology Evaluation and Planning Center(ETEP), *2007 Internal Evaluation of National R&D Programs-Electric Power Industry R&D Programs-*, Korea, 2007.

[28] Ministry of Information and Communication(MIC) · Institute for Information Technology Advancement(IITA), *Performance Analysis on Information and Communication Promotion Fund(VIII) (Technology Development Investment Projects)*, SI Media, Inc., Korea, 2006.

[29] Ministry of Information and Communication(MIC) · Korea Association of Information and Telecommunication(KAIT), *A Study on the Performance Evaluation Method of Public Policy for the Small and Medium Size IT Firms*, Korea, 2007.

[30] Ministry of Knowledge Economy(MKE), *Final Report: 2007 Electric Power Industry*

R&D Programs, Korea, 2008.

[31] Ministry of Science and Technology(MST) · Korea Institute of Science and Technology Evaluation and Planning(KISTEP), *A Study of the Methodology for Follow-up Evaluation of National R&D Programs*, Korea, 2007.

[32] Ministry of Science and Technology(MST) · Office of Science and Technology Innovation(OSTI), *2008 Internal Evaluation Manual of National R&D Programs*, Korea, 2008.

[33] Ministry of Strategy and Finance(MOSF), *Press Release: A Budget for Economic Jump with Job Creation-The Essence of 2009 National Bill of Budget and Fund-*, Korea, 2008.

[34] Minitab^R, *Minitab^R Release 14.20 StatGuide*, State College: Minitab Inc., 2005.

[35] Montgomery, D. C. and Runger, G. C., *Applied Statistics and Probability for Engineers*, 2nd ed., New York: John Wiley & Sons, 1999.

[36] Oral, M., Kettani, O. and Lang, P., "A methodology for collective evaluation and selection of industrial R&D projects", *Management Science*, Vol.37, No.7, pp.871-885, 1991.

[37] Park, S., Kim, H. and Baek, D., "Design of DEA/(AR-I,ARGM) models and sensitivity analysis for performance evaluation on governmental funding projects for IT small and medium-sized enterprises", *Journal of the Korean Institute of Industrial Engineers*, Vol.34, No.2, pp.190-204, 2008.

[38] Parks, R. B., "Technical efficiency of public decision making units", *Policy Studies Journal*, Vol.12, No.2, pp.337-346, 1983.

[39] Rhim, H., Yoo, S. and Kim, Y., "A DEA/AHP hybrid model for evaluation and selection of R&D projects", *Journal of the Korean Operations Research and Management Science Society*, Vol.24, No.4, pp.1-12, 1999.

[40] Science and Technology Policy Institute(STEPI), *Final Report: A Study of the Development and Management of the Evaluation System for Performance-Oriented Electric Power Industry Fund Programs*, Korea, 2008.

[41] Seiford, L. M. and Thrall, R. M., "Recent development in DEA: the mathematical programming approach to frontier analysis", *Journal of Econometrics*, Vol.46, No.1-2, pp.7-38, 1990.

[42] Sherman, H. D. and Gold, F., "Bank branch operating efficiency: evaluation with data envelopment analysis", *Journal of Banking and Finance*, Vol.9, No.2, pp.297-315, 1985.

[43] Song, B., "R&D budget 10 trillion 'Won'(Korean currency unit) and the world 8th R&D power nation", *Naragyungje*, November, pp.14-16, 2007.

[44] Wang, K., Wang, C. K. and Hu, C., "Analytic hierarchy process with fuzzy scoring in evaluating multidisciplinary R&D projects in China", *IEEE Transactions on Engineering Management*, Vol.52, No.1, pp.119-129, 2005.

[45] Yu, M. M. and Lin, E. T. J., "Efficiency and effectiveness in railway performance using a multi-activity network DEA model", *Omega*, Vol.36, No.6, pp.1005-1017, 2008.

□ End of Chapter 6 □

정부자금지원을 받은 IT중소기업의 매출액 성장곡선모형 추정

박성민[†], 김헌

Estimation of Growth Curve Models on the Revenue of IT
Small and Medium-Sized Enterprises Supported by
Government-Funded Projects
Sungmin Park[†], Heon Kim

요약

 정부자금의 지원을 받은 IT중소·벤처기업의 매출액 등 주요성과지표
의 특성을 파악하는 '성장곡선모형'이 제공된다면, 정부자금지원정책의
성과를 객관적으로 파악하는데 큰 도움이 될 수 있다. 본 논문에서는,
대표적인 성장곡선모형인 ①Gompertz모형, ②Logistic모형, ③Bass모형,
④Harvey모형을 활용하여, IT중소·벤처기업 정부자금지원정책에 의해
창출된 핵심성과지표인 관리과제별, 연도별 매출액 창출과정의 성장곡선
을 추정하였고, 특히 이중 3개 비선형 성장곡선모형을 활용해 성장특성
식을 조사·요약하였다. 4개 성장곡선모형에 대해 우리나라 IT 산업으

로부터 최근 7년간 수집된 실증자료를 이용하여 추정결과를 비교·분석하였다. 정부자금이 지원된 관리과제를 대상으로 주요성장특성의 모형평균으로 분석결과를 요약하면 다음과 같다. 첫째, 연도별 매출액 최대값은 최초자금지원시점 연도이후 2.8년이 경과한 시점에서 발생한다. 둘째, 연도별 매출액 최대값은 지원금액의 3.6배로 추정된다. 셋째, 연도별 매출액 최대값 발생시점에서의 누적 연도별 매출액은 지원금액의 5.5배로 나타난다. 넷째, 누적 연도별 매출액의 극한값은 지원금액의 12.8배로 분석된다. 다섯째, 극한값의 90%를 상회하는 누적 연도별 매출액 발생시점은, 최초자금지원시점 연도이후 5.6년이 경과한 시점이었다. 마지막으로, 본 연구결과의 정책적 활용방안 및 연구의 한계를 제시하였다.

주제어: 매출액, 성과평가, 성장곡선모형, 성장특성식,
      중소·벤처기업, 회귀분석, IT산업

Abstract

Regarding IT Small and Medium-sized Enterprises(SME) & Venture Business(VB), performance evaluation on governmental funding projects can be carried out objectively providing a growth curve model for important performance measures such as the revenue of an IT SME & VB. In this paper, growth curves are estimated on the revenue created by governmental funding projects that is one of the critical performance measures based on 4 typical growth curve models such as ①Gompertz model, ②Logistic model, ③Bass model and ④Harvey model. Furthermore, growth characteristics are investigated using three nonlinear growth curve models. A case study is presented using up-to-date empirical datasets collected from Korean IT industry during the last 7 years based on the abovementioned models. In terms of average associated with the growth characteristic equations, results show major estimates as follows. First, the maximum yearly revenue occurs in 2.8 years after the investment year. Second, the maximum yearly revenue is 3.6 times as large as the amount of investment. Third, the cumulative yearly revenue at the time when the maximum yearly revenue occurs is 5.5 times as large as the amount of investment. Fourth, the extreme limit of the cumulative yearly revenue is 12.8 times as large as the amount of investment. Fifth, the cumulative yearly revenue exceeds 90% of the extreme limit in 5.6 years after the investment year. In the conclusions, we remark implications of these results and the limitations of this research.

Keywords: growth characteristic equations,
            growth curve models, IT industry,
            performance evaluation, regression analysis,
            revenue, small and medium-sized enterprises and
            venture business

7.1 연구주제

정보통신부는 IT중소·벤처기업의 건전한 기업생태계 조성을 위해 '04년 IT Small and Medium-sized Enterprises Revitalization Program (SMERP) 정책을 수립, '06년 'IT SMERP 2010 계획' 최종수정본을 발표한 바 있다[7]. '07년 국가R&D총예산(일반회계+특별회계+기금) 9조 7,629억원중, 정보통신부 예산은 7,833억원으로 8%를 점유하며, 이중에는 정보통신진흥기금 R&D투자액 7,641억원이 포함된다[2]. IT중소·벤처기업 활성화 및 자금지원 등을 유도하도록 조성된 정보통신진흥기금의 주무부서인 정보통신부와 관리기관인 정보통신연구진흥원은, 기금운용 및 투자사업에 대한 지원정책 수립 및 성과평가 그리고 향후 추진방향 개선 등을 위한 과학적·정량적 의사결정 자료를 현재 절실히 필요로 하고 있다[7-9]. 즉, 단순한 기업정보를 제공하는 차원을 벗어나, 기업의 성장단계별 이력관리 및 수행과제별 지원규모 대비 성과창출 등을 동태적으로 파악함으로써, IT중소·벤처기업 전체시장 및 개별기업을 지속적으로 분석, 평가, 관리할 수 있는 체계가 요구된다. 타산업과 비교할 때, IT산업은 상대적으로 혁신적 아이디어 고안 및 현실적 제품·서비스 구현 등의 속도가 빠르고 또한 그에 따른 경쟁구도가 심화되고 있기에, 지원정책으로 창출된 성과평가에 있어 난점이 더 클 것으로 인식된다.

한편, 국내 IT산업전체 R&D투자액은, '01년 7조1,099억원(공공7,720억원+민간6조3,379억원)에서 '05년 11조2,830억원(공공1조2,028억원+민간10조802억원)으로 58.69%(공공55.80%+민간59.05%) 증가한 것으로 조사된다[11]. 반면; 1)'05년 1월~8월 국내 창업투자회사와 창업투자조합의 IT분야 투자비중이 '04년동기대비 60.2%(2,068억원)에서 45%(1,734억원)로 감소; 2)IT산업전체 R&D투자액에서 IT중소·벤처기업 비율이 8.1%('01)→

7.4%('02)→6.4%('03)로 감소; 3)최근, 정보통신진흥기금 R&D투자액이 7,839억원('06년)에서 7,641억원('07년)으로 198억원(2.53%) 감소된다[2.7]. 이와 같은 난관극복의 일환으로, IT중소·벤처기업에 대한 지원정책의 유효성·적정성을 확인·제시함으로써, IT우수기술지원사업, IT산업경쟁력강화사업 등과 같은 정부주도 추진사업을 지속적으로 시행하기 위한 근거를 확보할 필요성이 제기된다. 현재, 정보통신연구진흥원에서는 지원정책 관리과제별, 연도별 매출액을 추적·조사하고 있다. 「'05년도 기술개발투자사업 성과지표 체계」를 보면, 전체기금사업에 적용가능한 13개 '공통지표'중 '핵심지표'는, ①매출액, ②고용창출효과 2개로서, 구체적 근거를 제시한 바는 없지만 최장 5년간 지원정책 수혜기업의 매출액이 성과평가시 고려된 바 있다[8]. 최근까지도, 지원정책의 유효성·적정성을 평가하기 위한 매출액 창출과정에 대한 계량적 분석모형에 대한 수립 및 활용의 시도가 부족한 것으로 판단된다. 이러한 맥락하에서 볼 때, 이와 관련된 다양한 연구의 시도, 특히 IT산업 및 지원정책의 짧고 신속한 수명주기를 고려할 때, 최근 실증자료를 이용한 모형활용 및 사례분석의 시의성은 충분히 존재한다고 판단된다.

본 연구에서는, 정부자금지원정책에 의한 시장성과 핵심지표인 관리과제별, 연도별 매출액 창출과정을 성장곡선모형(growth curve model)으로 추정한다. 사례분석에서도 확인되는 것처럼; 1)누적 연도별 매출액의 창출과정이 근사적으로 S자형이며; 2)표본크기가 상대적으로 크지 않은 점 등을 고려하여, 본 연구에서 활용할 성장곡선모형이 선택됨을 밝힌다. 또한, 단일모형만을 활용함으로써 발생할 수 있는 분석결과의 모형에 대한 의존성을 탈피하기 위해 개별값, 로그변환 개별값, 누적값 등을 이용한 다양한 복수모형을 추정하고 그 결과를 종합하여 활용하고자 한다.

또한, 본 연구에서의 주요관심대상인 자금지원이후 매출액 창출 ①모양,

②기간, ③규모 등을 정량화하는 주요 성장특성식(growth characteristic equations)을 정의한다. 이와 같은 매출액의 성장곡선모형을 추정하고 그 특성을 활용함으로써, 후속 성과평가 결과의 신뢰도가 제고될 수 있다고 판단된다. 궁극적으로는, 정보통신부가 지향하는 '시장밀착형 지원정책을 수립→집행→평가하는 지속가능한 체계' 확립이라는 목표에 부합된 정량적 의사결정자료를 과학적으로 확보할 수 있다고 판단된다.

한편, 지금까지 지원정책으로 창출된 성과지표 성장곡선을 신뢰성 있게 추정하기 어려웠던 가장 큰 이유중 하나로서, 적합한 '품질'이 수반된 충분한 분석자료의 부재를 지적할 수 있다. 본 연구에서는, IT중소·벤처기업 정부자금지원정책 관리과제별, 연도별로 최근 7년간 실사·추적된 실제 매출액 사례분석 결과를 제시함으로써, 매출액뿐만 아니라 그와 유사한 성과지표 평가를 위한 참조(reference) 모형을 수립하고 활용하고자 하는 연구에서도 참고될 수 있으리라 생각된다.

7.2 성장곡선모형

회귀분석 관점에서 설명하면, 성장곡선모형은 회귀자(regressor)와 반응(response) 사이의 관계를 묘사하는 사전정의된 분석형태(analytic form)를 취하는 통계모형으로 정의될 수 있다[19]. 일반적으로는, 회귀자로서 '시간(t)'을 주로 채택하고, 분석형태 정의는 응용분야 이론 등에 기초하며, 모수(parameter)는 모형 점근선(asymptote)과 연계되어 해석가능하며, S자형 추정곡선을 갖는 등의 전형적 특징이 있다. 성장곡선모형은 화학, 물리학, 생물학 등 고전적 응용분야와 함께, Bass[13]의 내구성 단일신상품 확산모형(diffusion model) 식(7.3.1) 등으로 발전되고 있다. 국내에서는, 이동통신가입자[1,4,6], 인터넷이용자[1], 디지털TV[12], 차종별 자동차[3] 수요예측 등에 성장곡선모형이 활용된 바 있다. Mahajan *et al.*[16]은 신상품 확산모형과 관련된 연구에서, Bass '기본모형' 및 기본모형의 확장, 변곡점에 대한 제약이 없는 비대칭적 형태를 취하는 '유연한'(flexible) 확산모형, 다양한 확산모형들의 구조적·개념적 가정에 대한 검토 및 모수 추정방법 등에 대한 연구결과를 자세히 제시하고 있으며, 확산모형의 응용사례와 향후 연구방향에 대한 폭 넓은 고찰을 제시한 바 있다.

Young[22]은 9개 대표적 성장곡선모형을 비교한 바 있다. 본 연구에서는, 아래 4개 성장곡선모형을 활용하여 매출액 창출과정이 추정된다. 먼저, 식(7.1)-(7.3.1) 3개 비선형(nonlinear) 성장곡선모형으로부터는 성장특성식을 유도·활용한 분석을 실시하고자 한다. 더불어, 추정된 4개 성장곡선모형의 그래프를 작성하여 연도별 매출액 창출과정을 시각화함으로써 앞서 실시된 성장특성식에 기초한 분석결과와 비교·보완된 결과를 정리한다. 모형 극한값(extreme limit)을 사전정의할 필요가 없는, ①'누적값'(Y_t)를 이용하는 비선형회귀분석으로 추정되는 식(7.1) Gompertz모형, 식(2)Logistic모형, ②'누적값의 변화량' 또는 '단위기간 원시자료'(y_t)와 Y_t를 병용하여 선형회귀분석으로 추정되는 식(7.3.2) Bass, 식(7.4) Harvey[15] 성장곡선모형이 선택된다. 단, 식(7.1), (7.2)에서 $\theta_i > 0 (i = 1,2,3)$이고[14], 식(7.3.2) $\beta_0 > 0$, $\beta_2 < 0$인 모수제약조건이 있고[13], 식(7.3.1)은 식(7.3.2)를 경유해 추정가능함을 밝힌다.

- Gompertz : $Y_t = \theta_1 e^{-\theta_2 e^{-\theta_3 t}} + \epsilon_t$ (7.1)

- Logistic : $Y_t = \theta_1 / (1 + \theta_2 e^{-\theta_3 t}) + \epsilon_t$ (7.2)

- Bass[1] : $\quad Y_t = mF_t + \epsilon_t = m\,(1 - e^{-(p+q)t})/((q/p)e^{-(p+q)t} + 1) + \epsilon_t$

$$(7.3.1)$$

- Bass[2] : $\quad y_t = \beta_0 + \beta_1 Y_{t-1} + \beta_2 Y_{t-1}^2 + \epsilon_t \qquad\qquad (7.3.2)$

- Harvey : $\quad \ln y_t = \beta_0 + \beta_1 t + \beta_2 \ln Y_{t-1} + \epsilon_t \qquad\qquad (7.4)$

표 7.1은 위 4개 성장곡선모형의 모수추정과 관련된 특성을 Young[22]에 기초해 정리하여 보여준다. 즉, 누적값(Y_t, cumulative or absolute level) 혹은 누적값의 변화량(y_t, rate of change)의 사용여부, 추정시 모형의 극한값을 미리 알아야 할 필요는 없는지의 여부, 추정시 선형회귀분석의 사용가능 여부, 곡선모형의 대칭성 여부 및 추정되는 모수의 개수 등이 정리되어 있다.

표 7.1. 성장곡선모형 모수추정 특성 요약

Characteristics	Gompertz	Logistic	Bass[2]	Harvey
Absolute level (Y_t) or rate of change (y_t)?	'A'	'A'	'R'	'R'
May upper limit be unknown?	Yes	Yes	Yes	Yes
Can linear regression be used to estimate?	No	No	Yes	Yes
Is the model symmetric?	No	Yes	Yes	Maybe
No. of parameters to be estimated	2 or 3	2 or 3	3	3

Excerpted partly from Young[22].

7.3 성장특성식

정부의 자금지원을 받아 IT중소·벤처기업이 수행한 특정 관리과제의 성과평가에 있어서 성과지표의 실현주기를 설정하는 것은 매우 어려운 문제이다. 최근 연구결과를 보면[10], 성과평가에 있어 과제착수에 따른 입력요소 투입시점부터 출력요소(즉, 성과지표) 실현주기를 고려한 출력-입력요소 측정시점·수집기간의 설정이 필수적임을 확인할 수 있는데, '02-'06년 최근 5년간 착수과제대상, 2개 정부지원사업 그룹의 특허출원·등록성과, 매출액 발생에 대한 단순한 기술통계를 이용한 선행조사결과에 기초해 출력-입력요소 측정시점·수집기간의 설정을 시도한 바 있다.

본 연구에서는, 앞서 언급했던 것처럼 자금지원이후 매출액 창출 ① 모양, ②기간, ③규모 등을 정량화하는 데에 연구의 초점이 있다. 즉, 정부자금이 지원된 개별 관리과제의 핵심성과지표인 매출액의 창출과정을 이해함으로써, 정확한 성과평가를 위해 과연 지원자금의 투입시점 이후 어느 정도의 경과기간까지의 성과지표(즉, 매출액)를 수집하여 이용해야 할지에 대한 유용한 지침을 정책입안자에게 제공하고자 하는 것이다.

그러므로, 정부의 자금지원을 받아 IT중소·벤처기업이 수행한 개별 관리과제의 연도별 매출액 창출과정의 성장특성을 아래와 같은 5가지에 초점을 맞춰 조사·요약함으로써, 지원자금에 의해 창출된 매출액의 실현주기를 보다 객관적으로 설정하고자 시도한다. 첫째, 연도별 매출액 최대값 발생시점; 둘째, 연도별 매출액 최대값; 셋째, 연도별 매출액 최대값 발생시점에서의 누적 연도별 매출액; 넷째, 누적 연도별 매출액 극한값; 다섯째, 극한값의 90%를 상회하는 누적 연도별 매출액 발생시점이다. 아래 5가지 성장특성에 대응하는 3개 비선형 성장곡선모형의 앞 4개 성장특성식은 이미 박주석 외[5], Bass[13], Mahajan *et al.*[16] 등에서 자세히 유도·논의된 바 있으며, 단 마지막 성장주기 판정식은 본 연구에서 새롭게 정의하여 활용하고자 한다. 식(7.1)-(7.3.1)로부터 도출되는 성장특성식은, 각 모형별로 순서대로 식(7.5.2)-(7.5.5) 및 부록 7.A 식

(7.A.2)-(7.A.5), 부록 7.B 식(7.B.2)-(7.B.5)와 같다.

- 누적값의 변화량(y_t)의 최대값 발생시점, t^* → 식(7.5.2), (7.A.2), (7.B.2)
- t^*시점을 중심으로 단위기간 1년동안 누적값의 변화량, y_{t^*} → 식 (7.5.3), (7.A.3), (7.B.3)
- t^*시점에서의 누적값, Y_{t^*} → 식(7.5.4), (7.A.4), (7.B.4)
- 누적값의 극한값(즉, 모형의 극한값을 나타내는 모수), $\lim_{t\to\infty} Y_t$ → θ_1, θ_1, m
- 성장주기 판정식, $Y_{a\times t^*}/\lim_{t\to\infty} Y_t$(단, a는 상수) → 식(7.5.5), (7.A.5), (7.B.5)

$$\frac{d^2}{dt^2}(7.1) = \frac{d^2}{dt^2} Y_t$$
$$= \theta_1\theta_2\theta_3^2 e^{-\theta_3 t} e^{-\theta_2 e^{-\theta_3 t}} (\theta_2 e^{-\theta_3 t} - 1) = 0 \tag{7.5.1}$$

$$t^*_{(7.1)} = \ln(\theta_2)/\theta_3 \tag{7.5.2}$$

$$\int_{t^*_{(7.1)}-0.5}^{t^*_{(7.1)}+0.5} \frac{d}{dt}(7.1)dt = Y_{t^*_{(7.1)}+0.5} - Y_{t^*_{(7.1)}-0.5}$$
$$= \theta_1(e^{-e^{-0.5\theta_3}} - e^{-e^{0.5\theta_3}}) \tag{7.5.3}$$

$$Y_{t^*_{(7.1)}} = \theta_1 e^{-1} \tag{7.5.4}$$

$$Y_{a\times t^*_{(7.1)}}/\lim_{t\to\infty}(7.1) = Y_{a\times t^*_{(7.1)}}/\theta_1$$
$$= e^{-\theta_2 e^{-a\ln(\theta_2)}} \tag{7.5.5}$$

$t^*_{(7.1)}$는 식(7.1) 변곡점 발생시점으로, 식(7.1) 2차도함수가 포함된 식 (7.5.1)을 만족하는 해로서, 식(7.5.2)와 같이 풀이된다. $t^*_{(7.1)}$기준±0.5 단

위기간동안 식(7.1) 1차도함수를 부분적분 또는 Y_t 대응값 차이를 계산해 y_{t^*}에 해당하는 $\int_{t^*_{(7.1)}-0.5}^{t^*_{(7.1)}+0.5}\frac{d}{dt}(7.1)dt = Y^*_{t^*_{(7.1)}+0.5} - Y^*_{t^*_{(7.1)}-0.5}$를 정리하면 식(7.5.3)과 같다. 식(7.5.4)는 식(7.5.2)를 식(7.1)에 대입해 얻은 $Y^*_{t^*_{(7.1)}}$ 이다. 한편, $Y_{a \times t^*_{(7.1)}}/\lim_{t\to\infty}(7.1)$ 은, 식(7.1) 극한값 대비 $t^*_{(7.1)}$ 기준 승수 a값 변화에 따른 성장주기 판정식으로서, 식(7.5.5)와 같이 정리된다(예: ① $Y_{1.0 \times t^*_{(7.1)}}/\theta_1 = e^{-1}$, ② $Y_{1.5 \times t^*_{(7.1)}}/\theta_1 = e^{-1/\sqrt{\theta_2}}$, ③ $Y_{2.0 \times t^*_{(7.1)}}/\theta_1 = e^{-1/\theta_2}$).

7.4 분석자료

정보통신연구진흥원이 관리하는 IT우수기술지원사업중에서, '99년부터 '01년까지 3년간 최초 자금지원된 관리과제별 '00년부터 '06년까지 연도별 매출액이 분석자료로서 수집된다. 단, 본 논문의 분석에서 사용된 매출액 자료는 지원받은 기업의 전체 매출액이 아닌, 해당 관리과제(즉, 프로젝트)와 직결된 매출액임을 밝히며, 총 81개 관리과제에 대해 최장 7년간 연도별 매출액 데이터를 수행기업을 대상으로 설문조사, 콜센터운영 및 직접방문을 통한 인터뷰 등을 동원해 수집·실사된 자료만을 최종 사용하였음을 밝힌다.

표 7.2에 제시된 '99년 17개, '00년 26개, '01년 38개, 총 81개 관리과제별, 평균 연도별 매출액('$revenue$', y_t) 및 누적 평균 연도별 매출액(Y_t)이 분석된다. 관리과제별 지원금액('$project\ fund$') 3개 연도별, 전체 순서대로; 1)평균('$avg.$'), 95, 96, 118, 106; 2)표준편차('$st.dev.$'), 6, 3, 24, 20이므로, 관리과제별 평균 지원금액은 대략 100정도로 파악된다. 기밀

보호를 위해 표 7.2에 제시된 모든 금액은 임의단위를 갖도록 가공된 자료이며, 본 논문은 표 7.2에 근거해 서술된다. 분석에서는 예를 들면, 최초자금지원시점 '99년기준 1년경과후 평균 연도별 매출액은 '00년말 집계된 평균 연도별 매출액('$revenue'00' = y_1 = 30$)으로 정의된다. 그러므로, 최초자금지원시점별로 표본크기에 차이가 발생한다.

표 7.2. 실증자료 기술통계치 요약(단위: 임의)

Year	No. of projects	Descriptive statistic	Project fund	revenue '00	revenue '01	revenue '02	revenue '03	revenue '04	revenue '05	revenue '06
'99	17	sum	1,608	507	4,711	3,372	4,007	9,448	1,384	963
		avg.	95	30	277	198	236	556	81	57
		st.dev.	6	85	446	303	431	1,219	185	200
'00	26	sum	2,507		1,357	2,455	7,776	8,489	4,242	174
		avg.	96		52	94	299	327	163	7
		st.dev.	3		245	236	542	530	594	25
'01	38	sum	4,489			9,464	9,598	17,528	4,257	4,137
		avg.	118			249	253	461	112	109
		st.dev.	24			854	618	1,157	294	294
Total	81	sum	8,605							
		avg.	106							
		st.dev.	20							

7.5 사례분석

7.5.1 모형추정

Minitab$^{(R)}$14.1, SPSS$^{(C)}$10.1.3, S−PLUS$^{(R)}$7으로 회귀분석을 실시한다[18,20,21]. 모수시작값 $\theta_i^0 (i=1,2,3)$은 식(7.3.2)-(7.4) 분석결과를 이용하며, '99, '00, '01년 최초자금지원시점별 3개 'dataset'에서; 1)'99 $\theta_1^0 = 1,600$, '00 $\theta_1^0 = 1,100$, '01 $\theta_1^0 = 1,500$; 2)3개 dataset 모두 $\theta_2^0 = 1$, $\theta_3^0 = 1$로 동일하게 설정한다. 한편, 비선형회귀분석 추정결과 일치도를 비교하면, SPSS$^{(C)}$10.1.3 비선형회귀분석시에는; 1)'모수제약조건' 명시; 2)'축차2차계획법' 옵션선택시 수렴결과가 양호하다.

표 7.3.(a)는 식(7.1), (7.2) 비선형회귀분석결과, 표 7.3.(b)는 식(7.3.2), (7.4) 선형회귀분석결과를 제시한다. 모형별, dataset별; 1)모수추정치 $\hat{\theta}_i, \hat{\beta}_i (i=1,2,3)$; 2)결정계수 R^2; 3)$t-\text{value}(\hat{\theta}_i/\sigma_{\hat{\theta}_i}, \hat{\beta}_i/\sigma_{\hat{\beta}_i} (i=1,2,3))$를 제시한다. 식(7.1), (7.2) 추정시 이용된 표본크기 n은 표 7.2에서도 확인되는 것처럼 '99, '00, '01 3개 dataset 순서대로 $n=7,6,5$이며, 식(7.3.2)-(7.4)는 동일순서대로 $n=6,5,4$이다. 모형, dataset에 상관없이 모수개수 $p=3$으로 동일하다.

표 7.3. 회귀분석 요약

(a) Nonlinear regression analysis

Model	Dataset	n	p	$\hat{\theta}_1$	$\hat{\theta}_2$	$\hat{\theta}_3$	R^2	$\hat{\theta}_1/\sigma_{\hat{\theta}_1}$	$\hat{\theta}_2/\sigma_{\hat{\theta}_2}$	$\hat{\theta}_3/\sigma_{\hat{\theta}_3}$
Eq.(7.1)	'99	7	3	1,694.23128	6.04493	0.55100	0.974	6.70	2.38	3.27
	'00	6		1,010.91491	14.03515	0.97105	0.993	18.91	2.44	6.08
	'01	5		1,283.11376	4.01735	0.80261	0.982	9.48	2.93	3.51
Eq.(7.2)	'99	7	3	1,523.84360	43.72391	1.00740	0.980	12.80	1.50	4.79
	'00	6		966.23804	119.75550	1.54592	0.999	65.63	4.06	17.96
	'01	5		1,199.84191	17.22110	1.33599	0.989	18.43	2.15	5.40

(b) Linear regression analysis

Model	Dataset	n	p	$\hat{\beta}_0$	$\hat{\beta}_1$	$\hat{\beta}_2$	R^2	$\hat{\beta}_1/\sigma_{\hat{\beta}_1}$	$\hat{\beta}_2/\sigma_{\hat{\beta}_2}$	$\hat{\beta}_3/\sigma_{\hat{\beta}_3}$
Eq.(7.3.2)	'99	6	3	175.60000	0.62380	−0.00051	0.515	1.08	1.11	−1.41
	'00	5		85.23000	1.18930	−0.00138	0.892	1.28	3.10	−3.59
	'01	4		*66.72251	1.63700	−0.00144	0.842	−0.13	1.29	−1.53
Eq.(7.4)	'99	6	3	5.56900	−0.47480	0.28960	0.434	2.84	−1.09	0.50
	'00	5		−3.91000	−3.55610	3.98530	0.959	−1.87	−6.31	5.44
	'01	4		6.18000	−0.44300	0.10000	0.535	0.51	−0.33	0.04

식(7.1)-(7.4) 순서대로, 3개 dataset R^2 평균은 $avg.(R^2)=$ 0.983, 0.989, 0.750, 0.643으로, Logistic→Gompertz→Bass→Harvey 순서대로 모형설명력이 저하된다. 비선형회귀분석으로 추정된 식(7.1), (7.2) $t-\text{value}$ 절대값이 선형회귀분석으로 추정된 식(7.3.2)-(7.4) 대응값과 비교해 전반적으로 큰 값을 취하기에 식(7.3.2)-(7.4)보다 식(7.1), (7.2) 모수 추정치 유의성이 상대적으로 강하다고 판단된다. 식(7.3.2), '01 dataset에서 $\hat{\beta}_0 = -44.5$이기에 모수제약조건 (+)값을 만족하는 $\hat{\beta}_0 + t_{(\alpha=0.4, n-p=1)}\sigma_{\hat{\beta}_0} =$ $-44.500 + 0.325 \times 342.308 = 66.723$, 즉, $\hat{\beta}_0$의 t분포 60백분위수로 상향조정된 값이 대체됨을 밝힌다.

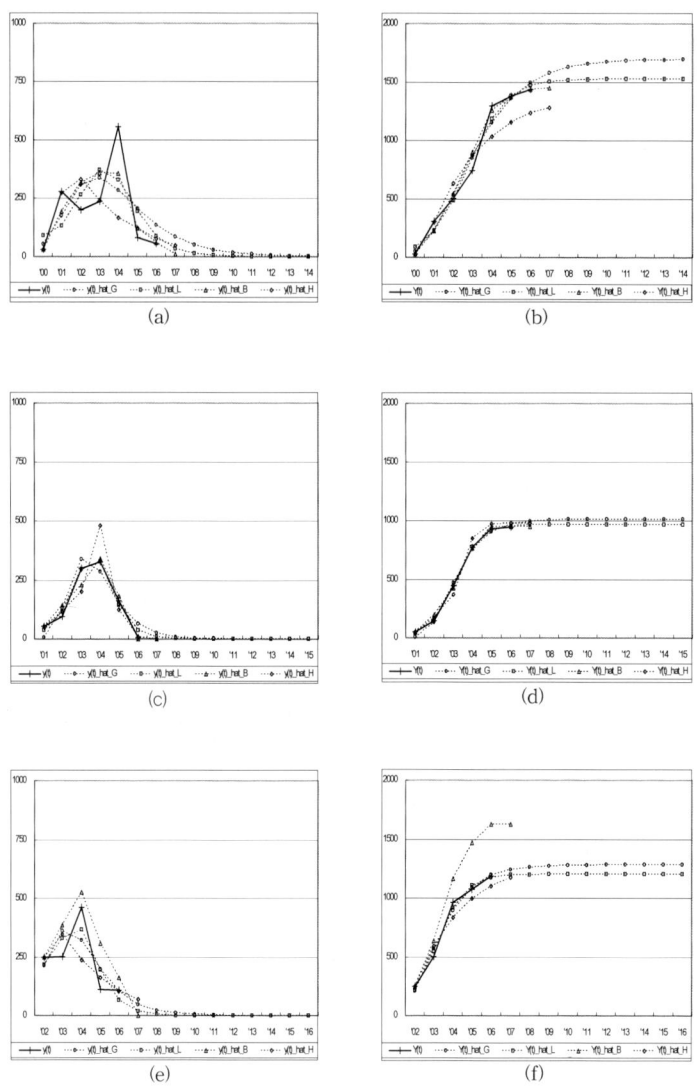

그림 7.1. 실제값 y_t, Y_t 및 추정치 $\hat{y}_t, \hat{Y}_t$ 점그림(plots); (a)'99 $y_t, \hat{y}_t$; (b)'99 $Y_t, \hat{Y}_t$; (c)'00 $y_t, \hat{y}_t$; (d)'00 $Y_t, \hat{Y}_t$; (e)'01 $y_t, \hat{y}_t$; (f)'01 $Y_t, \hat{Y}_t$.

그림 7.1은 표 7.3 회귀분석결과를 이용해 도출된 추정치 $\widehat{y_t}, \widehat{Y_t}$ 및 실제값 y_t, Y_t을 보여준다. 예시하면, '99 dataset 관련; 1)그림 7.1.(a)는 y_t plot(굵은'+'실선) 및 표 7.3 식(7.1)-(7.4) 추정식으로 도출된 4개 $\widehat{y_t}$ curves(순서대로 얇은'○','□','△','◇'점선)를; 2)그림 7.1.(b)는, Y_t plot(굵은'+'실선) 및 4개 $\widehat{Y_t}$ curves를 보여준다. 그림 7.1.(a)-(b)에서, 't'이외 회귀자를 포함하는 식(7.3.2)-(7.4) 추정식에 대응하는 2개 curves는 가용자료가 존재하는 '07시점까지만 연장된다. 식(7.3.2), '00 dataset에서 $\widehat{y_6}, \widehat{y_7}$, '01 dataset에서 $\widehat{y_6}$은 (−)값으로 추정되기에 이 값들은 0으로 대체된다. 그림 7.1.(a), 7.1.(c), 7.1.(e) 4개 $\widehat{y_t}$ curves는 'bell-shaped', 그림 7.1.(b), 7.1.(d), 7.1.(f) 4개 $\widehat{Y_t}$ curves는 'S-shaped' 모양이 확인된다.

한편, 식(7.3)에서; 1)$\beta_0 = pm$; 2)$\beta_1 = q - p$; 3)$\beta_2 = -q/m$; 즉, 4)$m = (-\beta_1 \pm \sqrt{\beta_1^2 - 4\beta_0\beta_2})/(2\beta_2)$ 관계식이 성립되며, 표 7.3 식(7.3.2) 모수추정치를 이용, 표 7.4를 정리한다. 단; 1)$m = \max(m_1, m_2)$; 2)비편향 추정량상수 $1/k = (p+q)/(e^{(p+q)} - 1)$; 3)$m' = km$; 4)$p' = (1/k)p$; 5)$q' = (1/k)q$가 이용된다[13]. 표 7.4에서, $\widehat{m}, \widehat{p}, \widehat{q}$은 편향추정치, $\widehat{m}', \widehat{p}', \widehat{q}'$은 $1/\widehat{k}$로 보정된 비편향추정치다. 본 사례분석의 경우에는; 1)오히려 비편향추정치 $\widehat{m}'$이 과대추정되고; 2)3개 dataset 모두 $\widehat{\beta_1} > 0$인 '내부최고점(interior maximum)' 현상이 확인된다.

표 7.4. 식(7.3.2) 추정치를 이용한 식(7.3.1) 모수 추정치

Parameter estimate	Dataset		
	'99	'00	'01
$\widehat{m}^1$	-235.69204	-66.53667	-39.39319
$\widehat{m}^2$	1,448.36700	929.97504	1,175.56753
$\widehat{m}$	1,448.36700	929.97504	1,175.56753
$\hat{p}$	0.12124	0.09164	0.05676
$\hat{q}$	0.74504	1.28094	1.69376
$1/\hat{k}$	0.62862	0.46598	0.36794
$\widehat{m}'$	2,304.01174	1,995.71814	3,194.96995
$\hat{p}'$	0.07621	0.04270	0.02088
$\hat{q}'$	0.46835	0.59690	0.62321

7.5.2 모형적합

모형적합(model fit)을 비교하기 위해 2개 통계량, 식(7.6.1) RMSE(Root Mean Square Error), 식(7.6.2) MAPE(Mean Absolute Percentage Error)를 검토한다. 표 7.5에 계산결과 및 이에 기초한 모형순위를 제시한다. 공정한 모형적합 비교를 위해; 1)'99 $t = 2 \sim 7$, $n = 6$; 2)'00 $t = 2 \sim 6$, $n = 5$; 3)'01 $t = 2 \sim 5$, $n = 4$ 자료를 이용한다.

$$\text{RMSE} = \sqrt{(1/n)\sum_{t=1}^{n}(Y_t - \widehat{Y_t})^2} \qquad (7.6.1)$$

$$\text{MAPE} = (100/n)\sum_{t=1}^{n}(|Y_t - \widehat{Y_t}|/Y_t), (\%) \qquad (7.6.2)$$

각 dataset별 RMSE, MAPE 모형순위는 동일하다. 식(7.2) Logistic 성장곡선모형이 3개 dataset 모두에서 순위가 가장 좋고 ('1st'), 종합적으로는 식(7.1) Gompertz '2nd', 식(7.3.2) Bass '3rd', 식(7.4) Harvey '4th'

모형순위를 갖는다.

표 7.5. $Y_t, \widehat{Y}_t$에 대한 모형적합 비교

Dataset	Measurement	Model Eq.(7.1)	Eq.(7.2)	Eq.(7.3.2)	Eq.(7.4)
'99	RMSE	89.16	75.37	77.13	178.18
	MAPE	10.85	9.60	9.89	15.79
	Rank	3rd	1st	2nd	4th
'00	RMSE	23.03	10.08	24.89	54.17
	MAPE	4.34	1.28	8.19	9.69
	Rank	2nd	1st	3rd	4th
'01	RMSE	50.42	37.95	319.01	98.04
	MAPE	5.91	4.56	30.20	11.58
	Rank	2nd	1st	4th	3rd

7.5.3 성장특성분석

• 성장특성식 계산: 표 7.6은 성장특성식에 의한 추정치를 dataset별로 정리한다. 표 7.6.(d) $\lim_{t \to \infty} \widehat{Y}_t = \widehat{m}'$ 과대추정을 고려, 3개 dataset $\frac{Eq.(7.1) + Eq.(7.2)}{2}$ 를 평균으로 종합하면; 1)$avg(\widehat{t^*}) = 2.78$; 2)$avg(\widehat{y_{\widehat{t}}}) = 362.25$; 3)$avg(\widehat{Y}_{\widehat{t}}) = 552.03$; 4)$avg(\lim_{t \to \infty} \widehat{Y}_t) = 1,279.70$; 5)$avg(\widehat{Y_{2.0 \times \widehat{t}}}/\lim_{t \to \infty} \widehat{Y}_t)$ $= 0.9121$(즉, 최초자금지원시점 연도이후 $2 \times \widehat{t^*} = 2 \times 2.78 = 5.56$ 경과시점에서 극한값의 91.21%까지 성장)로 요약된다.

표 7.6. Dataset별 추정곡선 성장특성 정리

Panel	Characteristic	Dataset	a	Eq.(7.1)	Eq.(7.2)	Eq.(7.3.1)	$\dfrac{\text{Eq.(7.1)}+\text{Eq.(7.2)}}{2}$
(a)	$\hat{t}^*$	'99		3.27	3.75	3.33	3.51
		'00		2.72	3.10	4.12	2.91
		'01		1.73	2.13	5.27	1.93
(b)	$\displaystyle\int_{\hat{t}-0.5}^{\hat{t}+0.5}\frac{d}{dt}\hat{Y}_t dt = \widehat{Y_{\hat{t}+0.5}} - \widehat{Y_{\hat{t}-0.5}}$	'99		339.11	375.87	362.47	357.49
		'00		347.28	355.89	339.06	351.59
		'01		368.85	386.48	527.15	377.67
(c)	$\hat{Y}_{\hat{t}}$	'99		623.27	761.92	964.55	692.60
		'00		371.89	483.12	926.48	427.51
		'01		472.03	599.92	1,543.96	535.98
(d)	$\displaystyle\lim_{t\to\infty}\hat{Y}_t$	'99		$(\hat{\theta}_i=)$1,694.23	$(\hat{\theta}_i=)$1,523.84	$(\widehat{m'}=)$2,304.01	1,609.04
		'00		1,010.91	966.24	1,995.72	988.58
		'01		1,283.11	1,199.84	3,194.97	1,241.48
(e)	$\widehat{Y_{a\times\hat{t}}}/\displaystyle\lim_{t\to\infty}\hat{Y}_t$	'99	$a=1.0$	$(e^{-1}=)$0.3679	$(1/2=)$0.5000	0.4186	0.4340
			$a=1.5$	0.6658	0.8686	0.6658	0.7672
			$a=2.0$	0.8475	0.9776	0.8373	0.9126
		'00	$a=1.0$	0.3679	0.5000	0.4642	0.4340
			$a=1.5$	0.7657	0.9163	0.7739	0.8410
			$a=2.0$	0.9312	0.917	0.9285	0.9615
		'01	$a=1.0$	0.3679	0.5000	0.4832	0.4340
			$a=1.5$	0.6072	0.8058	0.8401	0.7065
			$a=2.0$	0.7796	0.9451	0.9665	0.8624

• 그래프분석 근사: 그림 7.1에 제시된 이산(discrete) 연도별(즉, $t = 1,2,3,...$) 실제값 및 추정치로써 근사적 성장특성을 조사할 수 있다. 표 7.7.(a)에서 3개 dataset 순서대로 실제값 $t^* = 5,4,3$이다. 표 7.7.(b) '99 dataset에서, 식(7.1)-(7.4) 순서대로 $\hat{t}^* = 4,4,4,3$이다. 표 7.5 모형순위에 기초하여 가중치 $w_i (i = 1,2,3,4)$를 $1^{st} \leftarrow 4/10$, $2^{nd} \leftarrow 3/10$, $3^{rd} \leftarrow 2/10$, $4^{th} \leftarrow 1/10$로 부여하면, 추정치 가중평균('$wt.avg.$')은 $\hat{t}^* = 3.90, 3.70, 2.50$이다. 표 7.7.(c)-(f) 실제값 $y_{t^*} = 556, 327, 461$, 가중평균 $\widehat{y_{t^*}} = 356.20, 348.$, $30,376.40$ 실제값 $Y_{t^*} = 1,297, 772, 963$, 가중평균 $\widehat{Y_{t^*}} = 850.40, 689.70, 772.40$이다. 전반적으로, 실제값과 비교해 볼 때, 상대적인 추정치 가중평균의 과소추정 경향이 표 7.7.(a)-(f)에서 확인된다.

표 7.7. 그래프분석: 그림 7.1의 실제값, 추정치의 근사적 성장특성 및 가중평균

Panel	Characteristic	Dataset	Actual value	Eq.(7.1) (i=1)	Eq.(7.2) (i=2)	Eq.(7.3.2) (i=3)	Eq.(7.4) (i=4)	wt.avg.
(a)	t^*	'99	5					
		'00	4					
		'01	3					
(b)	$\widehat{t}^*(w_i)$	'99		4 (2/10)	4 (4/10)	4 (3/10)	3 (1/10)	3.90
		'00		3 (3/10)	4 (4/10)	4 (2/10)	4 (1/10)	3.70
		'01		2 (3/10)	3 (4/10)	3 (1/10)	2 (2/10)	2.50
(c)	y_{t^*}	'99	y_5 556					
		'00	y_4 327					
		'01	y_3 461					
(d)	$\widehat{y_{t^*}}(w_i)$	'99		337 (2/10)	370 (4/10)	359 (3/10)	331 (1/10)	356.20
		'00		337 (3/10)	327 (4/10)	342 (2/10)	480 (1/10)	348.30
		'01		361 (3/10)	366 (4/10)	525 (1/10)	346 (2/10)	376.40
(e)	Y_{t^*}	'99	Y_5 1,297					
		'00	Y_4 772					
		'01	Y_3 963					
(f)	$\widehat{Y_{t^*}}(w_i)$	'99		869 (2/10)	857 (4/10)	902 (3/10)	632 (1/10)	850.40
		'00		472 (3/10)	775 (4/10)	767 (2/10)	847 (1/10)	689.70
		'01		573 (3/10)	914 (4/10)	1,159 (1/10)	595 (2/10)	772.40
(g)	$Y_{t'}$	'99	Y_7 1,435					
		'00	Y_5 935					
		'01	Y_5 1,184					
(h)	$\widehat{Y}_t(w_i)$	'99	$\widehat{Y}_8$			1,447	1,282	
			$\widehat{Y}_{15}$	1,692 (2/6)	1,524 (4/6)			1,580.00
		'00	$\widehat{Y}_7$			950	978	
			$\widehat{Y}_{15}$	1,011 (3/7)	966 (4/7)			985.29
		'01	$\widehat{Y}_6$			1,628	1,171	
			$\widehat{Y}_{15}$	1,283 (3/7)	1,200 (4/7)			1,235.57

표 7.7.(h)에 $\widehat{Y_t}(w_i)$가 정리된다. 식(7.1), (7.2) 해당값을 이용, 가중평균 $\widehat{Y_{15}}$= 1,580.00,985.29,1,235.37이며, 이 값은 표 7.3 식 (7.1), (7.2) $\hat{\theta_1}$에 근사한다. 표 7.7.(g) Y_{t^f}는 가중평균 $\widehat{Y_{15}}$의 90% 를 상회하는 시작시점 't^f'에서의 누적값으로서 이 값을 활용하여, '99 $Y_7/\widehat{Y_{15}}$= 1,435/1,580.00 = 0.9082, '00 $Y_5/\widehat{Y_{15}}$= 935/985.29 = 0.9493, '01 $Y_5/\widehat{Y_{15}}$= 1,184/1,235.37 = 0.9584이다. 3개 dataset 추정치 가중평균을 평균으로 종합하면; $1)avg(\hat{t^*}) = 3.37$; $2)avg(\widehat{y_{\hat{t}}}) = 360.30$; $3)avg(\widehat{Y_{\hat{t}}}) = 770.83$; $4)avg(\widehat{Y_{15}}) = 1,266.95$; $5)avg(t^f) = 5.67$으로 요약된다.

7.6 종합

국가경제발전 성장동력인 IT산업을 대상으로, 특히 중장기 지원정책에 따른 막대한 정부자금이 중소·벤처기업에 지원되고 있는 현상황에서, 관리과제별 지원자금에 대한 정확한 성과평가의 중요성이 강조된다. 본 연구에서는 대표적인 4개 성장곡선모형을 활용, IT중소·벤처기업 정부자금지원정책의 핵심성과지표인 관리과제별; 1)평균 연도별 매출액; 2)누적 평균 연도별 매출액의 창출과정을 추정함으로써, 정부자금지원이후 매출액 창출의 모양, 기간, 규모를 정량화하였다. 특히, 최근 7년간 실사·추적된 매출액 실증자료의 사례분석 결과를 제시함으로써 현상황에서의 정확한 지원정책 성과평가에 필요한 신뢰성 있는 의사결정자료를 이해관계자에게 적시에 제공할 수 있으리라 생각한다. 단, 본 연구에서의 사례분석과 관련된 자료의 고유한 특성 및 표본크기의 한계에 대한 충분한 이해가 선행될 필요가 있음을 밝힌다. 또한, 본 연구결과의 활용은 IT중소·벤처기업이라는 특수한 산업분야에 한정하여 활용될 필요가 있고, 분석자료의 수집기간이 '99년 관리과제의 '00년이후의 자료임을 감안할 때 IMF 외환위기와 같은 외생변수의 영향은 고려하지 않았음을 밝힌다.

구체적으로는, 지원금액에 따른; 1)연도별 매출액 최대값 발생시점; 2)연도별 매출액 최대값; 3)연도별 매출액 최대값 발생시점에서의 누적 연도별 매출액; 4)누적 연도별 매출액 극한값; 및 5)성장주기를 추정하였다. 성장특성식에 의한 이론적 추정과 더불어 이산 연도별 실제값과의 비교를 위한 그래프분석에 의한 근사도 함께 제시되었다. IT중소·벤처기업을 대상으로 한 정부지원 투입자금과 직결된 매출액은 창출과정 전체기간 동안 지원금액의 약 12.8배에 달하는 것으로 파악되었고, 정확한 성과평가를 위한 매출액 성과지표의 수집·조사기간은 투입시점 이후약 5~6년 정도가 바람직하다고 판단된다.

한편, 실제값과 비교해 성장특성식 및 그래프분석에 의한 추정치의 상대적 과소추정 경향이 확인된 반면, 실제곡선의 불규칙한 변동(fluctuation)은 추정곡선에서는 제거되어 성장특성이 보다 선명하게 객관적으로 파악되었다. 또한, 이산 연도별 추정치에 기초한 그래프분석 근사임을 감안할 때, 성장특성식 계산값과의 일치를 확인할 수 있었다. 한편, 3개 dataset이긴 하지만, '99→'00→'01 최근 시점으로 이동할수록 성장주기가 짧아지는 추세도 확인된다.

4개 성장곡선모형 적합순위에 기초, 비선형회귀분석으로 추정된 식 (7.1)-(7.2) 적합도가 상대적으로 좋았다. 비선형회귀분석의 모수시작값 설정시, 선형회귀분석 결과를 이용해 빠르고 정확한 추정치 수렴을 유도할 수 있었다. 또한, 식(7.3) 추정은 타모형 추정과 비교, 상대적 불안정이 목격되었다. 즉; 1)식(7.3.2)에서, 모수추정치가 모수제약조건을 만족하지 못하거나, 만족된 경우라도 연도별 매출액 추정치가 (-)값인 경우; 2)식(7.3.1)에서는 극한값의 비편향추정치가 오히려 과대추정되는 경향이 발생되어, 주의가 요구된다. 향후, 지속적인 자료축적을 통해 충분한 표본을 확보·분석함으로써 분석결과에 대한 신뢰도를 제고할 필요성이 있고, 시간추이에 따른 매출액 창출과정 변화여부 등도 검토대상이 될 수 있다고 생각한다.

부록 7.A

Growth characteristic equations regarding Eq.(7.2).

$$
\frac{d^2}{dt^2}(7.2) = \frac{d^2}{dt^2} Y_t
$$
$$
= \frac{\theta_1 \theta_2 \theta_3^2 e^{-\theta_3 t}(\theta_2 e^{-\theta_3 t} - 1)}{(1 + \theta_2 e^{-\theta_3 t})^3} = 0 \tag{7.A.1}
$$

$$
t^*_{(7.2)} = \ln(\theta_2)/\theta_3 \tag{7.A.2}
$$

$$
\int_{t^*_{(7.2)} - 0.5}^{t^*_{(7.2)} + 0.5} \frac{d}{dt}(7.2)dt = Y^*_{t^*_{(7.2)} + 0.5} - Y^*_{t^*_{(7.2)} - 0.5}
$$
$$
= \theta_1 ((1 + \theta_2 e^{-\ln(\theta_2) - 0.5\theta_3})^{-1}
$$
$$
- (1 + \theta_2 e^{-\ln(\theta_2) + 0.5\theta_3})^{-1}) \tag{7.A.3}
$$

$$
Y^*_{t^*_{(7.2)}} = (1/2)\theta_1 \tag{7.A.4}
$$

$$
Y_{a \times t^*_{(7.2)}} / \lim_{t \to \infty}(7.2) = Y_{a \times t^*_{(7.2)}} / \theta_1
$$
$$
= (1 + \theta_2 e^{-a \ln(\theta_2)})^{-1} \tag{7.A.5}
$$

부록 7.B

Growth characteristic equations regarding Eq. (7.3.1).

$$\frac{d^2}{dt^2}(7.3.1) = \frac{d^2}{dt^2}Y_t$$
$$= \frac{mp(p+q)^3 e^{-(p+q)t}(qe^{-(p+q)t} - p)}{(p+qe^{-(p+q)t})^3} = 0 \tag{7.B.1}$$

$$t^*_{(7.3.1)} = (1/(p+q))\ln(q/p) \tag{7.B.2}$$

$$\int_{t^*_{(7.3.1)}-0.5}^{t^*_{(7.3.1)}+0.5} \frac{d}{dt}(7.3.1)\,dt = Y^*_{t^*_{(7.3.1)}+0.5} - Y^*_{t^*_{(7.3.1)}-0.5}$$
$$= \frac{mp(p+q)(e^{\ln(p/q)+0.5(p+q)} - e^{\ln(p/q)-0.5(p+q)})}{(p+qe^{\ln(p/q)+0.5(p+q)})(p+qe^{\ln(p/q)-0.5(p+q)})}$$

$$\tag{7.B.3}$$

$$Y^*_{t^*_{(7.3.1)}} = m(q-p)/(2q) \tag{7.B.4}$$

$$Y_{a \times t^*_{(7.3.1)}}/\lim_{t \to \infty}(7.3.1) = Y_{a \times t^*_{(7.3.1)}}/m$$
$$= (p(1-e^{a\ln(p/q)}))/(p+qe^{a\ln(p/q)}) \tag{7.B.5}$$

부록 7.C

식(7.C) 하위 10개 식은 식(7.5) 하위 5개 수식을 유도하는 과정에서 사용한 Maple[17] 주요 명령어와 결과를 보여준다. 단, Maple 명령어에서 수식을 직접 입력하는 대신 'Insert→Label' 메뉴(또는 Ctrl+L 단축키)를 이용한 수식번호 입력이 보다 쉬운 실행방법이다.

· Eq. (7.C.1): diff(f(t),[t$n])은 수식(expression) f(t)에 대한 편미분변수
  (differentiation variable) t의 n^{th}차수(order) 편도함수(partial
  derivative)를 구하는 명령어 → (결과) Eq. (7.C.2)
· Eq. (7.C.3): factor(f(t))는 다변량(multivariate)·다항식(polynomial) f(t)에 대

한 인수분해(factorization) 정리식을 구하는 명령어 → (결과) Eq. (7.C.4)

· Eq. (7.C.5) : solve(f(t)=b,t)는 방정식(equation) f(t)=b의 변수 t 해를 구하는 명령어 → (결과) Eq. (7.C.6)

· Eq. (7.C.7) : eval(f(t),t=b)는 수식 f(t)에 t=b를 대입한 수식을 구하는 명령어 → (결과) Eq. (7.C.8)

· Eq. (7.C.9) : simplify(f)는 수식 f에 단순화규칙(simplification rules)을 적용해 정리된 식을 유도하는 명령어 → (결과) Eq. (7.C.10)

$$> diff(\theta_1 e^{-\theta_2 e^{-\theta_3 t}}, t\$2) \tag{7.C.1}$$

$$-\theta_1\theta_2\theta_3^2 e^{-\theta_3 t}e^{-\theta_2 e^{-\theta_3 t}} + \theta_1\theta_2^2\theta_3^2 (e^{-\theta_3 t})^2 e^{-\theta_2 e^{-\theta_3 t}} \tag{7.C.2}$$

$$> factor(-\theta_1\theta_2\theta_3^2 e^{-\theta_3 t}e^{-\theta_2 e^{-\theta_3 t}} + \theta_1\theta_2^2\theta_3^2 (e^{-\theta_3 t})^2 e^{-\theta_2 e^{-\theta_3 t}}) \tag{7.C.3}$$

$$\theta_1\theta_2\theta_3^2 e^{-\theta_3 t}e^{-\theta_2 e^{-\theta_3 t}} (\theta_2 e^{-\theta_3 t} - 1) \tag{7.C.4}$$

$$> solve(\theta_1\theta_2\theta_3^2 e^{-\theta_3 t}e^{-\theta_2 e^{-\theta_3 t}} (\theta_2 e^{-\theta_3 t} - 1) = 0, t) \tag{7.C.5}$$

$$\ln(\theta_2)/\theta_3 \tag{7.C.6}$$

$$> eval(\theta_1 e^{-\theta_2 e^{-\theta_3 t}}, t = \ln(\theta_2)/\theta_3) \tag{7.C.7}$$

$$\theta_1 e^{-\theta_2 e^{-\ln(\theta_2)}} \tag{7.C.8}$$

$$> simplify(\theta_1 e^{-\theta_2 e^{-\ln(\theta_2)}}) \tag{7.C.9}$$

$$\theta_1 e^{-1} \tag{7.C.10}$$

감사의 글

제 7장 내용은 SK Telecom(주) Telecommunications Review(TR) 편집위원회 'TR-10-05' 승인을 받아 「박성민[†], 김헌, "정부자금지원하의 IT 중소기업 매출액의 성장곡선모형 추정", Telecommunications Review, 18권, 6호, pp.1060-1071, 2008년 12월호」를 편집·수록한 것임을 밝힙니다.

[Chapter 7] 참고문헌

[1] 강현철, 최종후, "확산모형과 성장곡선모형을 이용한 중장기 수요예측에 관한 연구", *응용통계연구*, 14권, 2호, pp.233-243, 2001.

[2] 과학기술부(MOST), *2007년도 정부연구개발사업 종합안내서*, 과학기술부 과학기술혁신본부, 2007.

[3] 김정일, 전덕빈, "대체수요를 고려한 선택관점의 다제품 확산모형", *한국경영과학회 2006년 추계학술대회 논문집*, pp.161-164, 서울, 2006년 11월.

[4] 김철홍, 한인구, "계량적 방법과 인공신경망모형을 이용한 이동전화수요 예측", *Telecommunications Review*, 7권, 1호, pp.86-96, 1997.

[5] 박주석, 고영현, 전치혁, 이재환, 홍승표, 문형돈, "성장곡선 예측 모형의 특성치 보정에 따른 매개변수의 재추정", *IE Interfaces*, 16권, 1호, pp.103-110, 2003.

[6] 전덕빈, 박윤서, 김선경, 박명환, 박영선, "국내 아날로그와 디지털 이동전화 서비스 가입자 수 예측을 위한 선택 관점의 대체 확산 모형", *경영과학*, 19권, 2호, pp.125-138, 2002.

[7] 정보통신부(MIC), *IT중소·벤처기업의 건전한 생태계 조성을 위한 IT SMERP 2010 계획 최종 수정본*, 정보통신부 정책홍보관리실 보도자료, 2006.

[8] 정보통신부(MIC)·정보통신연구진흥원(IITA), *정보통신진흥기금 성과분석(VIII)(기술개발투자사업)*, 연구수행기관: (주)에스아이미디어, 2006.

[9] 정보통신부(MIC)·정보통신연구진흥원(IITA)¹, *2006년도 정보통신진흥기*

금사업 성과평가 지침, 정보통신진흥기금 평가자문단, 2007.

[10] 정보통신부(MIC) · 정보통신연구진흥원(IITA)[2], 정보통신진흥기금 성과분석(IT중소기업기술개발사업), 연구수행기관: 백석대학교, 2007.

[11] 통계청(NSO), KOSIS 국가통계포털, http://www.kosis.kr/, 2007.

[12] 하태정, 신기술제품의 중장기 수요예측 모형에 관한 연구, LG경제연구원, 2001.

[13] Bass, F. M., "A new product growth for model consumer durables", *Management Science*, Vol.15, No.5, pp.215-227, 1969.

[14] Franses, P. H., "A method to select between Gompertz and Logistic trend curves", *Technological Forecasting and Social Change*, Vol.46, No.1, pp.45-49, 1994.

[15] Harvey, A. C., "Time series forecasting based on the Logistic curve", *Journal of the Operational Research Society*, Vol.35, No.7, pp.641-646, 1984.

[16] Mahajan, V., Muller, E. and Bass, F. M., "New product diffusion models in marketing: a review and directions for research", *Journal of Marketing*, Vol.54, No.1, pp.1-26, 1990.

[17] Maplesoft[C], *Maple 10*, Waterloo Maple Inc., 2005.

[18] Minitab[R], *Minitab[R] Release 14.10 StatGuide*, State College: Minitab Inc., 2003.

[19] Montgomery, D. C., Peck, E. A. and Vining, G. G., *Introduction to Linear Regression Analysis*, 3rd ed., New York: John Wiley & Sons, 2001.

[20] SPSS[C], *SPSS[C] Release 10.1.3*, SPSS Inc., 2001.

[21] S-PLUS[R], *S-PLUS[R] Release 7*, Insightful Corp., 2006.

[22] Young, P., "Technological growth curves: a competition of forecasting models", *Technological Forecasting and Social Change*, Vol.44, No.4, pp.375-389, 1993.

□ End of Chapter 7 □

IT중소기업 기술혁신 지원사업의 타당성 연구: 동태적 특성 및 연관성을 중심으로

박성민[†], 김헌, 설원식

A Study on the Validity of Technology Innovation Aid Programs for IT Small and Medium-Sized Enterprises: Focusing on the Dynamic Characteristics and Relationship

Sungmin Park[†], Heon Kim, Wonsik Sul

요약

본 연구는 IT중소기업에 대한 기술혁신 지원사업이 본래의 정책목표에 맞게 운용되고 있는지를 확인하고, 개선된 사업구조로의 재구축을 위한 정책적 제안을 도출하는 것을 목적으로 한다. 첫째, 기술혁신 지원사업의 수혜대상 IT중소기업군과 비수혜기업군의 대응표본을 비교하여, 정책목표에 부합된 맞춤형 지원의 실시여부를 검토한다. 둘째, 사업년도 경과에 따른 IT중소기업 기술혁신 지원사업별 포지셔닝(positioning)의 추이를 사업 포트폴리오 분석(business portfolio analysis)을 응용하여 조사한다. 셋째, 기술혁신 지원사업간 '공동참여연결망'(affiliation network)

행렬을 정의·작성한 후, 다차원척도법(multidimensional scaling method)을 활용한 IT중소기업 기술혁신 지원사업간 연관성에 대한 분석을 시도한다. '07년 정보통신부(MIC)의 IT중소기업 기술혁신 지원사업으로서 14개 관리기관이 보유한 31개 지원사업의 '03-'06년 4개 사업년도 수혜기업 8,994개 및 한국정보통신산업협회(KAIT) IT기업 DB에서 '03-'06년 4개 사업년도중 수혜기록이 전혀 없는 18,354개 비수혜기업중, '03년 기준 2-5년의 기업업력을 갖는 비수혜기업 8,035개가 대응표본으로 추출되어 분석된다. 분석결과; 1)최근까지 본래의 정책목표에 부합하는 IT중소기업들이 수혜기업으로 적합하게 선정된 것으로 검토되었다; 2)하지만, 사업년도 경과에 따라 ①지원시점 기업업력 및 매출액은 함께 증가하고, ②지원시점 무형자산비율 감소 및 영업이익률 증가와 같은 뚜렷한 추이가 감지되기에, 창업 초기 IT중소기업에 대한 '출발기금'(seed money) 제공의 역할은 점진적으로 약화되는 것으로 조사되므로, 이에 대한 적시의 조치가 필요하다; 3)한편, 다차원척도법의 모형 적합도가 낮긴 했지만, 직접지원사업과 비교할 때 간접지원사업의 경우 상대적으로, 기술혁신 지원사업간 연관성이 더 클 가능성이 있을 것으로 판단되었다.

주제어: 공동참여연결망, 기술혁신지원사업, 다차원척도법,
사업포트폴리오분석, 포지셔닝, BCG행렬, IT산업

Abstract

This study aims to provide guidelines on future policy for restructuring the scheme of aid programs associated with IT small and medium-sized enterprises(SME) in Korea. For this purpose, we investigate an empirical dataset of recent aid programs deployed by Ministry of Information and Communication(MIC) for the last four years. First, it is examined that the programs are practiced in accordance with their own policy objective by comparing matching samples between two groups such as program beneficiary and non-beneficiary companies. Second, positioning transition of programs within a same category is visualized in terms of two business portfolio analysis matrices. Third, an affiliation network matrix of the programs is newly developed and then we attempt to analyze the programs relationship by the application of multidimensional scaling method to the affiliation network matrix. The empirical dataset is composed of two different kinds of corporate datasets. One is a corporate dataset of 8,994 beneficiary companies that are aided by MIC during the year of '03-'06. The other is also a corporate dataset of 18,354 non-beneficiary companies that have no records of the program supports during the years at all. Particularly, the matching samples of non-beneficiary companies are prepared in order to have comparable corporate age years(CAY) against beneficiary companies' CAY. Results show that; 1)up-to-date, the programs are properly assigned to IT SME conforming to their own policy objective; 2)however, as the year goes on, the following two distinct positioning transitions are revealed such as ①both CAY and corporate sales(SAL) are increased simultaneously, ②ratio of intangible assets(RIA) is decreased and ratio of operating gain to revenue(ROR) is increased. Hence, the role of the programs get weakened with regard to providing seed money to technology innovation-typed IT SME so that a managerial adjustment of the programs is required consequently; 3)even though the model adequacy is not satisfactory through the analysis of multidimensional scaling method, the relationship of indirect-typed programs can relatively be stronger than that of direct-typed programs.

Keywords: affiliation network, BCG matrix,
          business portfolio analysis, IT industry,
          multidimensional scaling method, positioning,
          technology innovation aid programs

8.1 서론

8.1.1 연구배경

IT중소기업에 대한 기술혁신 지원사업은 '창의적이고 혁신적인 IT중소기업의 활성화'라는 정책목표 하에 국내 IT산업의 건전한 생태계 조성 및 역동성 강화에 크게 기여하였다[18,19]. 그러나 최근 국내 IT산업은, 대외적으로는 글로벌 산업 경쟁력의 위협을 받고 있으며, 내부적으로도 이미 산업 성숙기로의 진입을 체감하고 있는 실정이다. '90년대 연평균 20%이상의 고성장을 기록한 국내 IT산업은, 2000년대 경쟁심화 및 산업 성숙에 기인한 주요 제품·서비스의 가격하락으로 성장률이 10%이하로 둔화되는 등 어려운 상황에 직면하게 되었다[8].

한편, IT산업에 대한 기술혁신 지원사업의 주자금원인 정보통신진흥기금 R&D 투자액이 '06년 7,839억원에서 '07년 7,641억원으로 198억원, 2.53% 감소한 바 있다. 또한, 'IT839전략' 등 기금수요는 증대되나, 기금조성은 정보통신기술(Information and Communication Technology, ICT) 서비스 시장의 매출액 정체에 따른 감소로 인하여, '02년 이후 매년 당기순조성 금액이 (-)값으로 전환된 상태를 벗어나지 못하고 있다. 향후 장기적으로는, 기금조성 감소→기금지출 축소에 따른 기술혁신 지원사업의 통폐합을 통한 기금운용 효율화의 추진 가능성 및 기술·경제적 성과중심 전략(performance-oriented strategy) 강조 등이 예상된다[1,2,17].

이와 더불어, '08년 우리나라 정부의 IT산업 주요 정책방향을 살펴보아도; 1)창의적·혁신적 연구를 강화하기 위해 미래 원천기술에 대한 투자비율을 확대하고('07년 22%→'08년 30%); 2)IT중소기업의 혁신역량의 제고를 위한 기술혁신 지원사업의 선택과 집중으로 정책효과를 개선하며; 3)IT R&D 관련 정보 탐색시스템(RADERS, Research Area DEtection through R&d information Scanning) 등을 구축하여 R&D 결과물에 대한 질적 성과평가를 강화하는 등에 대한 확고한 의지를 확인할 수 있다[8,15]. 이와 같은 대내외적 환경변화 가운데에서, IT산업의 정책입안과 관련된 기존사업 관리 및 신규사업 발굴에 대한 연구가 꾸준히 시도된 바 있다.

8.1.2 문헌고찰

사업 포트폴리오 분석(business portfolio analysis)을 활용해 IT산업의 R&D 투자대상 기술분야를 탐색한 바 있는데, 심재용 외[10]는 전문가의견의 델파이 기법(Delphi technique)으로 수렴된 변수값을 이용하여 '기술격차-기술중요도' 매트릭스의 6개 기술분야중에서 2개 전략적 기술분야를 제시한 바 있다. GE/McKinsey 매트릭스를 활용하여 통신사업 평가를 위한 4개 사업유형을 대분류한 후, 각 사업유형을 다시 손익규모를 기준으로 이분화하여 8개 사업유형으로 소분류한 바 있다[11]. 특히, GE/McKinsey 매트릭스의 2개 지표인 '시장매력-사업강점'에 대응하는 수치로서, 통신사업 평가에 적합한 시장매력 관련 7개, 사업강점 관련 6개 하위 구성항목을 정의한 후, 전문가 패널 5점 척도 설문조사를 실시하여 수집된 하위 구성항목 데이터의 가중평균을 이용하였다. 역시, 5점 척도 설문조사 데이터의 다차원척도법(multidimensional scaling method)을 실시하여 'IT893전략'의 9대 신성장 동력의 포지셔닝(positioning) 및 연관성을 파악하였고, 이에 기초하여 사업간 파급효과가 큰 분야가 선별된 바 있다[6].

이외에도, R&D 프로젝트의 포트폴리오 평가[3] 및 글로벌 기업의 기술 포트폴리오 매트릭스 분석[7] 연구가 참고될 수 있으며, 다차원척도법을 활용한 아파트의 브랜드 포지셔닝[9] 및 호텔 포지셔닝[12] 연구가 보고된 바 있다. 또한, 특허 인용 및 연관성을 파악하기 위한 네트워크 분석[14] 시도가 확인된다.

8.1.3 연구주제 · 구성

본 연구는, IT중소기업에 대한 기술혁신 지원사업이 본래의 정책목표에 맞게 운용되고 있는지를 확인하고, 개선된 사업구조로의 재구축을 위한 정책적 제안을 도출하는 것을 목적으로 한다. 첫째, 기술혁신 지원사업 수혜대상 IT중소기업군과 비수혜기업군의 대응표본(matching samples)을 비교하여, 정책목표에 부합된 맞춤형 지원의 실시여부를 검토한다. 둘째, 사업년도 경과에 따른 IT중소기업 기술혁신 지원사업별 포지셔닝 추이를 사업 포트폴리오 분석을 응용하여 조사한다. 셋째, 기술혁신 지원사업간 '공동참여연결망'(affiliation network) 행렬을 정의 · 작성한 후, 다차원척도법을 활용한 IT중소기업 기술혁신 지원사업간 연관성에 대한 분석을 시도한다.

특히, 본 연구의 목적 · 내용과 정확히 일치하지는 않지만, 기존연구가 전문가 의견만이 반영된 설문조사 데이터에 전적으로 의존했던 것과는 달리, 본 연구에서는 IT중소기업 기술혁신 지원사업 현황을 직접적으로 반영하는 연속된 복수 사업년도의 사업별, 기업별 데이터를 수집 · 이용하여 실증분석적 견지에서 위 3개 축차적 연구주제를 논의하고자 한다. §8.2에서는 분석지표에 대해 논의하고, §8.3에서는 사업간 연관성 분석을 위한 행렬들을 정의하고, §8.4에 분석절차를 요약한 후, §8.5에서 분석이 실시된다.

8.2 분석지표 및 조합

본 연구에서는 IT중소기업을 대상으로 한 기술혁신 지원사업의 정책목표를 '기술혁신성은 있으나 자금력이 취약한 IT중소기업에 대한 지원'으로 정의하고, 먼저 이와 같은 정책목표를 갖는 기술혁신 지원사업의 동태적 특성을 조사하기 위해 적합한 분석지표의 선정을 시도한다. 이후 본 논문에서 특별한 언급이 없는 한, '사업'은 'IT중소기업 기술혁신 지원사업'을 지칭한다.

8.2.1 IT중소기업 성과지표 검토

본 연구에서 사용될 분석지표의 선정을 위해, IT중소기업의 성과평가를 위해 사용가능한 일반적 성과지표 및 각 성과지표별 하위 분석지표의 검토가 도움이 될 수 있다고 판단된다. 표 8.1은, IT중소기업 고유의 특성을 고려해, 본 연구에서 개발·검토되는 IT중소기업 성과지표 체계이다. 표 8.1에는 성과유형, 성과지표, 분석지표 그리고 각 분석지표별 계산식, 단위 및 정(+)/부(−) 관계가 정리되어 있다. 성과유형은 기술혁신성과→시장성과→재무성과→(경제·사회적) 파급효과와 같이 발생시간의 순서에 맞춰 나열되었고, 각 성과유형별 성과지표와 분석지표는 본 연구에서 자체적으로 판단한 지표별 중요도에 따라 중요한 것부터 기입되었다. 표 8.1에 기초하여, 상기 정책목표의 3개 구성요소 각각에 대해 적합한 분석지표로서; 1)기업규모(즉, IT중소기업)는 시장성과와 현금흐름에 특히 비중을 두어 매출액(sales, SAL); 2)기술혁신성은 무형자산비율(ratio of intangible assets, RIA); 3)자금력은 영업이익률(ratio of operating gain to revenue, ROR)을 선정하고자 한다. 무형자산비율과 영업이익률 지표의 특성에 대해서는, 아래 §8.2.3 포지셔닝 지표조합(II)에서 좀 더 자세히 논의된다. 선정된 3개 분석지표 각각에 대해서, 사업년도 경과에 따른 사업의 수혜기업군과 이와 대등한 기업업력(corporate age years, CAY)을 갖는 비수혜기업군의 대응표본간 동태적 비교를 실시한다.

표 8.1. IT중소기업 성과지표 체계(계속)

성과유형	성과지표	분석지표	계산식	단위	정(+)/부(-)
재무성과	수익성	영업이익률	영업이익/매출액	(×100)%	+
		자기자본수익률	당기순이익/자본금	(×100)%	+
		자산이익률	당기순이익/총자산	(×100)%	+
	유동성	유동비율	유동자산/유동부채	(×100)%	+
		당좌비율	당좌자산/유동부채	(×100)%	+
	건전성	부채비율	총부채/총자산	(×100)%	−
		이자보상비율	영업이익/이자비용	(×100)%	+
과금효과	기업생존	영업상태·법인여부	영업상태·법인여부에 각 1점씩 부여	점(0~2)	+
		부도금액·거래정지금액	(당해년도 부도금액 + 당해년도 거래정지금액)	원	−
	고용창출	상시종사자수증가율	(당해년도 상시종사자수 − 전년도 상시종사자수)/(전년도 상시종사자수)	(×100)%	+
		IT종사자수증가율	(당해년도 IT종사자수 − 전년도 IT종사자수)/(전년도 IT종사자수)	(×100)%	+
		임사자수증가율	(당해년도 임사자수 − 전년도 임사자수)/(전년도 임사자수)	(×100)%	+
	글로벌화	수출·해외진출·외국인직접투자 여부	수출여부·해외진출여부·외국인직접투자여부에 각 1씩 부여	점(0~3)	+
		해외지사수증가율	(당해년도 해외지사수 − 전년도 해외지사수)/(전년도 해외지사수)	(×100)%	+

표 8.1. IT중소기업 성과지표 체계

성과유형	성과지표	분석지표	계산식	단위	정(+)/부(−)
기술혁신성과	기술혁신투자	연구개발비투자비율	경상연구개발비/매출액	(×100)%	+
		교육훈련투자비율	교육훈련비/매출액	(×100)%	+
	지적재산권	특허등록증가율	(당해년도 국내외특허등록건수 − 전년도 국내외특허등록건수)/(전년도 국내외특허등록건수)	(×100)%	+
		국제특허등록비율	(미국,일본,유럽,기타국가 특허등록건수 합계)/(국내,미국,일본,유럽,기타국가 특허등록건수 합계)	(×100)%	+
		무형자산비율	무형자산/총자산	(×100)%	+
	기업인증	제품·공정인증건수	(ISO,GS,NEP) 인증건수 합계	건	+
		혁신·기업인증건수	(NET,이노비즈,혁신기업) 인증건수 합계	건	+
시장성과	매출	매출액증가율	(당해년도 매출액 − 전년도 매출액)/(전년도 매출액)	(×100)%	+
		IT매출액증가율	(당해년도 IT매출액 − 전년도 IT매출액)/(전년도 IT매출액)	(×100)%	+
	수출	수출액비율	수출액/매출액	(×100)%	+
		수출액증가율	(당해년도 수출액 − 전년도 수출액)/(전년도 수출액)	(×100)%	+
		수출건수증가율	(당해년도 수출건수 − 전년도 수출건수)/(전년도 수출건수)	(×100)%	+
	기업성장	상장구분	폐업(0), 미상장(1), 상장예정(2), 상장(3) 구분	점(0~3)	+
		자산규모증가율	(당해년도 총자산 − 전년도 총자산)/(전년도 총자산)	(×100)%	+
		상장소요시간	상장년도−설립년도	년	−

다음으로, 사업별 포지셔닝 조사를 위해 아래의 2가지 포지셔닝 분석지표의 조합을 구성하고, 각 지표조합을 갖는 매트릭스를 작성하여 사업 포트폴리오 분석을 실시함으로써, 사업년도 경과에 따른 사업별 포지셔닝 추이가 조사된다.

8.2.2 포지셔닝 지표조합(I)

'기업업력-매출액' 2개 분석지표의 조합을 구성한다. 즉, 기업성장 단계를 고려한 기업규모의 분석을 시도한다. 기술혁신적 IT중소기업을 위한 기술혁신지원과 관련, 기업성장 단계와 기업규모는 함께 분석될 필요가 있다[13]. 기업성장 단계는 기업업력으로, 기업규모는 매출액으로 적합하게 대표된다고 가정하고, 사업이 창업 초기의 성장 잠재력을 갖는 IT중소기업에 선택적으로 지원되는지 조사한다. 그림 8.1은 '기업업력-매출액' 지표조합을 갖는 '포지셔닝 매트릭스(I)'이다. 그림 8.1의 제3사분면에 위치하는 기술혁신적 기업에 한정하여 직·간접지원의 타당성이 있고, 수혜기업은 기술개발·사업화를 위한 기업역량 강화에 초점을 두고 기업활동을 전개하는 것이 바람직하다고 판단된다.

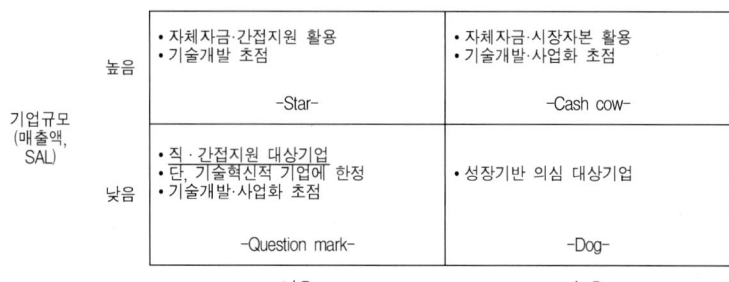

	• 자체자금·간접지원 활용 • 기술개발 초점 -Star-	• 자체자금·시장자본 활용 • 기술개발·사업화 초점 -Cash cow-
	• 직·간접지원 대상기업 • 단, 기술혁신적 기업에 한정 • 기술개발·사업화 초점 -Question mark-	• 성장기반 의심 대상기업 -Dog-

기업규모
(매출액,
SAL) 높음 / 낮음

낮음   높음

기업성장단계
(기업업력, CAY)

그림 8.1. 포지셔닝 매트릭스(I)

한편, 기업성장에 따라 자연적으로 수반되는 다수의 '전략사업단위' (strategic business unit, SBU)에 평가등급을 부여하고 기업자원의 배분을 결정하는 사업 포트폴리오 분석의 전형적인 매트릭스(matrix)중 하나인 '성장-점유'(growth-share) 혹은 BCG(Boston Consulting Group) 매트릭스에 대응시켜, 그림 8.1의 제1사분면부터 제4사분면까지 순서대로, Cash cow→Star→Question mark→Dog을 대응시킨 해석도 가능하다고 판단된다[21,24].

8.2.3 포지셔닝 지표조합(II)

'무형자산비율-영업이익률' 2개 분석지표의 조합을 구성한다. 즉, 기술혁신성은 있으나 자금력이 취약한 기업을 대상으로 한 사업의 전개여부가 조사된다. 기업의 기술혁신성을 반영하는 적합한 분석지표로서 아래와 같이 '연구개발비투자비율' 또는 '무형자산비율'과 같은 일반적인 재무지표를 우선적으로 고려할 수 있다. 하지만, IT중소기업의 특성상 연구개발비투자비율은 기업간·시점별 변동성이 매우 클 수 있다고 가정할 때, 상대적으로 안정성이 기대되는 지원시점의 기업의 무형자산비율을 기술혁신성 지표로 활용하고자 한다. 무형자산이, 기업의 기술개발, 산업재산권, 영업권 등을 포괄하는 지표이므로, 무형자산비율은 기업의 기술혁신 활동에 대한 누적 연구개발비투자비율을 반영할 수 있다고 가정한다[16,19,20]. 단, 무형자산비율은 기술혁신성을 일부 반영하되, 그 보다 훨씬 더 포괄적인 성격을 지니고 있음을 밝힌다.

√연구개발비투자비율=경상연구개발비/매출액(×100)%

√무형자산비율=무형자산/총자산(×100)%

기업의 자금력을 측정할 수 있는 다수의 재무지표들이 존재하지만, 본 연구에서는 아래 3개 재무비율중에서 최종적으로 영업이익률을 분석지표로 채택하고자 한다. 영업이익률은 핵심 영업활동에서의 이익발생능력을, 자기자본수익률은 주주입장에서의 수익성을, 부채비율은 기업경영의 안전성을 측정하는 지표로 간주된다[16]. 이 가운데 기업의 정상적인 생산·판매활동에서 발생하는 비용을 차감한 이후에 발생하는 잉여현금을 측정하는 영업이익 개념이 실제 기업의 R&D 활동에 투입될 수 있는 미래 현금흐름을 가장 잘 대변할 것이라고 판단하여 영업이익률을 선택하였다. 또한, '주식회사의 외부감사에 관한 법률(외감법)'의 대상기업이 아닌 규모가 작은 기업의 경우에는 영업이익과 당기순이익의 차이가 그리 크지 않다. 실제 벤처기업의 가치평가를 위해 미래 현금흐름을 측정할 때에도 영업이익을 주로 활용하고 있다[20].

√영업이익률=영업이익/매출액(×100)%

√자기자본수익률=당기순이익/자본금(×100)%

√부채비율=총부채/총자산(×100)%

그림 8.2는 '무형자산비율-영업이익률' 지표조합을 갖는 '포지셔닝 매트릭스(II)'이다. 그림 8.2의 경우에는 제4사분면에 위치하는 자금력이 부족한 기술혁신적 기업에 직·간접지원의 타당성이 있고, 수혜기업은 사업화에 기업활동의 초점을 맞추는 것이 바람직하다고 판단된다. 단, 제3사분면에 위치한 IT중소기업중에서 창업 초기 기업은 성장기반 의심 대상기업에서 제외되어야 할 것으로 생각된다.

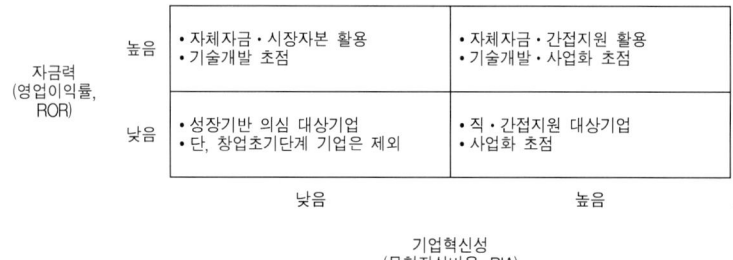

그림 8.2. 포지셔닝 매트릭스(II)

8.3 사업간 공동참여연결망, 연관성, 상이성 행렬

'사회 연결망 분석'(social network analysis) 분야에서는, 분석단위 i 와 j사이의 관계가 '0' 또는 '1'과 같이 이진수(binary)로 표현되거나 관계의 강도가 숫자로 표현된 '완전연결망'(complete network)을 활용하면 분석집단의 구조를 완벽하게 파악할 수 있다고 가정한다. 하지만 현실적으로는 분석단위 사이의 관계를 직접 조사하기 어려운 경우가 많기 때문에, '준연결망'(quasi-network)의 일종인 공동참여연결망을 수립하여 분석단위 사이의 연관성을 조사하는 것이 더 일반적인 것으로 알려져 있다[4].

본 연구에서는, 사업간 연관성을 파악하기 위해, 먼저 '기업의 사업별 수혜실적 행렬' 식(8.1)을 정의·작성한다. 행렬 $\mathbf{X}$는 $(n \times k)$ 행렬로서 i^{th} 기업이 j^{th} 사업의 수혜실적이 있으면 '$x_{ij} = 1$', 없으면 '$x_{ij} = 0$'의 값을 갖는다.

$$\mathbf{X} = \begin{bmatrix} x_{11} & x_{12} & \cdots & x_{1k} \\ x_{21} & x_{22} & \cdots & x_{2k} \\ \vdots & \vdots & & \vdots \\ x_{n1} & x_{n2} & \cdots & x_{nk} \end{bmatrix} \tag{8.1}$$

$\mathbf{X}$의 전치행렬 $\mathbf{X}'$과 $\mathbf{X}$를 곱한 식(8.2) $\mathbf{A} = \mathbf{X}'\mathbf{X}$를 '사업간 공동참여연결망 행렬'로 정의한다. 행렬 $\mathbf{A}$는 $(k \times k)$ 대칭행렬이며, 대각원소 a_{ii}는 각 사업의 수혜기업수를, 비대각원소 a_{ij}는 i^{th} 및 j^{th} 2가지 사업을 공동으로 수혜를 받은 기업수를 의미하게 된다.

$$\mathbf{A} = \mathbf{X}'\mathbf{X} = \begin{bmatrix} \sum_{i=1}^{n} x_{i1}^2 & \sum_{i=1}^{n} x_{i1}x_{i2} & \cdots & \sum_{i=1}^{n} x_{i1}x_{ik} \\ \sum_{i=1}^{n} x_{i2}x_{i1} & \sum_{i=1}^{n} x_{i2}^2 & \cdots & \sum_{i=1}^{n} x_{i2}x_{ik} \\ \vdots & \vdots & & \\ \sum_{i=1}^{n} x_{ik}x_{i1} & \sum_{i=1}^{n} x_{ik}x_{i2} & \cdots & \sum_{i=1}^{n} x_{ik}^2 \end{bmatrix} \tag{8.2}$$

한편, 행렬 $\mathbf{A}$의 원소 a_{ij}를 $\sqrt{a_{ii}a_{jj}}$로 나누어 사업별 수혜기업수의 차이를 보정한 '사업간 연관성 행렬' 식(8.3) $\mathbf{Z}$를 정의한다. 즉, [0,1] 사

이의 두 비율 a_{ij}/a_{ii}와 a_{ij}/a_{jj}의 기하평균인 $(a_{ij}/a_{ii} \times a_{ij}/a_{jj})^{\frac{1}{2}}$을 취하는 $(k \times k)$ 대칭행렬 $\mathbf{Z}$의 비대각원소 z_{ij}와 이에 대응하는 2개 사업간 연관성이 비례한다고 가정한다.

$$\mathbf{Z} = \begin{bmatrix} \dfrac{a_{11}}{\sqrt{a_{11}a_{11}}} & \dfrac{a_{12}}{\sqrt{a_{11}a_{22}}} & \cdots & \dfrac{a_{1k}}{\sqrt{a_{11}a_{kk}}} \\ \dfrac{a_{21}}{\sqrt{a_{22}a_{11}}} & \dfrac{a_{22}}{\sqrt{a_{22}a_{22}}} & \cdots & \dfrac{a_{2k}}{\sqrt{a_{22}a_{kk}}} \\ \vdots & \vdots & & \vdots \\ \dfrac{a_{k1}}{\sqrt{a_{kk}a_{11}}} & \dfrac{a_{k2}}{\sqrt{a_{kk}a_{22}}} & \cdots & \dfrac{a_{kk}}{\sqrt{a_{kk}a_{kk}}} \end{bmatrix} \tag{8.3}$$

행렬 $\mathbf{Z}$를 원소 d_{ij}를 갖는 식(8.4) $\mathbf{D}$와 같이 변환하고, $(k \times k)$ 대칭행렬 $\mathbf{D}$를 '사업간 상이성 행렬'로 정의한 후, §8.5.4 다차원척도법의 분석 행렬로써 이용하고자 한다.

$$\mathbf{D} = \begin{bmatrix} 1-z_{11} & 1-z_{12} & \cdots & 1-z_{1k} \\ 1-z_{21} & 1-z_{22} & \cdots & 1-z_{2k} \\ \vdots & \vdots & & \vdots \\ 1-z_{k1} & 1-z_{k2} & \cdots & 1-z_{kk} \end{bmatrix} \tag{8.4}$$

8.4 분석절차

표 8.2에 본 연구의 분석절차가 요약되어 있다. 즉, 사업의 정책목표를 구체적으로 정의한 후, IT중소기업 성과지표 체계를 개발·검토하여 정책목표의 각 구성요소를 반영하는 적합한 분석지표를 선정한다. 또한,

2차원 분석지표의 조합을 구성하여 사업별 포지셔닝 추이를 도식화하는 2개 포지셔닝 매트릭스를 개발한다. 기업업력을 포함한 수혜기업의 4개 분석지표 및 수혜기업군과 대등한 기업업력을 갖는 비수혜기업군의 대응표본의 3개 분석지표를 이용하여; 1)동태적 특성[1]: 수혜기업군 vs. 비수혜기업군 비교; 2)동태적 특성[2]: 사업별 포지셔닝 추이; 3)사업간 연관성 분석을 실시한다. 사업간 연관성은 A→Z→D 행렬을 순차적으로 작성한 후 다차원척도법을 활용한 분석이 시도된다. 표 8.2의 'Step 2.' 관련사항은 §8.5.1에서 자세히 설명된다.

표 8.2. 분석절차

Step 0.	IT중소기업 기술혁신 지원사업 정책목표 정의
	↓
Step 1.	분석지표(조합) 선정

1.1. IT중소기업 성과지표 체계 개발·검토

↓

1.2. 분석지표 선정
   (1) 기업규모 – 매출액
   (2) 기술혁신성 – 무형자산비율
   (3) 자금력 – 영업이익률

↓

1.3. 포지셔닝 분석지표 조합 선정
지표조합(I): 기업성장단계 – 기업규모(기업업력 – 매출액)
지표조합(II): 기술혁신성 – 자금력(무형자산비율 – 영업이익률)

↓

Step 2.   데이터 수집

2.1. 분석대상 IT중소기업 기술혁신 지원사업 선정(MIC 40개 사업)
2.2. 분석대상 사업연도 선정('03-'06년, 4개 사업연도)
2.3. 사업별 수혜기업의 분석지표 수집
2.4. 기업업력 기준 비수혜기업의 대응표본 수집

↓

Step 3.   분석
단, 수혜기업의 경우 직접지원사업, 간접지원사업, 전체 사업 3개를 개별 분석

3.1. 수혜기업 vs. 비수혜기업 비교
   (1) 기업규모 – 매출액
   (2) 기술혁신성 – 무형자산비율
   (3) 자금력 – 영업이익률

↓

3.2. 사업별 포지셔닝 조사
   (1) 포지셔닝 매트릭스(I): 기업성장단계 – 기업규모(기업업력 – 매출액)
   (2) 포지셔닝 매트릭스(II): 기술혁신성 – 자금력(무형자산비율 – 영업이익률)

↓

3.3. 사업 간 연관성 분석
   (1) 기업의 사업별 수혜실적 행렬 작성(X)
   (2) 사업 간 공동참여연결망 행렬 계산($A = X'X$)
   (3) 사업 간 연관성, 상이성 행렬 계산(Z, D)
   (4) 다차원척도법 실시·해석

8.5 분석

8.5.1 데이터 수집·처리

표 8.3.(b)에 '07년 정보통신부(MIC)의 IT중소기업 기술혁신 지원사업으로서 14개 관리기관이 보유한 40개의 지원액 현황이 정리되어 있고, 직접지원사업과 간접지원사업 합계는 순서대로 각각 2,465억원과 1,364억원이다. 단, 구체적인 사업명 대신 사업코드로 암호화되어 제시됨을 밝힌다. 표 8.3.(b) 사업 현황에 기초하여 '03-'06년 4개 사업년도 수혜기업 9,816개를 분석대상으로 선정한다. 20개 사업 6,907개 수혜기업의 데이터는 직접 조사를 실시하여 수집되었고, 11개 사업 2,909개 수혜기업 데이터는 한국정보통신산업협회(KAIT)의 IT기업 59,183개 DB로부터 수집·보완되었다. 사업자등록번호 필드에 값이 입력되어 기업정체가 최종적으로 파악된 31개 사업 8,994개 수혜기업수가 표 8.3.(a)에 사업코드별, '03-'06년 4개 사업년도별로 각각 정리된다.

표 8.3. 분석 데이터; (a)'03-'06년 사업별 수혜기업 수(단위: 개); (b)'07년 지원액 현황(단위: 억원)

사업코드	분야1	분야2	(a)					(b)	
			'03	'04	'05	'06	합계	지원액	합계
S01	직접	자금	398	483	308	206	1,395	1,620	
S02			75	157	52	68	352	495	
S03			84	71	56	42	253	100	2,215
S04		기술	103	82	71	67	323	140	
S05			56	52	56	72	236	110	
S06	간접							4	
S07				3	3	4	10	5	
S08			120	88	84	58	350	25	
S09					11	22	33	70	
S10					8	8	16	10	
S11			164	139	185	370	858	15	
S12			21	24	32	31	108	15	
S13			91	163	145	207	606	108	
S14			20	39	20	17	96	37	
S15						109	109	5	
S16					463		463	187	
S17			14	16	22	21	73	11	
S18			138	137	122	57	454	27	
S19								10	
S20			19	24	33	60	136	17	
S21					325	411	736	95	
S22						16	16	45	
S23						42	42	20	
S24			113	95	214	244	666	114	
S25						28	28	35	
S26						22	22	13	
S27			98	119	175	244	636	25	
S28								8	1,151
S29		인력 · 창업	3	8	10	4	25	6	
S30					81	91	172	95	
S31						166	166	3	
S32								2	
S33						139	139	30	136
S34		판로 · 수출						102	
S35								20	
S36								92	
S37								37	
S38			7	79	123	234	443	12	262
S39		정보화			19	13	32	55	
S40								10	65
합계			1,524	1,779	2,618	3,073	8,994		3,829

또한, KAIT IT기업 DB에서 '03-'06년 4개 사업년도중 수혜기록이 전혀 없는 18,354개 비수혜기업중, '03년 기준 2-5년 기업업력을 갖는 비수혜기업 8,035개가 대응표본으로 추출되어 수혜기업군과 비교되는데, 기업업력 2-5년은 '03년 수혜기업의 기업업력의 사분위범위(IQR)로서, 수혜기업과 기업성장 단계가 대등한 대응표본을 추출하기 위함이다.

한편, 사업의 동태적 특성의 분석에 사용되는 중심측도로서 중위수를 채택한다. 일례로서, 그림 8.3의 사업코드 S01, '03년 398개 수혜기업의 4개 분석지표의 히스토그램에서도 알 수 있듯이 분포의 비정규성이 확인되기 때문이다. 그림 8.3의 4개 히스토그램의 Anderson-Darling(AD), Kolmogorov-Smirnov(KS) 정규성 검정을 실시한 결과, 4개 모두에서 AD의 유의확률 $p-\text{value}<0.005$, KS의 $p-\text{value}<0.010$로 역시 비정규성을 확인할 수 있다[23]. 단, 그림 8.3의 4개 히스토그램의 단위는 아래 표 8.4에 대응하는 분석지표의 단위와 동일하다.

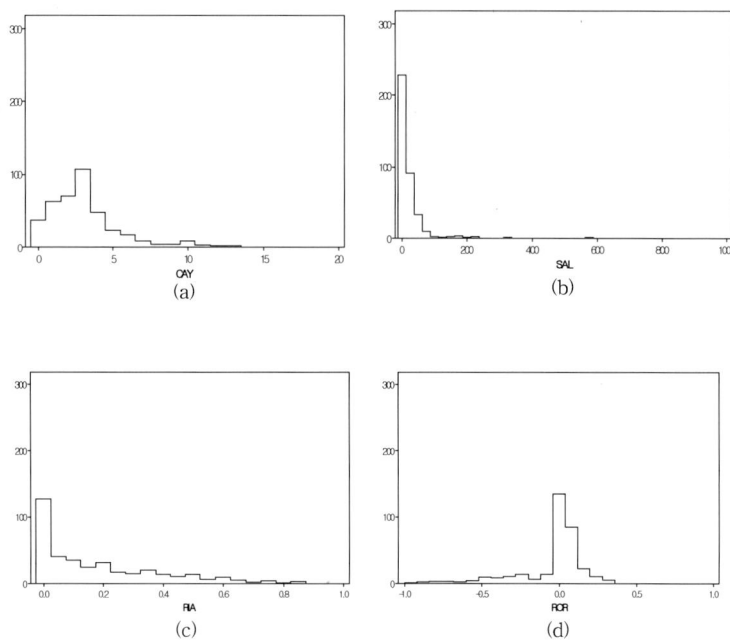

그림 8.3. S01, '03년 398개 수혜기업의 분석지표 히스토그램;
(a)CAY; (b)SAL; (c)RIA; (d)ROR

8.5.2 동태적 특성[1]: 수혜기업군 vs. 비수혜기업군 비교

표 8.4.(a)에 동태적 특성의 분석을 위한 중위수와 그 밑에 표본크기를, 표 8.4.(b)에 전년대비 중위수 증가율을 각각 정리하고, 표 8.4.(a)를 그림 8.4와 같이 시각화한다. 그림 8.4.(a)의 분석지표 SAL의 경우, 수혜기업군(즉, 전체사업)이 비수혜기업군에 비해 '05년까지는 작게 유지되어 정책목표에 부합됨이 확인된다. 표 8.4.(b)의 분석지표 SAL의 수혜기업군 '06년 전년대비 중위수 증가율이 96%로 비수혜기업군 36%에 비해 매우 커 '06년부터 상황이 반전된 것을 알 수 있다. 한편, '03-'06년 3년간 국내 IT생산 증가율 25%(1,991,783→2,481,011억원), 국내총생산(GDP)

증가율 17%(7,246,750→8,480,446억원) 등 IT산업 및 경제규모의 성장률과 비교할 때, 표 8.4.(b)의 분석지표 SAL의 수혜기업군 및 비수혜기업군의 1년 단위의 전년대비 중위수 증가율은 모두가 상당히 높은 수준으로 판단된다.

그림 8.4.(b)의 분석지표 RIA의 경우, 수혜기업군(즉, 전체사업)이 비수혜기업군에 비해 4개 사업년도 전기간동안 상대적으로 매우 높은 수준을 유지함으로써 정책목표에 부합됨이 확인되지만, 전년대비 중위수 증가율이 '04-'06년 -23%→-8%→-16%로서 RIA가 사업년도 경과에 따라 꾸준히 큰 폭으로 감소하고 있음이 확인된다. 마찬가지로, 그림 8.4.(c)의 분석지표 ROR의 경우도, 수혜기업군(즉, 전체사업)이 비수혜기업군에 비해 4개 사업년도 전기간동안 상대적으로 매우 낮은 수준을 유지함으로써 정책목표에 부합됨이 확인되지만, 전년대비 중위수 증가율이 '04-'06년 95%→16%→29%로서 비수혜기업의 6%→3%→1%에 비해 상대적으로 큰 증가세를 보임을 알 수 있다. 반면, 비수혜기업군의 RIA, ROR은 4개 사업년도 전기간동안 상대적으로 일관된 수준을 유지하는 것이 확인된다.

표 8.4. 동태적 특성 통계치; (a)'03-'06년 중위수 및 표본크기(단위: 개); (b)전년대비 중위수 증가율

분석지표	사업구분	(a)				(b)		
		'03	'04	'05	'06	'04	'05	'06
CAY	직접지원사업	3	4	4	5	33%	0%	25%
(단위: 년)		(697)	(820)	(529)	(439)			
	간접지원사업	3	4	5	6	33%	25%	20%
		(714)	(850)	(1,823)	(2,285)			
	전체사업	3	4	5	6	33%	25%	20%
		(1,411)	(1,670)	(2,352)	(2,724)			
SAL	직접지원사업	10.4900	13.5000	20.8000	31.2000	29%	54%	50%
(단위: 억원)		(623)	(751)	(484)	(378)			
	간접지원사업	10.6000	14.4000	16.5000	34.5000	36%	15%	109%
		(605)	(715)	(1,546)	(1,950)			
	전체사업	10.6000	13.8000	17.3000	33.9000	30%	25%	96%
		(1,228)	(1,466)	(2,030)	(2,328)			
	비수혜기업	12.8600	16.8800	20.5203	27.8753	31%	22%	36%
		(6,161)	(5,384)	(4,646)	(3,340)			
RIA	직접지원사업	0.1030	0.0537	0.0290	0.0395	−48%	−46%	36%
(단위: 없음)		(630)	(759)	(492)	(389)			
	간접지원사업	0.1270	0.1312	0.1021	0.0785	3%	−22%	−23%
		(613)	(728)	(1,561)	(1,979)			
	전체사업	0.1164	0.0897	0.0823	0.0695	−23%	−8%	−16%
		(1,243)	(1,487)	(2,053)	(2,368)			
	비수혜기업	0.0048	0.0050	0.0049	0.0074	4%	−1%	49%
		(6,181)	(5,395)	(4,655)	(3,346)			
ROR	직접지원사업	0.0166	0.0365	0.0421	0.0549	119%	15%	31%
(단위: 없음)		(573)	(702)	(474)	(373)			
	간접지원사업	0.0018	0.0150	0.0270	0.0355	734%	80%	31%
		(538)	(671)	(1,517)	(1,962)			
	전체사업	0.0132	0.0258	0.0298	0.0384	95%	16%	29%
		(1,111)	(1,373)	(1,991)	(2,335)			
	비수혜기업	0.0425	0.0450	0.0464	0.0471	6%	3%	1%
		(5,855)	(5,179)	(4,500)	(3,266)			

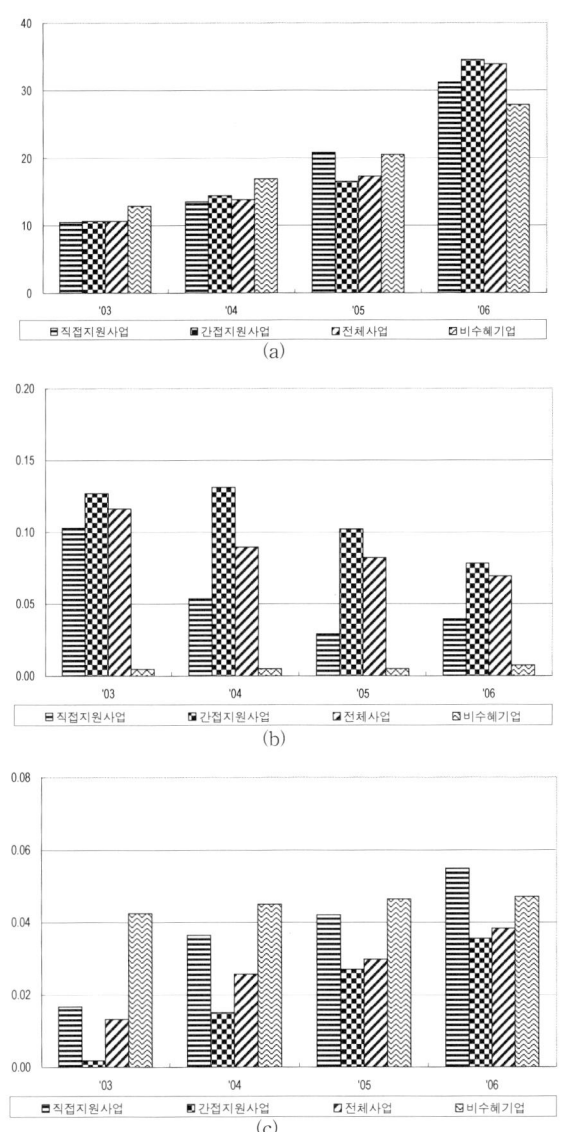

그림 8.4. 수혜기업 vs. 비수혜기업 비교;
(a)SAL; (b)RIA; (c)ROR

8.5.3 동태적 특성[2]: 사업별 포지셔닝 추이

표 8.4.(a) 중위수를 이용하여 직접지원사업, 간접지원사업, 전체사업 3개 경우에 대해, 포지셔닝 매트릭스(I)을 그림 8.5에, 포지셔닝 매트릭스(II)를 그림 8.6에 각각 서로 다른 3개 패널(panel)로 제시한다.

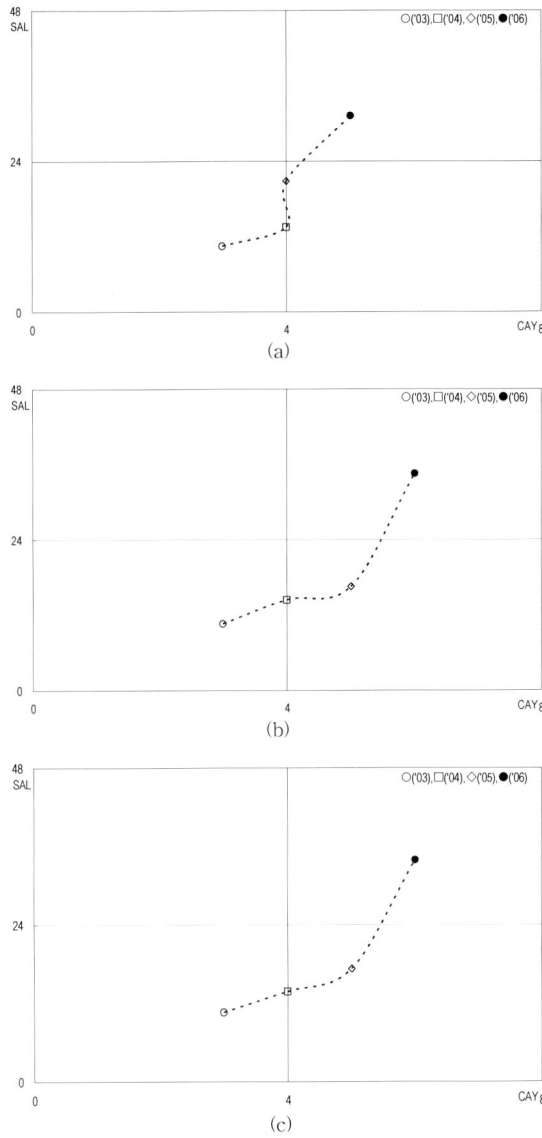

그림 8.5. 포지셔닝 매트릭스(I);
(a)직접지원사업; (b)간접지원사업; (c)전체사업

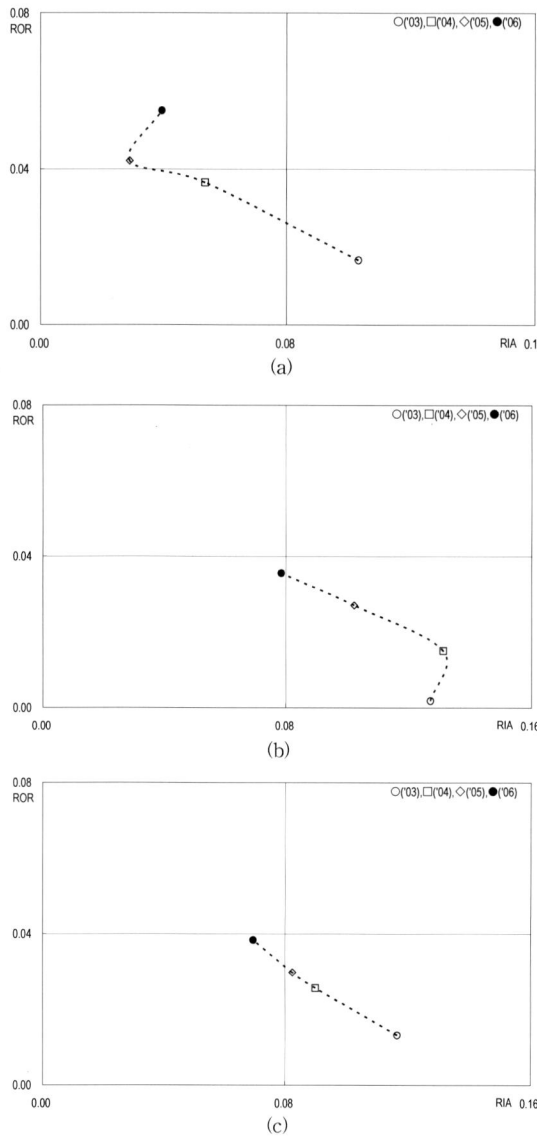

그림 8.6. 포지셔닝 매트릭스(II);
(a)직접지원사업; (b)간접지원사업; (c)전체사업

그림 8.5 포지셔닝 매트릭스(I) 3개 패널 모두에서 동일한 추이가 확인된다. '03-'06년으로 사업년도가 경과함에 따라 지원시점 수혜기업들의 (CAY,SAL) 순서쌍을 나타내는 좌표점이 제3사분면에서 제1사분면으로 단조증가 추이를 보이면서 타점되고 있는데, 직접지원사업은 (3,10.49)→(5,31.20)으로 증가율은 (67%,197%), 간접지원사업은 (3,10.60)→(6,34.50)으로 증가율은 (100%,225%), 전체사업은 (3,10.60)→(6,33.90)으로 증가율은 (100%,220%)이다. 즉, 분석기간 초기에는 지원이 'Question mark'형 직·간접지원 대상기업에게로 바람직하게 집행되었지만, 사업년도가 경과함에 따라 자체자금·시장자본의 활용이 바람직한 'Cash cow'형 기업에게로 지원의 방향이 급격하게 전환된 것을 알 수 있다.

그림 8.6 포지셔닝 매트릭스(II) 3개 패널 모두에서도 유사한 추이가 확인된다. 즉, 전반적으로 지원시점 수혜기업들의 기술혁신성은 낮아지는 반면, 자금력은 개선되고 있음을 확인할 수 있다. 사업년도가 경과함에 따라 (RIA,ROR) 순서쌍을 나타내는 좌표점이 전반적으로 제4사분면에서 제2사분면 방향으로의 움직임을 보이며, 직접지원사업은 (0.1030,0.0166)→(0.0395,0.0549)로 증가율은 (-62%,230%), 간접지원사업은 (0.1270,0.0018)→(0.0785,0.0355)로 증가율은 (-38%,1,874%), 전체사업은 (0.1164,0.0132)→(0.0695,0.0384)로 증가율은 (-40%,191%)이다. 마찬가지로, 분석기간 초기에는 지원이 사업화를 강화할 필요가 있는 직·간접지원 대상기업에게로 바람직하게 집행되었지만, 사업년도가 경과함에 따라 자체자금·시장자본을 활용해 기술개발에 초점을 맞춰야 할 기업에게로 지원이 전개된 것을 알 수 있다.

그림 8.5, 그림 8.6의 사업별 포지셔닝 추이에 대한 3개 요인을 아래와 같이 추정하고자 한다. 첫째, IT산업이 점차 성숙기 단계로 진입을 가속화하면서, 성장기 초기에 IT중소기업들이 진입가능했던 신규시장의

규모가 점차 축소되고, 이에 따라 부품·요소기술 및 콘텐츠 등의 사업 영역에서 일정수준 이상의 안정적 시장에서의 지위를 구축한 IT중소기업에게로 지원정책이 강화된 점이다(예: S01의 경우, 은행권을 통한 기술담보 대출에서 대출심사의 기준이 상향 조정되어, 매출액이 큰 IT중소기업으로의 지원 비중이 증가됨; S03의 경우, 투자수익률 제고를 위해 창업 3년이내 수혜기업의 비율이 90%→60%로 하향 조정됨). 둘째, 직접지원사업에서 간접지원사업으로 지원정책의 방향이 전환되면서 기업업력, 매출액 등에 대한 제한이 완화된 점이다. 실제로 본 연구의 분석 데이터의 경우에서도, '03-'06년 직접지원사업의 수혜기업 비율은 47%→47%→21%→15%로 축소되고, 간접지원사업의 수혜기업 비율은 53%→53%→79%→85%로 증가한 것이 확인된다. 셋째, 점진적으로 기술사업화에 연계되어 창출되는 매출액과 같은 단기적 경제적 성과를 중시하는 지원정책으로 전환됨에 따라, 기술사업화 역량을 보유한 IT중소기업이 수혜기업으로 선정된 점이다(예: S04의 경우, 지정과제 비율이 '03년 20%→'05년 79%→'07년 83%로 증가). 이는 결국, IT중소기업으로 하여금 기술혁신적 투자보다는 상대적으로 안정적 기술사업화 및 영업활동을 통한 재무수익성 및 현금흐름 등의 개선에 초점을 둔 기업활동의 전개를 유도했을 가능성도 있다고 판단된다.

이와 같은 지원당시 기업업력과 매출액의 증가 및 기술혁신성의 약화로 인해 발생가능한 잠재적 문제점은 다음과 같다고 추정된다. 첫째, 창업 초기 IT중소기업에 대한 출발기금(seed money) 제공의 역할이 점진적으로 약화될 수 있다. 둘째, 지원정책이 갖아야 할 기술혁신적 IT중소기업의 창업을 유인하는 동력의 저하 가능성이 있다. 셋째, 기술혁신지원이 상대적으로 규모가 큰 IT중소기업에 제공됨으로써 수혜기업의 지원규모에 대한 체감정도가 감소될 수 있다. 넷째, 간접지원사업 위주로 지원정책의 추진방향이 전환됨으로써 지원효과의 측정·조사 및 결과적으로는 지원사업의 성과평가가 더 어려워질 수 있다고 예상된다.

8.5.4 사업간 연관성

표 8.5는 S01-S39 31개 전체사업간 공동참여연결망 행렬 A를 보여준다. 또한, S01-S05 5개 직접지원사업간 공동참여연결망 행렬 A^1과 S07-S39 26개 간접지원사업간 공동참여연결망 행렬 A^2가 각각 왼쪽 상단, 오른쪽 하단에 구획되어 표시된다. 표 8.5는 식(8.3)-(8.4)를 이용하여 사업간 연관성 행렬 Z, 사업간 상이성 행렬 D가 순차적으로 계산된다.

표 8.5. 직접지원사업간 공동참여연결망 행렬 A¹(S01-S05); 간접지원사업간 공동참여연결망 행렬 A²(S07-S39); 전체사업간 공동참여연결망 행렬 A(S01-S39)

	S01	S02	S03	S04	S05	S07	S08	S09	S10	S11	S12	S13	S14	S15	S16	S17	S18	S20	S21	S22	S23	S24	S25	S26	S27	S29	S30	S31	S33	S38	S39
S01	1,335																														
S02	6	352																													
S03	37	0	253																												
S04	63	1	14	323																											
S05	26	1	3	9	236																										
S07	2	0	0	1	0	10																									
S08	38	1	11	31	32	0	350																								
S09	3	0	0	1	0	0	0	33																							
S10	5	0	3	1	0	0	0	0	16																						
S11	82	0	8	31	17	0	19	1	1	858																					
S12	10	0	1	1	2	0	1	0	0	6	108																				
S13	63	0	14	13	6	1	6	0	0	9	1	606																			
S14	25	0	6	2	6	0	0	0	0	9	0	18	96																		
S15	3	0	1	6	5	0	2	0	0	9	0	6	2	109																	
S16	51	0	1	13	8	0	4	1	0	24	0	9	2	0	463																
S17	7	0	0	1	2	0	0	0	0	3	0	6	6	0	0	73															
S18	23	0	5	6	2	0	0	0	0	2	0	16	6	1	3	0	454														
S20	17	0	5	3	6	0	0	0	0	0	0	4	4	7	5	2	0	136													
S21	91	2	9	36	6	1	12	4	0	24	0	22	1	7	20	2	2	3	736												
S22	1	0	1	0	0	0	1	0	0	0	0	0	0	0	0	0	0	0	1	16											
S23	6	0	8	5	0	0	7	0	0	2	0	3	3	1	10	1	0	1	6	0	42										
S24	39	0	13	20	8	0	7	0	0	19	0	3	1	5	1	0	0	1	7	0	0	666									
S25	3	0	1	0	0	0	0	0	0	0	0	0	0	0	0	0	0	0	0	0	0	0	28								
S26	8	0	8	1	2	1	1	0	0	0	0	0	0	0	0	0	0	0	6	0	0	1	0	22							
S27	91	2	8	15	2	10	4	3	0	12	0	8	1	0	20	1	1	0	189	0	0	0	0	0	636						
S29	12	0	0	2	1	0	0	0	0	0	1	1	0	0	1	0	0	1	0	2	0	2	0	0	0	25					
S30	15	0	8	12	6	4	4	0	0	10	0	7	1	0	0	0	0	0	6	0	0	21	0	0	3	0	172				
S31	20	0	5	6	2	0	3	0	0	6	0	7	1	3	2	0	0	0	12	0	1	1	0	0	3	0	1	166			
S33	24	2	4	8	1	0	2	0	0	1	1	7	0	2	2	0	0	5	10	0	0	2	0	0	0	0	1	2	139		
S38	24	2	12	6	0	0	3	0	0	11	0	13	0	2	0	0	0	5	18	0	0	4	0	0	1	0	1	4	1	443	
S39	2	0	1	0	0	0	1	0	0	0	0	1	0	0	0	0	0	0	5	0	0	0	0	0	1	0	0	0	0	0	32

표 8.6에 다차원척도법의 모형적합 계산결과가, 표 8.7에 유도자극위치(stimulus coordinates)가 정리된다. 먼저, 표 8.6의 계산결과에 기초하면, 직접지원사업, 간접지원사업, 전체사업 3개 경우 모두 Kruskal's Stress값이 0.2이상이고, R^2값도 0.6이하여서 모형적합도는 낮다고 판단된다. 이와 같이, 사업간 연관성의 통계적 타당성이 확보되지 못한 이유로서, Young's S-stress Improvement가 (−)값으로 반전되고 그 절대값도 0.00003보다 크다는 점에서도 알 수 있듯이; 1)행렬 A가 '0'인 행렬요소를 많이 갖는 희박행렬(sparse matrix)인 점; 2)[0,1]사이의 두 비율의 조화평균을 갖는 행렬 Z인 점 등으로 인해 행렬 D에 동점 또는 거의 비슷한 값을 갖는 행렬요소가 많이 발생했기 때문인 것으로 판단된다[5,22,25,26]. 이후, 사업간 연관성과 관련된 해석은, 본 연구의 다차원척도법 분석결과의 한계에 대한 사전 이해를 요구한다.

표 8.6. 다차원척도법 모형적합

	Iteration	Young's S−stress Improvement		Kruskal's Stress	R^2
직접지원사업	1	0.4889		0.2481	0.0245
	2	0.4105	0.0784		
	3	0.4109	−0.0004		
간접지원사업	1	0.7954		0.4805	0.0092
	2	0.5528	0.2426		
	3	0.5539	−0.0011		
전체 사업	1	0.7860		0.4618	0.0124
	2	0.5564	0.2296		
	3	0.5572	−0.0007		

연번	(a) 사업코드	차원1	차원2	(b) 사업코드	차원1	차원2	(c) 사업코드	차원1	차원2
1	S01	1.0771	−0.8169	S07	1.0200	1.1231	S01	−0.7167	1.1436
2	S02	−0.8520	−1.3295	S08	−1.4134	0.6441	S02	1.4840	0.8043
3	S03	−1.3427	0.3834	S09	1.3882	0.7172	S03	−1.4180	0.4272
4	S04	−0.1827	1.3561	S10	−1.2335	0.8665	S04	−1.4850	0.1255
5	S05	1.3004	0.4069	S11	1.0907	0.9317	S05	0.3076	1.3718
6				S12	−1.3754	0.6197	S07	1.2826	0.9171
7				S13	1.3698	0.5294	S08	−1.3990	0.3920
8				S14	−1.2000	0.7910	S09	1.2841	0.8790
9				S15	−1.4092	0.3911	S10	−1.4407	0.3111
10				S16	1.1320	0.8103	S11	−1.4114	0.2014
11				S17	−1.3459	0.5284	S12	0.9360	1.1043
12				S18	1.1135	0.7851	S13	−1.3451	0.2783
13				S20	−1.2588	0.6073	S14	0.8088	1.1405
14				S21	1.1951	0.4378	S15	−1.4198	−0.1857
15				S22	−1.2134	0.6231	S16	0.8903	1.0139
16				S23	1.2151	0.4509	S17	−1.3811	0.1275
17				S24	−0.3540	−1.3327	S18	0.9649	0.9610
18				S25	0.4034	−1.3546	S20	−1.2553	0.4096
19				S26	0.2368	−1.3891	S21	0.9103	0.8327
20				S27	0.7868	1.0320	S22	1.1728	−0.7441
21				S29	−0.1542	−1.3559	S23	0.3159	−1.3423
22				S30	−0.8726	−1.0116	S24	−0.7399	−1.1609
23				S31	0.4139	−1.3081	S25	0.5810	−1.3056
24				S33	0.1180	−1.3743	S26	0.7039	−1.2252
25				S38	0.2014	−1.3685	S27	0.3532	1.2822
26				S39	0.1456	−1.3938	S29	0.5596	−1.2671
27							S30	−0.2135	−1.3301
28							S31	0.3043	−1.3313
29							S33	0.2481	−1.3440
30							S38	0.3059	−1.3388
31							S39	0.8121	−1.1478

그림 8.7은 표 8.7의 '차원1'을 x축으로 '차원2'를 y축으로 설정해 시각화한 것이다. 그림 8.7.(a)의 5개 직접지원사업간 연관성이 명확치 않아 그림 8.7.(c)의 31개 전체사업간 연관성 또한 분석에서 제외하고자 한다. 반면, 그림 8.7.(b)의 26개 간접지원사업간 연관성은 상대적으로 제1사분면, 제2사분면, 제4사분면 3곳에 군집을 이루는 사업군의 존재가 확인된다. 사분면(quadrant) 기준 4개 사업군집의 사업코드를 정리하면 아래와 같다. 특히, 제1사분면에 위치한 9개 사업코드, 제2사분면에 위치한 8개 사업코드는 각각 표 8.3.(a)의 '분야2 기술'의 동일 사업분야에 속한 사업코드임을 감안할 때, 사업 관리기관이 다를 뿐 사업간 연관성의 존재 가능성이 있어 보인다. 실제로, 제1사분면 9개 사업코드는 소프트웨어 기술 관련 간접지원사업으로, 제2사분면 8개 사업코드는 하드웨어 기술 관련 간접지원사업으로 확인되었다.

- 제1사분면: S07, S09, S11, S13, S16, S18, S21, S23, S27 (9개)
- 제2사분면: S08, S10, S12, S14, S15, S17, S20, S22 (8개)
- 제3사분면: S24, S29, S30 (3개)
- 제4사분면: S25, S26, S31, S33, S38, S39 (6개)

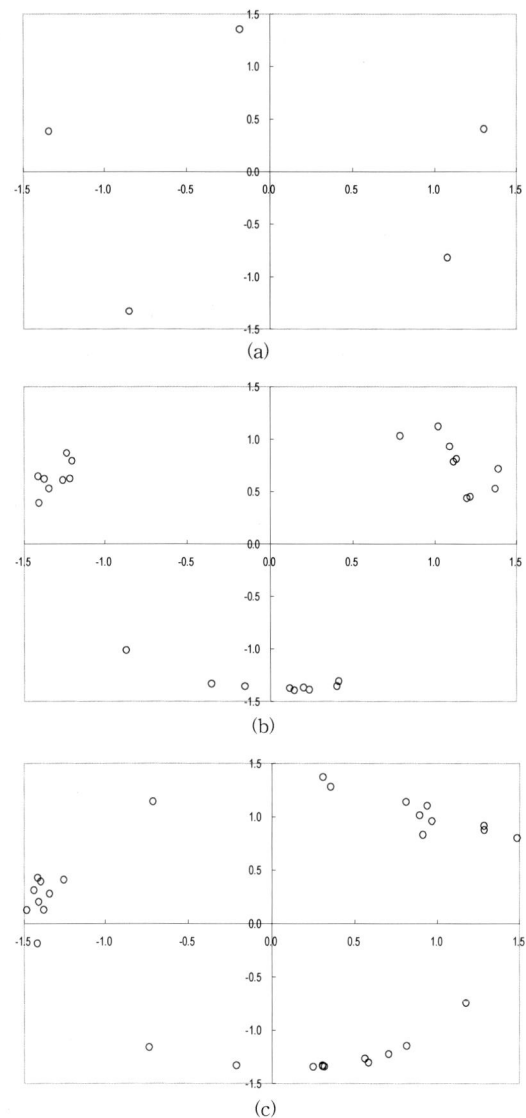

(a)

(b)

(c)

그림 8.7. 다차원척도법의 유도자극위치;
(a)직접지원사업; (b)간접지원사업; (c)전체사업

8.6 결론

창업 초기의 기술혁신적 IT중소기업을 선택하여 집중적으로 정부 등이
지원해 줌으로써, 궁극적으로 국내 IT산업 전체의 건전한 생태계 조성 및
잠재적 경제 동력원의 확보가 가능하다고 판단된다. 이러한 맥락에서, 기술
혁신 지원사업의 적합한 수혜기업을 선정하는 것은 중요하다. 또한, 기술혁
신 지원사업간 연관성에 기초해 지원기금을 중복 없이 효율적으로 운용하
는 것이 더욱 강조되고 있는 상황을 맞고 있다. 본 연구에서는, 기술혁신
지원사업이 보다 개선된 구조를 갖도록 재구축을 위한 정책적 제안을 도출
하고자, IT중소기업 성과지표 체계의 개발·검토, 기업 재무지표 분석·선
정, 사업 포트폴리오 분석, 사회 연결망 분석, 다차원척도법 등과 같은 다
양한 학제적 연구 방법론을 활용하여, 본 연구의 주제를 논의하였다.

분석결과, 최근까지 본래의 정책목표에 부합하는 IT중소기업들이 수
혜기업으로 적합하게 선정된 것으로 검토되었다. 하지만, 사업년도 경과
에 따라 지원시점 기업업력 및 매출액은 함께 증가하고, 지원시점 무형
자산비율 감소 및 영업이익률 증가와 같은 뚜렷한 추이가 감지되기에,
창업 초기 IT중소기업에 대한 출발기금 제공의 역할은 점진적으로 약화
되는 것으로 조사되므로, 이에 대한 적시의 조치가 필요하다고 판단된
다. 한편, 다차원척도법의 모형적합도가 낮긴 했지만, 직접지원사업과 비
교할 때 간접지원사업의 경우 상대적으로, 기술혁신 지원사업간 연관성
이 더 클 가능성이 있을 것으로 판단된다. 궁극적으로는, 수요자 측면에
서는 IT중소기업의 기술혁신 지원사업에 대한 실질적 만족도를 제고하
고, 공급자 측면에서는 향후 사업간 중복성의 제거 및 시너지를 창출할
수 있는 전략적 사업구조로의 개선을 위해, 본 연구의 결과가 유용한 정
책적 함의를 제공할 수 있다고 생각된다.

향후, 실무적으로는 기술혁신 지원사업의 맞춤성 및 포지셔닝 추이를 주기적으로 점검할 수 있는 적합한 지표(조합) 및 절차의 매뉴얼화가 정책 결정자에게 도움을 줄 것으로 판단된다. 특히, 사업별 고유의 정책 목표 및 지원 대상·내용 등이 세부적으로 고려된 차별화된 사업별 지표(조합) 및 이에 기초한 포지셔닝 추이 분석 모형을 확보할 필요가 있다(예: 기술개발, 인력양성, 사업화 지원 등). 이론적으로는 고유의 특성상 희박행렬의 형태를 취하는 사업간 공동참여연결망 행렬 및 동점 또는 거의 비슷한 행렬요소 값을 갖는 사업간 연관성, 상이성 행렬의 한계를 극복할 수 있는 사업간 연관성 분석을 위한 연구 방법론의 탐색 및 적용을 후속 연구에서 보강하고자 한다.

감사의 글

제 8장 내용은 한국통신학회(Korea Information and Communications Society, KICS) 'KICS-2010-184' 승인을 받아 「박성민†, 김헌, 설원식, "IT중소기업 기술혁신 지원사업의 타당성 연구: 동태적 특성 및 연관성을 중심으로", 한국통신학회논문지, 33권, 10호, pp.946-961, 2008년 10월호」를 편집·수록한 것임을 밝힙니다.

[Chapter 8] 참고문헌

[1] 과학기술부(MOST), *2007년도 정부연구개발사업 종합안내서*, 과학기술혁신본부, 2007.
[2] 과학기술정보통신위원회(STICC), *2007년도 정보통신진흥기금 운용계획안*

검토보고서, 과학기술정보통신위원회, 2006.

[3] 권철신, 박준호, 김보현, "R&D 프로젝트의 최적 포트폴리오 구축을 위한 새로운 평가모형의 개발", *한국경영과학회/ 대한산업공학회 2003 년 춘계공동학술대회 논문집*, pp.972-975, 한동대학교, 2003년 5월.

[4] 김용학, *사회연결망분석*, 박영사, 2003.

[5] 노형진, *다변량분석 이론과 실제*, 형설출판사, 2005.

[6] 문태희, 손소영, "IT 신성장 동력의 포지셔닝을 위한 다차원척도법", *한국경영과학회/ 대한산업공학회 2005 년 춘계공동학술대회 논문집*, pp.132-139, 충북대학교, 2005년 5월.

[7] 박주홍, "글로벌 기업의 기술포트폴리오 매트릭스", *한국경영과학회/ 대한산업공학회 2005 년 춘계공동학술대회 논문집*, pp.1059-1062, 충북대학교, 2005년 5월.

[8] 설정선, "IT 산업정책 성과와 2008년 추진방향", *Information and Communication Magazine*, 25권, 1호, pp.5-11, 2008.

[9] 신종칠, "다차원척도법을 활용한 아파트브랜드의 포지셔닝에 관한 연구", *국토계획*, 39권, 5호, pp.155-168, 2004.

[10] 심재용, 전옥선, 배문식, "포트폴리오 분석을 통한 기술전략 수립: 한국전자통신연구원의 사례", *한국통신학회 1998 년 학술대회 논문집*, 17권, 2호, pp.1301-1304.

[11] 여인갑, 김성철, "통신사업자의 사업 포트폴리오 전략 모형 연구", *한국경영과학회/ 대한산업공학회 2001 년 춘계공동학술대회 논문집*, pp.505-508, 관동대학교, 2001년 4월.

[12] 유도재, 김성혁, "호텔 포지셔닝 분석에 있어 다차원척도법의 적용", *관광연구저널*, 19권, 1호, pp.99-111, 2005.

[13] 유홍림, 박성준, "중소기업 R&D 지원정책 성과의 영향요인에 관한 실증연구", *한국행정논집*, 19권, 1호, pp.171-195, 2007.

[14] 윤병운, 백재호, 박용태, "데이터 마이닝을 이용한 특허 인용 분석", *한국경영과학회/ 대한산업공학회 2001 년 춘계공동학술대회 논문집*, pp.583-586, 관동대학교, 2001년 4월.

[15] 이성옥, "정보통신 연구개발 주요 성과와 과제", *Information and Communication Magazine*, 25권, 1호, pp.12-18, 2008.

[16] 장영광, *경영분석*, 무역경영사, 2001.

[17] 정보통신부(MIC), *IT839 전략*, http://www.mic.go.kr/, 2006.

[18] 정보통신부(MIC), *IT중소 · 벤처기업의 건전한 생태계 조성을 위한 IT*

SMERP 2010 계획 최종수정본, MIC 정책홍보관리실 보도자료, 2006.

[19] 정보통신부(MIC) · IT벤처기업연합회(KOIVA), *IT중소기업 맞춤형 지원을 위한 지원사업 효율화 연구*, MIC · KOIVA, 2007.

[20] 조지호, *벤처기업의 가치평가*, 한양대학교 출판부, 2006.

[21] 채서일, *Marketing*, 4th ed., B&M Books, 2006.

[22] Hair, J. F., Anderson, R. E., Tatham, R. L. and Black, W., *Multivariate Data Analysis*, 5th ed.(International), N. J. Englewood Cliffs: Prentice Hall, 1998.

[23] Minitab^R, *Minitab^R Release 14.10 StatGuide*, State College: Minitab Inc., 2003.

[24] Rosa, J. A., Celly, K. S., Coronel, F. and Bagozzi, R. P., *Marketing Management*, New York: Prentice Hall, 1998.

[25] SPSS^C, *SPSS^C Release 10.1.3*, SPSS Inc., 2001.

[26] Timm, N. H., *Applied Multivariate Analysis*, New York: Springer, 2002.

□ End of Chapter 8 □

IT기업 기술혁신 지원사업의 목표부합도 사례연구: 지원 투자·융자금액에 유의한 IT기업 특성 조사

박성민, 고경일, 설원식[†]

A Case Study on the Goal Conformity of Technology
Innovation Aid Programs for IT Enterprises: Investigation of
Significant Characteristics of IT Enterprises to
Supporting Investment and Loan

Sungmin Park, Kyungil Khoe, Wonsik Sul[†]

요약

본 연구에서는 기술혁신적 IT기업 지원을 최우선 사업목표로 갖는 '정보통신진흥기금' 사업의 목표부합도를 조사한다. '정보통신기술개발투자사업', '응용기술개발지원융자사업' 해당기금의 2개 대표적 사업이 분석대상이다. 첫째, 수혜기업의 일반특성을 반영하는 5개 재무비율 대리변수를 검토·선정한다. 특히, 응용기술개발지원융자사업의 경우에는 수혜기업의 3개 고유특성이 추가로 고려된다. 둘째, 회귀변수선택절차에 근거하여 지원금액 규모와 상기 기업특성 변수들 사이의 관계를 설명하는 회귀모형을 수립한다. 셋째, 추정된 회귀모형 관계식에 근거하여 지

원금액 규모가 수혜기업 특성을 고려하여 결정되었는지를 논의하고자
한다. 실증분석에서는 정보통신기술개발투자사업 '98-'07년 10년간 총
894개 기업 중 최종 분석표본 106개 기업, 응용기술개발지원융자사업
'04-'08년 5년간 총 1,446개 R&D프로젝트 중 최종 분석표본 157개 R&D
프로젝트가 검토되었다. 주요 분석결과를 요약하면; 1)투자금액은 수혜
기업 기술혁신성 대리변수인 연구개발비투자비율; 2)융자금액은 연구개
발비투자비율과 수혜기업 활동성 대리변수인 총자산회전율; 3)특히, 융
자금액은 고유특성 중 '담보유형선택'과 기업성장단계 대리변수인 '기업
업력' 등에서 통계적 유의성이 확인되어, 상기 2개 사업 지원금액 규모
가 수혜기업 특성을 고려하여 적절하게 결정된 것으로 판단된다.

주제어: 기술혁신, 성과평가, 재무비율, 회귀변수선택절차, R&D사업

Abstract

This study investigates the goal conformity of 'Informatization
Promotion Funds' programs that are primarily aiming to support
technologically innovative IT enterprises. Two main programs of the
funds are analyzed such as 'Information and Communication Technology
Development Investment Program' and 'Applied Technology Development
Support Loan Program'. First, five different proxy variables are defined
in terms of financial ratios with which the funds beneficiary
enterprises are characterized. In addition to the abovementioned
financial ratios proxy variables, three more program specific
characteristic variables are considered associated with the loan

program. Second, regression models are established by regression variable selection procedures for explaining the relationship between the size of funds and the variables. Third, with the relationship estimated, it is discussed whether the size of funds is determined according to the beneficiary's characteristics. In these case analyses, 106 enterprises are examined among the total of 894 enterprises supported by the investment program during the ten years of '98-'07 and 157 R&D projects are examined among the total of 1,446 R&D projects supported by the loan program during the five years of '04-'08. Results show some statistically significant relationships between the size of funds and; 1)in the investment program, the proxy variable of R&D cost to sales(*i.e.* the beneficiary's technological innovation); 2)in the loan program, not only the proxy variable of R&D cost to sales but also the proxy variable of total asset turnover(*i.e.* the beneficiary's activity); 3)additionally, in the loan program, the collateral type options and the corporate age years(*i.e.* the beneficiary's corporate growth stage).

Keywords: financial ratios, performance evaluation,
R&D programs, regression variable selection procedures,
technological innovation

9.1 서론

최근 산업기술연구회는 상기 정부기금 지원하에 수행되는 '국가연구개발사업'(이하, '정부R&D사업') 평가유형을; 1)연구개발사업평가; 2)연구개발과제평가; 3)출연연구기관평가 등 3가지로 분류한 바 있다[9]. 일반적으로 정부R&D사업과 그 하위에 속하는 '연구개발과제'(이하, '정부R&D 프로젝트')는 효율성(efficiency), 효과성(effectiveness 또는 efficacy), 적절성(relevance), 지속성(sustainability), 효용성(utility) 등 5가지 관점으로 성과평가가 가능하다[1]. 현재까지는 R&D사업보다는 R&D프로젝트에 대한 성과평가에 관한 연구가 다수 확인되며, 대표적인 성과평가 모형으로는 McLaughlin and Jordan[23]의 R&D프로젝트의 사전수립과 사후평가를 위한 순서도(flow chart) 형식 '논리모형'(logic model)이 있다. 최근에는 Bitman and Sharif[22]가 R&D프로젝트 성과평가를 위한 개념적 체계의 도식화와 성과평가에 활용가능한 5가지 모형의 특징을 정리하였고, 상기 5가지 성과평가 관점 중 효율성에 대한 논의가 가장 활발한 것으로 연구·보고된 바 있다[20,21].

특히, 정부R&D사업의 적절성은 '지원정책에 부합되는 사업목표를 설정하고 있는지'를 나타내는 추상적 개념으로 정의된다[1]. 정보통신진흥기금의 경우, 관리기관인 정보통신연구진흥원은 정부측 주무부서인 정보통신부가 기설정한 지원정책을 해당사업의 최우선 사업목표로 대부분 계승·반영하는 것이 현실이다. 사업담당실무자는 좀 더 구체적으로; 1)사업공급자(즉, 정부)측 입장에서는 사업목표에 맞춰 사업활동이 전개되고 있는지를 나타내는 목표부합도; 2)사업수요자(즉, 정부기금 지원 수혜기업)측 입장에서는 요구(needs)에 대한 사업활동의 요구충족도 등 크게 2가지로 구분된 사업의 적절성을 조사·분석·평가하고자 한다[14,15]. 단, 요구충족도는 사업운영 체계·내용에 대하여 사업수요자가 작성한 사후만족도 설문조사지를 분석해 파악하는 것이 일반적인 반면, 목표부합도에 대한 체계적 분석시도 혹은 분석결과 환류(feedback)를 통한 개선된 사업구조로의 재구축을 위한 자료조사 및 이에 기초한 이론적·실증적 연구는 최근에야 논의를 시작하는 단계라고 판단된다.

박성민 외[7]는 IT기업 지원사업이 본래의 사업목표에 맞게 운용되는지를 확인하기 위해 사업년도 경과에 따른 IT기업 지원사업별 기업업력, 매출액 그리고 재무비율(financial ratios)로서 무형자산비율, 영업이익률을 활용한 2가지 종류의 포트폴리오 포지셔닝 추이를 분석한 바 있다. 분석결과, 창업초기 IT기업에 대한 출발기금(seed money) 제공의 역할이 점진적으로 약화되는 현상을 확인하여, 이에 대한 적시적 조치의 필요성을 강조하였다. 재무비율을 고려한 통계분석 연구로서 김상조[4]는 기업 이익조정 금액 대리변수(proxy variable)를 회귀모형 종속변수 혹은 반응변수(response variable)로 설정하고, 분석대상 기업의 수익성, 유동성, 안정성, 성장성 등 4개 일반특성 대리변수로서 순서대로 각각 매출액순이익률, 유동비율, 부채구성비율, 자산규모증가율을 회귀모형 독립변수 혹은 회귀자(regressor)로 설정하여, 기업 이익조정 금액에 유의한 기업 일반특성을 확인한 바 있다. 관련 포트폴리오 포지셔닝 분석과 비교할 때 회귀분석에 기초한 통계적 유의성 검정이 정량적·객관적 분석결과 도출에 보다 적합한 방법론인 것으로 판단된다[4,5,7].

본 연구에서는 기술혁신적 IT기업 지원을 최우선 사업목표로 갖는 정보통신진흥기금 사업의 적절성을 파악하기 위해 국내에서는 최초로 본 연구의 정부·학계·연구원 참여진이 최근 10여 년간 공동으로 실시한 연별 성과조사를 통해 수집·축적하여 본 연구를 위해 공개된 대규모 실증분석 자료를 이용한다. 특히, 수혜기업에 대한 지원기금과 수혜기업 주요 특성간 통계적 유의성을 분석하여, 특히 사업의 적절성 중 사업담 당실무자의 최상위 주요 관심대상인 사업활동의 목표부합도를 정량적·객관적으로 분석하는 것이 연구초점이다. 이를 위해 정보통신진흥기금의 대표적인 2개 사업인 '정보통신기술개발투자사업'과 '응용기술개발지원융자사업'에 대한 사례분석이 논의된다. 수혜기업 주요 특성을 반영하는 재무비율 대리변수를 선정한 후, 반응변수인 지원기금과 회귀자 대리변수들 사이의 관계를 설명하는 회귀모형을 회귀변수선택절차(regression variable selection procedures)에 의해 최종 수립한다[24-26]. 본 연구와 같이 대규모 실증분석 자료를 이용한 회귀모형 수립시 회귀변수선택절차가 갖는 이론고찰, 모형화 장점, 기존연구 등에 대한 내용은 이미 보고된 바 있다[8]. 그러므로 회귀변수선택절차를 이용하여 반응변수에 유의한 다중 회귀자들을 객관적 모형화 절차에 의해 확인함으로써, 지원기금이 사업목표와 이에 대응하는 수혜기업 특성을 감안하여 부합되게 결정되었는지를 검토한다. 특히, '응용기술개발지원융자사업'의 경우에는 사업과 관련된 수혜기업 고유특성을 반영하는 3개 회귀자를 추가적으로 고려할 수 있기에 이에 상응하는 회귀모형 수립이 시도된다.

9.2. IT기업 정부기금 지원 투자·융자사업

기획재정부는 일반회계, 특별회계, 기금으로 구성되는 '정부R&D예산'을 '08년 11.1조원에서 '09년 12.3조원으로 책정한 바 있다. 이는 증가율 10.8%로 12개 주요 예산배분 분야 중 가장 높은 증가율이며, 세부적으로는 정보·전자 분야 정부R&D예산이 '08년 1조 8,989억원에서 '09년 1조 9,737억원으로 증가되었다. 한편, 교육과학기술부 '과학기술연구개발활동조사'에 따르면 '국가총연구개발비'는 '99년 11.9조원에서 '07년 31.3조원으로 단조증가하고, 경제규모 대비 국가총연구개발비 투자규모를 나타내는 'GDP 대비 국가총연구개발비 비율'도 '99년 2.3%에서 '07년 3.5%로 '02년을 제외하고는 꾸준한 증가세를 유지하고 있음을 알 수 있다. 향후, 미래 성장잠재력 확충을 국가적 목표로 정하고 GDP 대비 국가총연구개발비 비율을 '12년까지 5%수준으로 확대할 방침인 것으로 알려져 있다. 더불어, 기획재정부 '총괄재정규모통계집'을 보면 이 기간 정부R&D예산도 국가총연구개발비와 마찬가지로 '99년 3.7조원에서 '07년 9.8조원으로 단조증가했으며, 국가총연구개발비 대비 정부R&D예산 비율은 30-35% 범위 내에서 평균 33%로 조사되었다[3,16].

정부R&D예산의 일부로 조성되는 대표적인 정부기금으로는 과학기술진흥기금, 원자력연구개발기금, 전력산업기금, 정보통신진흥기금 등이 있다. 특히, 정보통신진흥기금 주무부서였던 과거 정보통신부는 IT중소·벤처기업의 건전한 기업생태계 조성을 위한 'IT SMERP 2010 계획'과 국내 IT산업이 국가경제성장을 견인할 주력산업으로 자리매김을 할 수 있도록 'IT839전략' 2가지를 '04년과 '06년에 동시에 입안·수정한 바 있다[11,12]. 이러한 정부·민간부문으로부터의 IT산업에 대한 적극적인 지원결과로서, 국내 IT산업생산액은 '99년 117.8조원에서 '07년 267.6조원으로, GDP에서의 국내 IT산업생산액 비율로는 7.7%에서 16.9%로 모두 단조증가했고, 이 기간 국내 IT산업생산액 연 평균 증가율 18.4%는 GDP 연 평균 경제성장률 5.7%의 3.2배인 것으로 확인된다[16].

정보통신부(현재, 지식경제부)의 IT기업 정부기금 지원은; 1)'직접자금지원사업'(출연, 투자, 융자); 2)'간접지원사업'(기술지원, 인력·창업지원, 판로·수출·정보화지원) 2가지로 구분된다. 특히, 직접자금지원사업 중 출현사업과는 달리 투자·융자사업은 지원기금을 회수해야 하는 사업활동의 특수성이 있다[14,15,19].

　지식경제부의 '정보통신기술개발투자사업'(이하, '투자사업')은 IT투자조합에 대한 기금출자에 의한 민관 매칭펀드(matching fund) 조성을 통해; 1)IT기업 창업활성화와 기술개발활동 촉진; 2)기술력을 갖춘 IT기업에 대한 자금조달 원활화 등을 포괄한 IT시장 환경 조성을 사업목표로한다. IT투자조합 3개 출자주체는 정부(즉, 지식경제부), 업무집행조합원(즉, IT투자조합 운용 '벤처캐피탈회사'), 일반조합원이며, 벤처캐피털회사란 창업투자회사 또는 신기술사업금융사를 지칭한다. '98년부터 '07년까지 10년간 결성된 IT투자조합은 45개, 결성규모는 9,902억원으로 3개 출자주체별 지분은, 정부 3,465억원(35.0%), 업무집행조합원 2,354억원(23.8%), 일반조합원 4,082억원(41.2%)이다. 특히, 정부자금과 민간자금 사이의 이해상충(conflict of interest) 가능성이라는 사업특징이 있다. 일반적으로, 정부자금은 기술개발에 초점을 둔 유망 IT기업을 대상으로 기술개발 초기부터의 장기적 관점에서의 투자를 지향하는 반면, 민간자금은 수익극대화에 초점을 둔 기업공개(IPO, initial public offering) 가능성이 높은 중견기업 위주로의 단기적 투자를 선호한다[15].

　지식경제부의 융자기금 지원은, '응용기술개발지원융자사업', 'IT설비투자확대지원융자사업', '초고속공중망구축지원융자사업' 3개 사업에 의해 진행되는데, '03년부터 '07년까지 5년간 예산규모가 순서대로 9,870억원, 2,965억원, 2,641억원으로, '응용기술개발지원융자사업'(이하 '융자사업')이 대표적인 사업으로 고려될 수 있다. 융자사업은 IT기업 연구개발비 용도의 장기·저리 융자기금 지원을 통한 IT산업 구조개선과 경쟁우위 확보를 사업목표로 갖는다. 주요 사업특징은; 1)융자기간은 5년 이내(2년 거치, 3년 분할상환); 2)융자금리는 시중금리와 최소 2%p이상 낮게 유지; 3)담보유형으로 일반담보와 기술담보 2가지를 허용하되 수혜기업이

담보유형의 선택권을 갖는 점 등이다[14]. 특히, 융자사업은 기업의 자체자금 혹은 시장자본의 활용에 어려움을 겪는 낮은 업력의 기술성·성장성을 갖춘 기업으로의 지원에 있어 상대적으로 보다 적극적일 수 있다[7].

9.3 연구방법

9.3.1 연구모형

그림 9.1은 본 연구에서 고려하는 투자사업 투자금액과 수혜기업 일반특성간 관계개념도(schematic diagram)이다. 투자금액이 결정되는 지원과정에 영향을 미치는 항목으로 기술혁신성, 수익성, 활동성, 레버리지, 성장성 등 $k_1 = 5$개 일반특성만으로 구성된 연구모형을 가정한다. 그림 9.2는 융자사업 융자금액과 수혜기업 일반·고유특성간 관계개념도로서 '담보유형선택', '벤처성향', '기업성장단계' 등 고유특성 $k_2 = 3$개, 총 $k = k_1 + k_2 = 8$개 특성으로 구성된 연구모형을 가정한다. 본 연구모형은 지식경제부·정보통신산업진흥원 주관하에 공동으로 매년 시행되는 정보통신진흥기금 성과조사·분석 연구용역을 통해 수집·축적되어 분석시 활용가능한 자료인지 여부를 확인한 후, 관련 문헌고찰 및 투자·융자사업 담당자, 성과조사·분석 연구용역 책임자, 재무분석·통신경영 전문가 등의 경험, 의견을 종합하여 선별된 자료에 맞춰 설계되었음을 밝힌다.

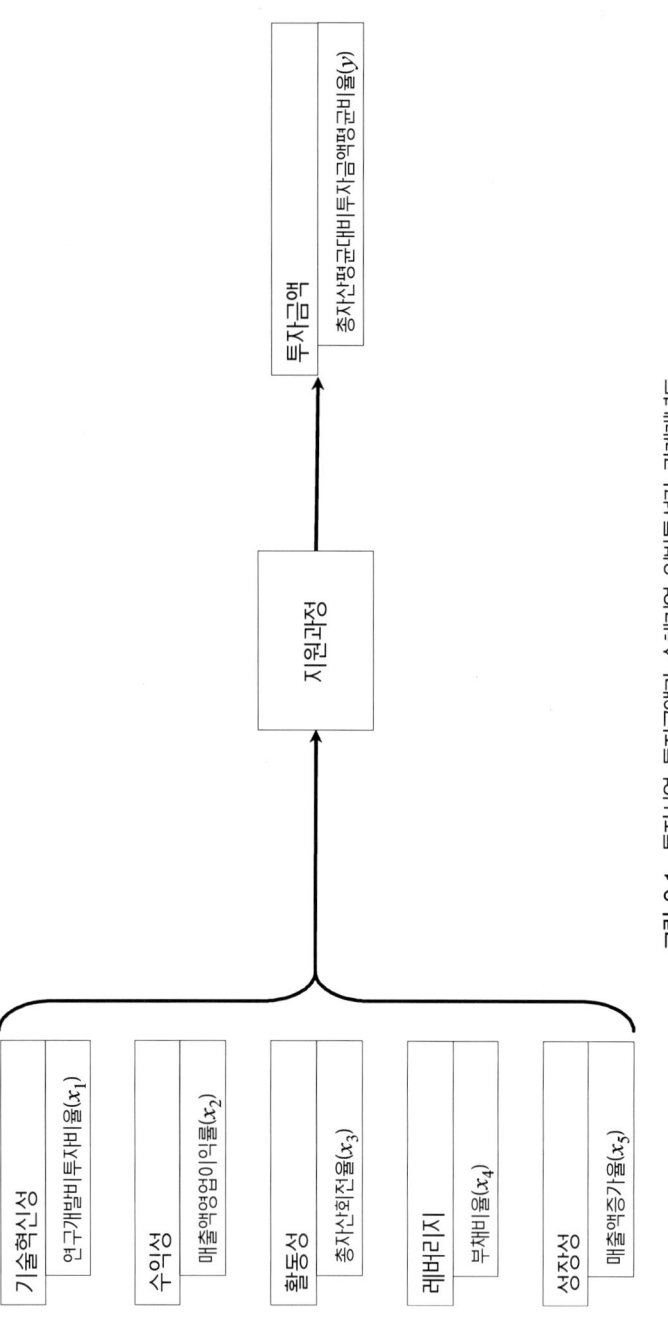

그림 9.1. 투자사업 투자금액과 수혜기업 일반특성간 관계개념도

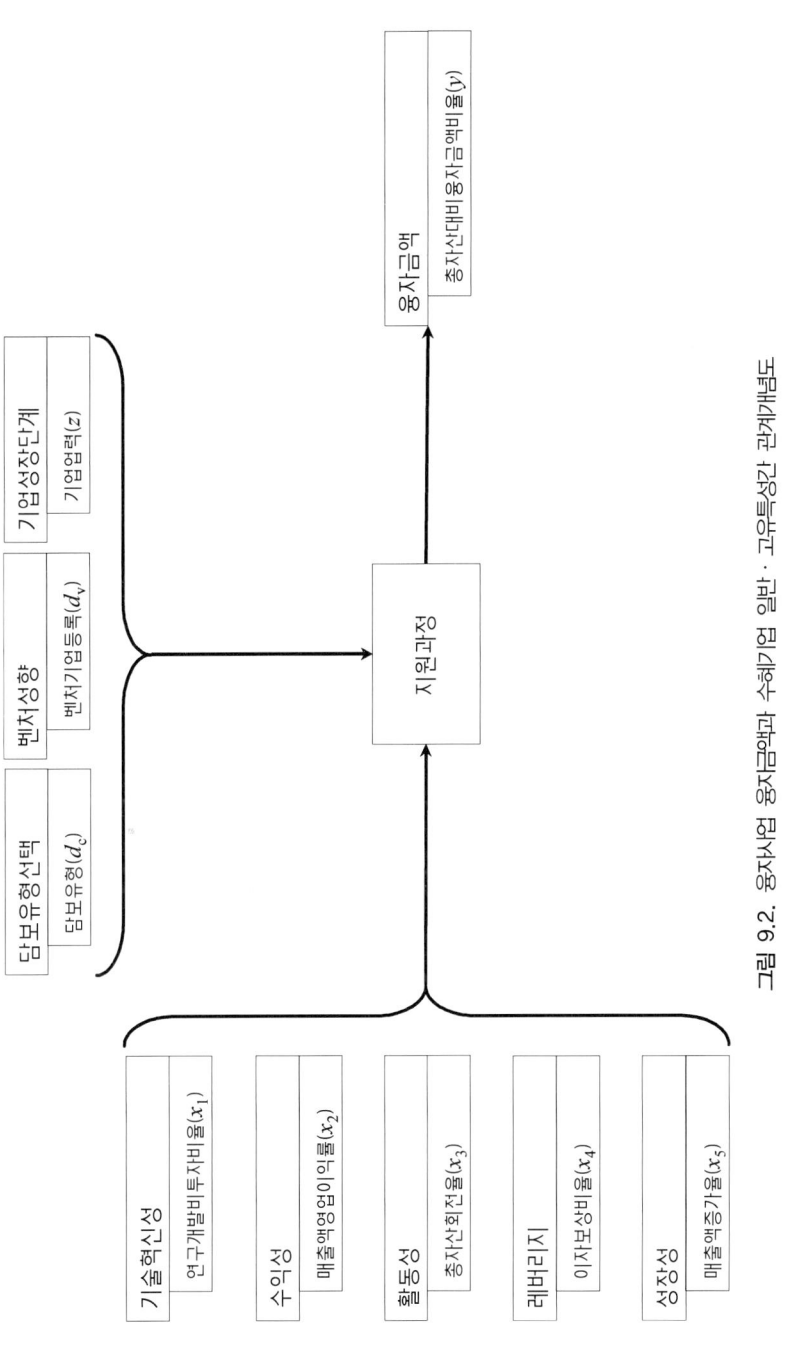

그림 9.2. 융자사업 융자금액과 수혜기업 일반·고용특성간 관계개념도

식(9.1.1), (9.1.2)는 순서대로 각각 그림 9.1, 9.2에 기초한 회귀모형이다. y_1은 투자금액, y_2는 융자금액 반응변수이다. $x_i (i=1,2,...,k_1)$는 일반특성 대리변수로서 그림 9.1, 9.2에 상응하는 재무비율 회귀자, β_0는 회귀모형 절편(intercept), β_i는 회귀계수, ϵ은 확률오차(random error)를 나타낸다[24-26]. 또한, 식(9.1.2)에서 d_c은 담보유형선택 이진(binary)변수, d_v는 벤처성향 대리변수로서 벤처기업 등록 여부 이진변수, z는 기업성장단계를 나타내는 대리변수로서 기업업력 회귀자이다. 융자사업 수혜기업 고유특성 3개 회귀자의 회귀계수는 순서대로 β_c, β_v, β_z이다.

$$y_1 = \beta_0 + \sum_{i=1}^{k_1} \beta_i x_i + \epsilon \qquad (9.1.1)$$

$$y_2 = \beta_0 + \sum_{i=1}^{k_1} \beta_i x_i + \beta_c d_c + \beta_v d_v + \beta_z z + \epsilon \qquad (9.1.2)$$

9.3.2 변수정의

재무비율은 재무제표(financial statement)에서 경제적 의미와 이론적 연관성이 분명한 특정 항목 2개를 서로 대비시켜 이해가 용이한 새로운 지표로 나타낸 것이며, 이를 이용해 특정 기업에 관한 다양한 정보를 기술적으로 정보화할 수 있다. 재무비율 분석은 투자·융자 유치 전후 IT 기업의 경쟁력 변화 측정에 주로 활용된 것으로 알려져 있다[19]. 일반적으로 재무비율은 자신이 반영하는 내용에 따라 기업의 수익성, 활동성, 유동성, 레버리지, 성장성, 생산성 등 6가지 특성범주로 분류될 수 있다. 더불어, 본 연구에서 관심을 갖는 특성범주인 기술혁신성을 추가하여 표 9.1을 정리한다[6,7,10,13,19]. 표 9.1 최우측 열에 기초해 식(9.1) 추정 회귀계수의 기대부호 설정이 가능하다. 본 연구에서는 다음과 같이 5가지 특성

범주별로 일반적으로 채택되는 대표적 재무비율 대리변수를 선정하여
분석한다. 즉; 1)기술혁신성은 연구개발비투자비율; 2)수익성은 매출액영
업이익률; 3)활동성은 총자산회전율; 4)레버리지는 투자사업은 경영건전
성을 반영하는 부채비율, 융자사업은 원리금상환능력을 반영하는 이자보
상비율; 5)성장성은 매출액증가율로써 분석한다.

표 9.1. 재무비율 고찰

특성분류	반영내용	재무비율	계산식	정(+)/부(−)
기술혁신성	기술적 투자·지적재산권 수준	연구개발비투자비율	경상연구개발비/매출액	+
		교육훈련비투자비율	교육훈련비/매출액	+
		무형자산비율	무형자산/총자산	+
수익성	투하자본의 경영성과·이익창출 능력	매출액영업이익률	영업이익/매출액	+
		자기자본순이익률	당기순이익/자기자본	+
		총자산이익률	당기순이익/총자산	+
		매출액순이익률	당기순이익/매출액	+
활동성	특성자산의 이용효율성·현금화속도·투자회전성	총자산회전율	매출액/총자산	+
		매출채권회전율	매출액/매출채권	+
		재고자산회전율	매출액/재고자산	+
유동성	단기채무상환능력·자금사정	유동비율	유동자산/유동부채	+
		당좌비율	당좌자산/유동부채	+
		순운전자본비율	순운전자본/총자산	+
레버리지	경영건전성·채권보전안전도·원리금상환능력	부채비율	총부채/자기자본	−
		부채구성비율	총부채/총자산	−
		이자보상비율	영업이익/이자비용	+
		고정금융비용보상률	(세전영업이익+리스비용)/(이자비용+리스비용)	+
성장성	기업외형·수익력 향상 정도	매출액증가율	(당기매출액−전기매출액)/전기매출액	+
		순이익증가율	(당기순이익−전기순이익)/전기순이익	+
		자산규모증가율	(당기총자산−전기총자산)/전기총자산	+
생산성	생산요소(노동·자본 등)투입·성과분배합리성	종업원1인당매출액	매출액/종업원 수	+
		부가가치율	부가가치/매출액	+
		총자본투자효율	부가가치/총자본	+
		설비투자효율	부가가치/(유형자산−건설 중인 자산)	+

• 투자사업: y_1은 투자기간 중 총자산 평균 대비 투자금액 평균 비율, x_1은 투자기간 중 연구개발비투자비율 평균, x_2는 투자기간 중 매출액영업이익률 평균, x_3는 투자기간 중 총자산회전율 평균, x_4는 투자기간 중 부채비율 평균, x_5는 투자기간 중 매출액증가율 평균이다. 식(9.2)는 y_1, 식(9.3)은 투자사업의 x_1 정의식이다.

$$
\begin{aligned}
y_1 &= \frac{(tsi_{piy}/(piy-fiy+1))}{(\sum_{t=fiy-1}^{piy-1} ast_t/(piy-fiy+1))} \\
&= tsi_{piy}/\sum_{t=fiy-1}^{piy-1} ast_t
\end{aligned}
\tag{9.2}
$$

$$
x_1 = \sum_{t=fiy-1}^{piy-1} rcs_t/(piy-fiy+1)
\tag{9.3}
$$

식(9.2)에서 임의의 기업에 대해 fiy는 최초투자년도, piy는 성과조사년도, tsi_{piy}는 최초투자년도초부터 성과조사년도말까지 누적투자액, ast_t는 t년도 총자산, 식(9.3)에서 rcs_t는 t년도 연구개발비투자비율(R&D cost to sales)을 나타내며, 식(9.2), (9.3)에서 $fiy \leq piy$를 만족한다. 투자사업의 x_2, x_3, x_4, x_5는 식(9.3) rcs_t를 순서대로 ros_t, tat_t, dte_t, grs_t로 대체하여 정의될 수 있으며, 각각 t년도 매출액영업이익률(return on sales), 총자산회전율(total asset turnover), 부채비율(debt to equity), 매출액증가율(growth rate of sales)을 나타낸다.

한편, 투자사업의 분석개체인 각 기업과 아래 설명될 융자사업의 분석개체인 각 R&D프로젝트는 각각 자신 고유의 최초투자년도 및 융자년도를 취하기 때문에 이를 식별하기 위한 도구로써 이에 대응하는 연도별 시점을 나타내는 아래첨자 t가 변수 정의식에 이용되는 것이므로,

본 연구의 회귀분석자료가 시계열자료를 의미하는 것은 아님에 주의가 요구된다. 또한, 투자사업의 경우 다년간 임의의 기업으로의 지원이 연속성을 갖고 진행될 수 있는 반면, 융자사업의 경우 1년 단위의 R&D프로젝트 지원 형식을 취해 지원이 실제로 이루어진다는 점을 고려할 때, 분석개체가 각각 임의의 기업과 R&D프로젝트로서 상이하게 정의되는 것이며, 이와 같은 맥락에서 투자사업의 변수 정의식들은 투자기간 중 평균에 기초한 것을 산출함을 알 수 있다.

• 융자사업: 임의의 R&D프로젝트에 대한 융자년도 t년도 기준으로, y_2는 전년도 총자산 대비 t년도 융자금액 비율, x_1은 연구개발비투자비율, x_2는 매출액영업이익률, x_3는 총자산회전율, x_4는 이자보상비율, x_5는 매출액증가율이다. t년도 기준 $x_i (i = 1, 2, ..., k_1)$는 모두 전년도 비율이다. 식(9.4) y_2 정의식에서 tsl_t는 t년도 융자금액을 나타낸다. 식(9.2)와 같은 원리로 일반적으로 기업규모를 총자산 혹은 매출액으로 파악할 수 있으므로 식(9.4)도 수혜기업 규모를 고려한 융자금액으로 인식된다. 식(9.5) rcs_{t-1}을 순서대로 ros_{t-1}, tat_{t-1}, icr_{t-1}, grs_{t-1}로 대체하여 x_2, x_3, x_4, x_5를 정의할 수 있다. 단, icr_{t-1}은 $(t-1)$년도 이자보상비율 (interest coverage ratio)을 나타낸다.

$$y_2 = tsl_t / ast_{t-1} \qquad (9.4)$$

$$x_1 = rcs_{t-1} \qquad (9.5)$$

수혜기업의 담보유형선택에 따라 담보유형은 기술담보와 일반담보 2개 중 1개로 결정되며, 식(9.6) 이진변수 d_c로 정의된다. 융자년도 t년도 기준으로 $(t-1)$년도 시점에서 수혜기업의 벤처기업 등록 여부를 나타내는 식(9.7) 이진변수 d_v를 수혜기업의 벤처성향 대리변수로 정의한다. 벤처기업 확인·등록은 기술보증기금(KIBO) 벤처확인·공시시스템 '벤처인(VENTURE-in)'에 명시된 벤처유형 자격요건에 대한 해당 확인기관으로부터의 확인 및 관할 지방중소기업청으로의 벤처기업 등록 신청 등이 참고된다. 기술보증기금의 벤처기업 등록 기준요건 5가지 유형은 ①벤처투자기업, ②연구개발기업, ③기술평가보증기업, ④기술평가대출기업, ⑤예비벤처기업으로서 모두 기술성·성장성을 보유하여 정부지원 필요성이 인정되는 기업이다[2]. 기업성장단계를 위한 대리변수로서 식(9.8) 기업업력 z를 정의하되, 식(9.8)에서 t_f는 수혜기업 설립년도를 의미한다.

$$d_c = \begin{cases} 1 & if \ \text{기술담보} \\ 0 & else \ if \ \text{일반담보} \end{cases} \tag{9.6}$$

$$d_v = \begin{cases} 1 & if \ \text{벤처기업등록} \\ 0 & else \ if \ \text{벤처기업미등록} \end{cases} \tag{9.7}$$

$$z = t - t_f \tag{9.8}$$

9.3.3 연구가설

첫째, y_1, y_2와 x_1 사이의 관계에 대한 가설 H1을 설정한다. x_2, x_3, x_5 3개 회귀자 역시 가설 H1과 동일한 형식으로 반응변수 y_1, y_2와 정(+)의 상관성을 가정한다. 둘째, y_1과 x_4(즉, 부채비율) 사이의 관계에 대한 가설 H2-1을 설정한다. y_2와 x_4(즉, 이자보상비율) 사이의 관계에 대한 가설 H2-2를 설정한다. 셋째, y_2와 d_c 사이의 관계에 대한 가설 H3를 설정한다. 상대적으로 기술담보에 더 호의적인 융자지원 가능성을 배제할 수 없다고 판단되며, 그 이유는 기술성·성장성이 확실히 인정되는 경우에만 기술담보 제공에 따른 수혜기업으로의 선정이 현실적으로 가능하기 때문이다. 넷째, §9.3.2 벤처기업 등록 기준요건에 기초하여 y_2

와 d_v 사이의 관계에 대한 가설 H4를 설정한다. 다섯째, §9.2 융자사업 특성에 기초하여 y_2와 z 사이의 관계에 대한 가설 H5를 설정한다.

- H1:   기술혁신성은 지원기금에 정(+)의 영향을 줄 것이다. 즉, y_1, y_2와 x_1 사이에 정(+)의 상관성이 존재한다.
- H2−1: 레버리지는 지원기금에 부(−)의 영향을 줄 것이다. 즉, y_1과 x_4(즉, 부채비율) 사이에 부(−)의 상관성이 존재한다.
- H2−2: 레버리지는 지원기금에 부(−)의 영향을 줄 것이다. 즉, y_2와 x_4(즉, 이자보상비율) 사이에 정(+)의 상관성이 존재한다.
- H3:   담보유형에 따라 융자금액에 차이가 있을 것이다. 특히, 기술담보에 더 호의적인 융자지원 가능성이 있을 것이다. 즉, y_2와 d_c 사이에 정(+)의 상관성이 존재한다.
- H4:   벤처성향에 따라 융자금액에 차이가 있을 것이다. 특히, 벤처기업등록이 확인될 경우 더 호의적인 융자지원 가능성이 있을 것이다. 즉, y_2와 d_v 사이에 정(+)의 상관성이 존재한다.
- H5:   기업성장단계는 융자금액에 부(−)의 영향을 줄 것이다. 특히, 기술성·성장성을 갖춘 낮은 업력의 기업에 더 호의적인 융자지원 가능성이 있을 것이다. 즉, y_2와 z 사이에 부(−)의 상관성이 존재한다.

9.4 분석

9.4.1 분석자료
- 투자사업: 정보통신기술개발투자사업의 '98년부터 '07년까지 10년간

45개 투자조합으로부터 투자를 유치한 894개 기업을 대상으로 한 '08년도 성과조사자료를 이용한다. 단, 2개 이상 투자조합으로부터 중복투자를 받은 기업을 1개 기업으로 간주하면 743개 기업으로 축소된다. 다음, 투자조합이 해산되어 성과추적이 불가능한 기업 293개, 폐업기업 107개, 휴업기업 2개 및 해외소재 기업 16개를 제외하면 분석대상 기업은 총 325개로 축소된다. 단, 예년과 마찬가지로 '08년도 정보통신기술개발투자사업 성과조사·분석에서도 기업별 최초투자년도, 최초투자년도부터 '07년말까지의 누적투자액, 투자조합수, 투자조합명, '99년부터 '07년까지 연별 기업재무현황 등이 조사·제공되었기에, 이에 맞춰 상기 정의된 변수를 모형에 포함한다. 성과조사는 1차로 구조화된 자료조사표의 e-mail 회수를 통해 이루어졌고, 2차로 기업재무자료와 관련해서는 KED Cretop, KisValue 데이터베이스를 비교·보완하여 자료의 회수율과 신뢰성을 제고하였다. 이와 같은 과정을 통해 총 325개 기업 중 본 연구모형의 변수를 위한 자료를 모두 완비한 기업은 총 179개로 다시 축소된다[15,17,18].

투자사업 총 179개 기업을 대상으로 각 변수별 정규성 검정(normality test) Anderson-Darling(AD) 통계량을 계산해 보면, y_1 AD=25.058, x_1 AD=63.112, x_2 AD=54.709, x_3 AD=2.020, x_4 AD=43.898, x_5 AD=68.212로 6개 변수 모두 유의확률 $p-\text{value} < 0.005$인 것으로 판정된다. 그러므로 이상점(outlier) 제거의 필요성이 있다. 표 9.2.(a)에 투자사업 6개 변수별 분석자료의 최소값(min), 최대값(max), 제1사분위수(q_1), 제3사분위수(q_3), box-plot에서의 보통이상점(mild outlier) 판정을 위한 아래쪽 안울타리(lower inner fence, if_l)와 위쪽 안울타리(upper inner fence, if_u) 값이 정리된다. 표 9.2.(a) x_4의 $if_l = -1.530333$은 0으로 대체하여 보통이상점과 음(-)의 자료를 모두 제거한 후, 최종 분석 표본크기

N_1=106개 기업에 대한 회귀분석을 실시한다.

표 9.2. 식(9.1) 변수별 분석자료 기술통계량; (a)투자사업; (b)융자사업

				(a)		
	y_1	x_1	x_2	x_3	x_4	x_5
min	0.000740	0.000031	−71.744543	0.009570	−99.112733	−0.363854
max	0.943820	232.006060	0.605456	3.534796	43.499498	130001.483880
q_1	0.010434	0.012069	−0.269178	0.564957	0.497377	0.271514
q_3	0.056205	0.151119	0.094213	1.256701	1.849184	1.552672
if_l	−0.058224	−0.196505	−0.814266	−0.472660	−1.530333	−1.650222
if_u	0.124863	0.359693	0.639301	2.294318	3.876894	3.474408

				(b)			
	y_2	x_1	x_2	x_3	x_4	x_5	z
min	0.00590	0.00000	−1.25710	0.08480	−3262.00000	−0.70500	2.00
max	10.28570	8.62070	0.86207	7.85320	1673.00000	61.14300	35.00
q_1	0.06750	0.02520	0.02037	0.81470	1.60000	0.02700	4.00
q_3	0.26120	0.15230	0.11985	1.79150	17.90000	0.91800	8.75
if_l	−0.22305	−0.16545	−0.12885	−0.65050	−22.85000	−1.30950	−3.13
if_u	0.55175	0.34295	0.26907	3.25670	42.35000	2.25450	15.88

• 융자사업: 응용기술개발지원융자사업의 '04년부터 '08년까지 5년간 총 1,446개 융자지원 R&D프로젝트를 대상으로 설정된 '09년도 성과조사자료를 이용한다. 2개 이상 융자지원 R&D프로젝트를 수행한 185개 기업을 1개 기업으로 간주하면 분석대상 기업수는 총 1,261개이다. '09년도 응용기술개발융자지원사업 성과조사·분석활동을 통해 기업별 융자년도, 융자금액 및 '03년부터 '08년까지 연별 기업재무현황 등이 조사·제공되었다. 단, '04년도 융자지원 R&D프로젝트를 본 분석에 포함시키기 위해 필요한 수혜기업의 '02년도 매출액은 '08년도 동일사업 성과조사자료를 이용한다.

§9.3.2에서 정의한 변수를 위한 자료를 완비한 융자지원 R&D프로젝트는 292개로 축소되며, 이를 대상으로 각 변수별 AD 통계량을 계산하면, y_2 AD=61.548, x_1 AD=66.238, x_2 AD=20.214, x_3 AD=11.913, x_4 AD=79.408, x_5 AD=62.869, z AD=19.008로 2개 이진변수 d_c, d_v를 제외한 나머지 7개 변수 모두 정규성 검정 유의확률 p-value<0.005인 것으로 판정된다. 역시, 이상점 제거 필요성이 있다. 표 9.2.(b)에 7개 변수별 분석자료의 기술통계량 값이 정리된다. 이상점 제거후 최종 분석 표본크기 N_2=157개 융자지원 R&D프로젝트에 대한 회귀분석을 실시한다. 표 9.2에 이상점 제거시 이용된 상하한이 밑줄 표시되어 있다. 담보유형에 따라 최종 분석 표본크기를 분류하면 기술담보와 일반담보 표본크기가 순서대로 각각 N_{21}=113, N_{22}=44개로 기술담보 표본크기 비율이 72%로 다수를 차지한다.

9.4.2 분석결과

• 투자사업: 표 9.3.(a1) 추정 회귀계수를 갖는 완전모형(full model) 식(9.9)에서 $\hat{\beta}_1, \hat{\beta}_2, \hat{\beta}_4$가 기대부호를 갖는다. 단, p-value=0.10 기준 유의성에 기초할 때 x_1과 y_1사이의 유의성만이 확인된다. 한편, x_4를 제외한 나머지 4개 회귀자 정의식에서 매출액 항목이 이용되기에, 이들 회귀자간 다중공선성(multicollinearity)에 대한 검토가 필요하다. 5개 회귀자간 분산확대인자(VIF, variance inflation factor)가 [1.0,1.2] 범위에 존재하므로 VIF=10 기준 다중공선성은 강하지 않아 회귀자간 의존성과 회귀계수 추정 산포에는 문제가 없는 것으로 판단된다[25]. 단, 표 9.3.(a2) 분산분석(ANOVA, analysis of variance) 결과 p-value=0.10 기준 절편을 포함한 회귀자 총 개수 p=6 회귀식의 설명력은 인정되지 않는다. 결정계수(coefficient of multiple determination) R_p^2=0.08589, 조정결정계수

(adjusted coefficient of multiple determination) $adj-R_p^2$=0.04018로 매우 작은 값과도 해석상 일치된다.

$$
\begin{aligned}
\hat{y}_1 &= \hat{\beta}_0 + \sum_{i=1}^{k_1} \hat{\beta}_i x_i \\
&= 0.02364 + 0.11988 x_1 + 0.00298 x_2 \\
&\quad - 0.00156 x_3 - 0.00072 x_4 - 0.00202 x_5
\end{aligned}
\tag{9.9}
$$

표 9.3. 식(9.1) 회귀 · 분산분석; (a)투자사업; (b)융자사업

		(a1)			
Variables in Eq.(9.1.1)	Regression coefficient	Standard error	$t-$statistic	$p-$value	VIF
	$\hat{\beta}$	$se(\hat{\beta})$	t_0		
Intercept	0.02364	0.00790	2.991	0.003	
x_1	0.11988	0.04565	2.626	0.010	1.2
x_2	0.00298	0.01520	0.196	0.845	1.1
x_3	-0.00156	0.00523	-0.299	0.766	1.1
x_4	-0.00072	0.00298	-0.241	0.810	1.2
x_5	-0.00202	0.00376	-0.536	0.593	1.0

		(a2)			
Source of variation w/ Eq.(9.1.1)	Sum of squares	Degrees of freedom	Mean square	$F-$statistic	$p-$value
	SS	df	MS		
Regression(R)	0.00528	5	0.00106	1.879	0.105
Residual(E)	0.05621	100	0.00056		
Total(T)	0.06149	105			
$s(=\sqrt{\mathrm{MSE}})$	0.02371				
R_p^2	0.08589				
$adj-R_p^2$	0.04018				
Mallows'C_p	6.0				

표 9.3. 식(9.1) 회귀 · 분산분석, (a)투자사업, (b)융자사업(계속)

(b1)

Variables in Eq.(9.1.2)	Regression coefficient	Standard error	$t-$ statist	$p-$ value	VIF
	$\hat{\beta}$	$se(\hat{\beta})$	t_0		
Intercept	0.04895	0.03917	1.250	0.213	
x_1	0.16610	0.10230	1.624	0.107	1.1
x_2	0.06460	0.16390	0.394	0.694	1.8
x_3	0.07555	0.01428	5.291	0.000	1.3
x_4	0.00009	0.00104	0.087	0.934	1.8
x_5	-0.02311	0.01663	-1.390	0.167	1.2
d_c	0.07325	0.01925	3.805	0.000	1.2
d_r	0.01537	0.02141	0.718	0.474	1.2
z	-0.00908	0.00252	-3.603	0.000	1.2

(b2)

Source of ariation w/ Eq.(9.1.2)	Sum of squares	Degrees of freedom	Mean square	$F-$ statisti	$p-$ value
	SS	df	MS		
Regression (R)	0.80983	8	0.10123	10.781	0.000
Residual (E)	1.38949	148	0.00939		
Total (T)	2.19931	156			
$s(=\sqrt{MSE})$	0.09689				
R_p^2	0.36822				
$adj-R_p^2$	0.33407				
Mallows' C_p	9.0				

유의하지 않은 회귀자가 제거된 축소모형(reduced model) 수립을 위해 3가지 stepwise-type procedures 회귀변수선택절차를 실시하고 그 전개과정을 표 9.4에 정리한다. 추정 회귀계수의 통계적 유의성 판정을 위한 경계값(cutoff value)으로서, forward selection은 $\alpha_{IN}=0.25$, backward elimination은 $\alpha_{OUT}=0.10$, stepwise regression은 $\alpha_{IN}=\alpha_{OUT}=0.15$ 초기값을 채택한다[24,25]. 표 9.4에서 확인되는 것처럼 3가지 회귀변수선택절

차 모두 식(9.10)과 같이 $p=2$인 회귀식이 추정되었다. 맬로우즈 C_p (Mallows' C_p)로 표현되는 평균제곱오차(MSE, mean square error) 관점에서의 추정능력 정밀도는, 모형 편의(bias)가 없다는 가정 하에 C_p 통계량 평균기대치인 $p=2$로부터 이 경우 가장 거리가 먼 2-(-1.5)=3.5로 계산되어 추정능력 정밀도는 상대적으로 가장 낮은 모형인 것으로 판단된다.

$$\hat{y}_1 = 0.01954 + 0.12625x_1 \qquad (9.10)$$

표 9.4. 투자사업, 식(9.1.1) stepwise-type procedures 진가과정

Procedures	Cutoff values	Regressors in Eq.(9.1.1)	Statistics	Step1	Step2	Step3	Step4	Step5
Stepwise regression and Forward selection	$\alpha_{IN} = \alpha_{OUT} = 0.15$, $\alpha_{IN} = 0.25$	Intercept	$\hat{\beta}_0$	0.01954				
		x_1	$\hat{\beta}_1$	0.12625				
			$se(\hat{\beta}_1)$	0.04169				
			t_0	3.028				
			$p-$value	0.003				
			VIF					
			s	0.02331				
			R_p^2	0.08104				
			$adj-R_p^2$	0.07220				
			Mallows' C_p	-1.5				
Backward elimination	$\alpha_{OUT} = 0.10$	Intercept	$\hat{\beta}_0$	0.02364	0.02381	0.02236	0.02104	0.01954
		x_1	$\hat{\beta}_1$	0.11988	0.11844	0.12119	0.12483	0.12625
			$se(\hat{\beta}_1)$	0.04565	0.04484	0.04344	0.04190	0.04169
			t_0	2.626	2.641	2.790	2.979	3.028
			$p-$value	0.010	0.010	0.006	0.004	0.003
			VIF	1.2	1.1	1.1	1.0	
		x_2	$\hat{\beta}_2$	0.00298				
			$se(\hat{\beta}_2)$	0.01520				
			t_0	0.196				
			$p-$value	0.845				
			VIF	1.1				

표 9.4. 투자사업, 식(9.1.1) stepwise-type procedures 전개과정(계속)

Procedures	Cutoff values	Regressors in Eq.(9.1.1)	Statistics	Step1	Step2	Step3	Step4	Step5
Backward elimination (continued)		x_3	$\hat{\beta}_3$	-0.00156	-0.00136			
			$se(\hat{\beta}_3)$	0.00523	0.00510			
			t_0	-0.299	-0.267			
			p-value	0.766	0.790			
			VIF	1.1	1.1			
		x_4	$\hat{\beta}_4$	-0.00072	-0.00087	-0.00096		
			$se(\hat{\beta}_4)$	0.00298	0.00287	0.00284		
			t_0	-0.241	-0.304	-0.338		
			p-value	0.810	0.762	0.736		
			VIF	1.2	1.1	1.1		
		x_5	$\hat{\beta}_5$	-0.00202	-0.00203	-0.00201	-0.00209	
			$se(\hat{\beta}_5)$	0.00376	0.00374	0.00372	0.00370	
			t_0	-0.536	-0.542	-0.541	-0.564	
			p-value	0.593	0.589	0.590	0.574	
			VIF	1.0	1.0	1.0	1.0	
			s	0.02371	0.02360	0.02349	0.02339	0.02331
			R_p^2	0.08589	0.08554	0.08489	0.08387	0.08104
			$adj-R_p^2$	0.04018	0.04932	0.05798	0.06608	0.07220
			Mallows' C_p	6.0	4.0	2.1	0.2	-1.5

투자사업의 경우, '기술혁신적 IT기업 지원'이라는 최우선 사업목표에 비추어 볼 때 연구개발비투자비율에 비례한 지원기금 규모의 증가가 통계적 유의성을 갖고 확인됨으로써 사업활동의 목표부합도 판정에 긍정적인 분석결과일 수 있다. 그렇지만, 회귀식의 설명력이 상당히 낮게 계산된 점으로부터 지원기금 규모를 수혜기업 특성을 반영하는 일반특성 재무비율만으로 설명하는 것은 다소 무리일 수 있음에 주의가 요구된다. 이와 같은 회귀식의 낮은 설명력은 앞서 언급된 것처럼 확보가능한 분석자료가 연별 투자금액 자료의 부재에 따라 누적투자액에 맞춰 변수가 정의된 영향도 있었을 것으로 추측되며, 이는 아래의 연별 융자금액을 이용한 융자사업의 경우 회귀식의 설명력이 상대적으로 높다는 점과 비교된다. 결론적으로, 투자사업의 경우 가설H1은 지원규모(y_1)와 기술혁신성(x_1) 사이에 유의한 관계를 보이고 있어 부분적으로 채택되고 있으며, 가설H2-1은 기각됨을 알 수 있었다.

• 융자사업: 식(9.1.2) 회귀분석 결과를 표 9.3.(b)에 정리한다. 표 9.3.(b1) 추정 회귀계수를 갖는 식(9.11)과 같이 $\hat{\beta}_5$을 제외한 나머지 4개 일반특성 및 3개 고유특성 회귀자가 기대부호를 갖는다. 단, $p-\text{value}$ =0.10 기준 유의성에 기초할 때 y_2와 x_3, d_c, z 사이의 유의성만이 확인된다. 역시, x_4를 제외한 나머지 4개 일반특성 회귀자 정의식에 매출액 항목이 이용되고, x_2와 x_4 정의식에 영업이익 항목이 이용되므로, 이들 회귀자간 다중공선성에 대해 검토한다. 8개 모든 회귀자의 VIF가 [1.1,1.8] 범위에 존재하므로 VIF=10 기준 다중공선성은 강하지 않아 회귀자간 의존성과 회귀계수 추정 산포에 문제는 없는 것으로 판단된다. 표 9.3.(b2) 분산분석 결과 $p-\text{value}$=0.10 기준 절편을 포함한 p=9 회귀식의 설명력은 인정된다. R_p^2=0.36822, $adj-R_p^2$=0.33407로서 투자사업의

경우와 비교할 때 상대적으로 높은 설명력을 갖는 것으로 판단된다.

$$\hat{y} = \hat{\beta}_0 + \sum_{i=1}^{k_1} \hat{\beta}_i x_i + \hat{\beta}_c d_c + \hat{\beta}_v d_v + \hat{\beta}_z z$$
$$= 0.04895 + 0.16610 x1 + 0.06460 x2 \qquad (9.11)$$
$$+ 0.07555 x3 + 0.00009 x4 - 0.02311 x5$$
$$+ 0.07325 d_c + 0.01537 d_v - 0.00908 z$$

식(9.11)에서 유의하지 않은 회귀자가 제거된 축소모형 추정을 위해 3 가지 stepwise-type procedures 회귀변수선택절차를 실시하고 표 9.5에 주요 최종결과만을 추출·요약한다. 추정 회귀계수의 유의성 판정을 위한 경계값은 투자사업 분석과 동일한 값을 채택한다. 표 9.5의 stepwise regression과 backward elimination은 식(9.12.1)과 같은 $p=5$인 회귀식을, forward selection은 식(9.12.2)와 같은 $p=6$인 회귀식을 추정한다. 단, 식 (9.12.2)에서 $\hat{\beta}_5$은 기대부호에 맞게 추정되지 않았고, 식(9.12) 2개 회귀 식 모두 d_v의 통계적 유의성은 확인되지 않는다.

$$\hat{y} = \hat{\beta}_0 + \hat{\beta}_1 x_1 + \hat{\beta}_3 x_3 + \hat{\beta}_c d_c + \hat{\beta}_z z$$
$$= 0.04625 + 0.17063 x1 + 0.07478 x3 \qquad (9.12.1)$$
$$+ 0.07709 d_c - 0.00769 z$$

$$\hat{y} = \hat{\beta}_0 + \hat{\beta}_1 x_1 + \hat{\beta}_3 x_3 + \hat{\beta}_5 x_5 + \hat{\beta}_c d_c + \hat{\beta}_z z$$
$$= 0.06611 + 0.15547 x1 + 0.07437 x3 \qquad (9.12.2)$$
$$- 0.02164 x5 + 0.07611 d_c - 0.00896 z$$

표 9.5. 용자사업, 식(9.1.2) stepwise-type procedures 결과요약

	Stepwise regression $\alpha_{IN} = \alpha_{OUT} = 0.15$ Step=4		Forward selection $\alpha_{IN} = 0.25$ Step=5		Backward elimination $\alpha_{OUT} = 0.10$ Step=5	
Intercept	$\hat{\beta}_0$	0.04625	$\hat{\beta}_0$	0.06611	$\hat{\beta}_0$	0.04625
x_3	$\hat{\beta}_3$	0.07478	$\hat{\beta}_3$	0.07437	$\hat{\beta}_1$	0.17063
	$se(\hat{\beta}_3)$	0.01300	$se(\hat{\beta}_3)$	0.01297	$se(\hat{\beta}_1)$	0.09894
	t_0	5.752	t_0	5.734	t_0	1.725
	$p-$value	0.000	$p-$value	0.000	$p-$value	0.087
	VIF	1.1	VIF	1.1	VIF	1.1
d_c	$\hat{\beta}_c$	0.07709	$\hat{\beta}_c$	0.07611	$\hat{\beta}_3$	0.07478
	$se(\hat{\beta}_c)$	0.01753	$se(\hat{\beta}_c)$	0.01750	$se(\hat{\beta}_3)$	0.01300
	t_0	4.398	t_0	4.349	t_0	5.752
	$p-$value	0.000	$p-$value	0.000	$p-$value	0.000
	VIF	1.0	VIF	1.0	VIF	1.1
z	$\hat{\beta}_z$	-0.00769	$\hat{\beta}_z$	-0.00896	$\hat{\beta}_c$	0.07709
	$se(\hat{\beta}_z)$	0.00229	$se(\hat{\beta}_z)$	0.00248	$se(\hat{\beta}_c)$	0.01753
	t_0	-3.350	t_0	-3.611	t_0	4.398
	$p-$value	0.001	$p-$value	0.000	$p-$value	0.000
	VIF	1.0	VIF	1.2	VIF	1.0

표 9.5. 응자사텀, 식(9.1.2) stepwise-type procedures 결과요약(계속)

	Stepwise regression $\alpha_{\text{IN}} = \alpha_{\text{OUT}} = 0.15$ Step=4		Forward selection $\alpha_{\text{IN}} = 0.25$ Step=5		Backward elimination $\alpha_{\text{OUT}} = 0.10$ Step=5	
x_1	$\widehat{\beta}_1$	0.17063	x_1	$\widehat{\beta}_1$ 0.15547	z	$\widehat{\beta}_z$ −0.00769
	$se(\widehat{\beta}_1)$	0.09894		$se(\widehat{\beta}_1)$ 0.09935		$se(\widehat{\beta}_z)$ 0.00229
	t_0	1.725		t_0 1.565		t_0 −3.350
	p−value	0.087		p−value 0.120		p−value 0.001
	VIF	1.1		VIF 1.1		VIF 1.0
			x_5	$\widehat{\beta}_5$ −0.02164		
				$se(\widehat{\beta}_5)$ 0.01630		
				t_0 −1.328		
				p−value 0.186		
				VIF 1.2		
s		0.09643		0.09619		0.09643
R_p^2		0.35733		0.36475		0.35733
$adj - R_p^2$		0.34042		0.34371		0.34042
Mallows' C_p		3.6		3.8		3.6

식(9.11), (9.12) 3개 회귀분석 결과 및 기술혁신적 IT기업 지원이라는 본 분석대상 사업의 최우선 사업목표를 종합할 때, 융자금액(y_2)과 기술혁신성(x_1), 활동성(x_3) 사이에 통계적으로 유의한 정(+)의 상관성이 확인됨으로써 사업활동의 목표부합도 판정에 긍정적인 분석결과라고 판단된다. 담보유형으로는 기술담보($d_c = 1$)가 일반담보와 비교할 때 융자금액이 상대적으로 더 크고, 융자금액과 기업성장단계(z) 사이에는 부(−)의 상관성이 존재하는 점에 있어 통계적 유의성이 확인되었다. C_p 통계량의 평균기대치 p로부터 식(9.12.2)가 가장 거리가 먼 6−(3.8)=2.2로 계산되어 추정능력 정밀도는 상대적으로 가장 낮기에 식(9.12.1)이 상대적으로 선호될 수 있다. 반면, 잔차평균제곱(residual mean square) 제곱근 ($s = \sqrt{\mathrm{MSE}}$), R_p^2, $adj - R_p^2$ 측면에서 식(9.11), (9.12) 3개 회귀식들이 대등한 설명력을 갖는 것으로 판단된다. 결론적으로, 융자사업의 경우 가설H1은 지원규모(y_2)와 기술혁신성(x_1), 활동성(x_3) 사이에 유의한 관계를 보이고 있어 부분적으로 채택되고 있으며, 가설H2−2는 기각됨을 알 수 있었다. 추가로 살펴본 가설H3, 가설H5는 채택된 반면, 가설H4는 기각됨을 알 수 있었다.

9.5 결론

국가경쟁우위를 위한 견인력으로서 R&D에 대한 중요성은 앞으로 더욱 증대될 것으로 보이며, 특히 대규모 지원기금이 조성·투입되는 정부 R&D사업에 대한 평가는 체계적인 후속지원을 위한 필수적인 선행과정으로 인식된다고 할 수 있다. 이러한 맥락에서, 본 연구는 정부의 대표적 R&D 지원기금인 정보통신진흥기금 사업의 적절성을 관련 사업담당실무자의 관점에서 구체적으로 정의하고 분석·검토하였다. 특히, 정부에 의해 매년 실시되는 연별 성과조사를 통해 수집·축적되어 본 연구를 위해 공개된 대규모 실증분석 자료를 이용하여 회귀변수선택절차에 의해 수립된 회귀모형을 통해 정량적·객관적 분석결과를 제시하고자 하였다. 세부적으로, 사업활동의 목표부합도 조사에 대한 사례분석이 논의되었다. 기술혁신적 IT기업 지원이라는 최우선 사업목표를 갖는 해당 기금의 정보통신기술개발투자사업, 응용기술개발지원융자사업 2개 사업에 대해, 지원기금을 수혜기업 일반특성을 반영하는 주요 재무비율 및 융자사업 고유특성으로써 설명하는 회귀모형을 수립하였다. 회귀변수선택절차에 의한 최종 분석결과, 지원기금에 유의한 수혜기업 특성으로서; 1)투자사업은 기술혁신성(즉, 연구개발비투자비율); 2)융자사업은 기술혁신성과 활동성(즉, 총자산회전율); 3)특히, 융자금액은 고유특성 중 '담보유형선택'과 '기업성장단계' 대리변수인 기업업력 등이 확인되었다. 단, 융자사업의 경우와 비교할 때, 투자사업의 경우는 회귀식의 설명력이 전반적으로 낮기에 지원기금을 수혜기업 특성을 반영하는 주요 재무비율만으로 설명하는 것에 주의가 요구된다. 본 연구내용이 투자·융자사업 담당실무자, 성과조사·분석 연구용역 실무자 등에게 환류됨으로써, 기존 사업에서의 지원기금 결정이 사업목표 및 이에 따른 수혜기업 특성에 맞춰 부합되게 이루어졌는지에 대한 사후적 검토 및 이와 연계되어 전개될 후속 사업활동의 목표부합도에 대한 체계적 관리에 도움을 줄 수 있으리라 판단된다. 향후, 지원기금 결정에 유의한 재무비율 이외의 수혜기업 특성 발굴과 이를 포괄하는 사업활동의 목표부합도 평가·관리 체계에 대한 연구가 고려될 수 있다.

감사의 글

제 9장 내용은 대한경영학회(DAEHAN Association of Business Administration, DABA) 'DABA-2010-103' 승인을 받아 「박성민, 고경일, 설원식⁺, "IT기업 기술혁신 지원사업의 목표부합도 사례연구: 지원 투자·융자금액에 유의한 IT기업 특성 조사", 대한경영학회지, 23권, 4호, pp.1917-1935, 2010년 8월호」를 편집·수록한 것임을 밝힙니다.

[Chapter 9] 참고문헌

[1] 고영선, 윤희숙, 이주호, *KDI 연구보고서 2004-02: 공공부문의 성과관리*, 한국개발연구원(KDI), 2004.
[2] 기술보증기금(KIBO), 벤처확인·공시시스템, 벤처인(VENTURE-in), http://www.venturein.or.kr/, 기술보증기금, 2009.
[3] 기획재정부(MOSF), *'09년 주요 분야별 재원배분 방향*, 기획재정부, 2008.
[4] 김상조, "재무비율이 이익조정측정치에 미치는 영향에 관한 연구", *세무와회계저널*, 8권, 4호, pp.153-171, 2007.
[5] 김윤종, 정욱, 임성민, 정상기, "포트폴리오 분석과 계층화분석기법(AHP)을 활용한 정부 IT분야 연구개발 투자전략 연구", *경영과학*, 26권, 1권, pp.37-51, 2009.
[6] 김준기, 이석원, 이영범, 장경호, 신기철, 이민호, "중소벤처창업자금 지원사업의 생산성 효과 분석", *생산성논집*, 21권, 3호, pp,153-183, 2007.
[7] 박성민, 김현, 설원식, "IT중소기업 기술혁신 지원사업의 타당성 연구: 동태적 특성 및 연관성을 중심으로", *한국통신학회논문지*, 33권, 10호, pp.946-961, 2008.
[8] 박성민, 박영준, "회귀변수 선택절차를 이용한 인터넷통신 네트워크 품질 특성과 고객만족도와의 관계 실증분석", *IE Interfaces*, 18권, 3호, pp.221-235, 2005.
[9] 산업기술연구회(ISTK), *연구개발성과 추적·평가관리시스템 정립 방안에*

관한 연구, 산업기술연구회, 2007.

[10] 장영광, *경영분석*, 무역경영사, 서울, 2001.

[11] 정보통신부(MIC)[1], *IT839 전략*, http://www.mic.go.kr/, 정보통신부, 2006.

[12] 정보통신부(MIC)[2], *IT 중소 · 벤처기업의 건전한 생태계 조성을 위한 IT SMERP 2010 계획 최종수정본*, 정보통신부, 2006.

[13] 조지호, *벤처기업의 가치평가*, 한양대학교 출판부, 서울, 2006.

[14] 지식경제부(MKE) · 정보통신연구진흥원(IITA)[1], *정보통신진흥기금 성과평가(VI)(융자사업)*, MKE · IITA, 2008.

[15] 지식경제부(MKE) · 정보통신연구진흥원(IITA)[2], *정보통신진흥기금 성과평가(XIII)(연구개발계정: 정보통신기술개발투자)*, MKE · IITA, 2008.

[16] 통계청(ST), KOSIS 국가통계포털, http://www.kosis.kr/, 통계청, 2009.

[17] 한국기업데이터(KED), KED Cretop, http://www.kedkorea.com/, 한국기업데이터, 2009.

[18] 한국신용평가정보(KisValue), KisValue DB, http://www.kisvalue.com/web/index.jsp, 한국신용평가정보, 2009.

[19] 한국정보통신산업협회(KAIT) · 정보통신부(MIC), *IT 중소 · 벤처기업 지원 정책 성과평가 방법론 연구*, KAIT · MIC, 2007.

[20] 황석원, *STEPI 정책연구 2006-12, R&D 프로그램의 유형별 경제성 평가 방법론 구축: 이론 및 실물옵션을 이용한 경제적 가치 선정의 사례 연구*, 과학기술정책연구원(STEPI), 2006.

[21] 황용수, 황석원, *STEPI 정책연구 2004-20, 정부 R&D 성과평가시스템의 진단 및 발전방향*, 과학기술정책연구원(STEPI), 2005.

[22] Bitman, W. R. and N. Sharif, "A conceptual framework for ranking R&D projects", *IEEE Transactions on Engineering Management,* Vol.55, No.2, pp.267-278, 2008.

[23] McLaughlin, J. A. and G. B. Jordan, "Logic models: a tool for telling your program's performance story", *Evaluation and Program Planning,* Vol.22, No.1, pp.65-72, 1999.

[24] Minitab[R], *Minitab[R] Release 14.20 StatGuide,* State College: Minitab Inc., 2005.

[25] Montgomery, D. C., E. A. Peck and G. G. Vining, *Introduction to Linear Regression Analysis*, 3rd ed., New York: John Wiley & Sons, 2001.

[26] Montgomery, D. C. and G. C. Runger, *Applied Statistics and Probability for Engineers*, 2nd ed., New York: John Wiley & Sons, 1999.

□ End of Chapter 9 □

편저자 소개 _ Notes about Volume Contributors ─────────────────────

박성민 교수
백석대학교 경상학부, 330-704 충청남도 천안시

Sungmin Park, Ph.D.
Department of Business Administration, Baekseok University, Cheonan, Chungnam, 330-704
e-mail: smpark99@bu.ac.kr

김헌 교수
백석대학교 경상학부, 330-704 충청남도 천안시

Heon Kim, Ph.D.
Department of Business Administration, Baekseok University, Cheonan, Chungnam, 330-704
e-mail: hkim@bu.ac.kr

설원식 교수
숙명여자대학교 경영학부, 140-742 서울특별시

Wonsik Sul, Ph.D.
Division of Business Administration, Sookmyung Women's University, Seoul, 140-742
e-mail: wssul@sm.ac.kr

백동현 교수
한양대학교 경영학부, 426-791 경기도 안산시

Donghyun Baek, Ph.D.
Department of Business Administration, Hanyang University, Ansan, Gyeonggi, 426-791
e-mail: estarbaek@hanyang.ac.kr

고경일 교수
백석대학교 경상학부, 330-704 충청남도 천안시

Kyungil Khoe, Ph.D.
Department of Business Administration, Baekseok University, Cheonan, Chungnam, 330-704
e-mail: kyungil@bu.ac.kr

R&D 성과평가 핸드북
HANDBOOK ON R&D PERFORMANCE EVALUATION

초 판 인 쇄 | 2011년 4월 29일
초 판 발 행 | 2011년 4월 29일

편 저 자 | 박성민, 김헌, 설원식, 백동현, 고경일
펴 낸 이 | 채종준
펴 낸 곳 | 한국학술정보㈜
주   소 | 경기도 파주시 교하읍 문발리 파주출판문화정보산업단지 513-5
전   화 | 031) 908-3181(대표)
팩   스 | 031) 908-3189
홈 페 이 지 | http://ebook.kstudy.com
E - m a i l | 출판사업부 publish@kstudy.com
등   록 | 제일산-115호(2000. 6. 19)

ISBN   978-89-268-2132-9 93320 (Paper Book)
            978-89-268-2133-6 98320 (e-Book)